L'ÉTAT
INQUISITEUR

la spiritualité en danger !

Joël LABRUYÈRE

L'ÉTAT INQUISITEUR

la spiritualité en danger !

Les Éditions des 3 Monts

Aux éditions des 3 monts (extraits)

LES TERRES OUBLIÉES - *Franck Bernard*

LA VOIX DU BONHEUR - *Fernand Schwarz*

LE CHERCHANT DE LUMIÈRE - *Pierre Guelff*

DIS-MOI SI JE M'APPROCHE - *Arouna Lipschitz*

LA PENSÉE ÉNERGIE - *Patrycia Canu*

AURORE SPIRITUELLE - *Jean-Claude Genel*

DICTIONNAIRE DU BOUDDHISME ORIGINEL - *M.H. Dufour*

LES SOLEILS DE L'APOCALYPSE - *Pascal Dhuicq*

ALORS, SOIS - *Julien Jacob*

LE JEU DE LA CRÉATION - *Vahé Zartarian*

En préparation

GUIDE DE LA RECHERCHE SPIRITUELLE

À LA RENCONTRE DU MAITRE INTÉRIEUR

LA SOURCE PURE

LES MAINS DE LUMIÈRE

Les Editions des 3 Monts – 10 bis route de Vallan – 89000 AUXERRE
Tél. (00 33) 03 86 47 59 14 - Fax. (00 33) 03 86 47 59 06
Courriel : 3.monts@wanadoo.fr

ISBN 2-909735-22-2

Publier cet ouvrage, c'est vouloir susciter de vrais débats et rendre l'honneur et la dignité aux femmes et aux hommes réprouvés du seul fait de leur recherche spirituelle.

L'éditeur

SOMMAIRE

LE DOSSIER DE LA CHASSE AUX SECTES

Aux militants
des droits de l'âme.
À leur combat passé et présent
pour la liberté de conscience.

PRÉFACE

Nous savons une chose, que l'homme blanc découvrira
peut-être un jour : notre Dieu est le même Dieu.
Peut-être pensez-vous le posséder comme vous souhaitez
posséder notre pays, mais ce n'est pas possible.
Il est le Dieu de l'homme et sa compassion est égale
pour l'homme rouge et pour l'homme blanc.
Chef SEATTLE
de la tribu des SUWAMISH (1850)

J'ai rencontré de nombreuses personnes – parfois fort instruites – qui pensent sincèrement que « les sectes » endoctrinent les esprits influençables, qu'elles enferment et maltraitent les enfants. Dans leur esprit, « les sectes » seraient susceptibles d'isoler un individu de sa famille, voire de le conduire au suicide. Elles exerceraient une influence occulte sur les institutions et chercheraient à dominer le monde. Avec une constance surprenante, ces personnes reprenaient à leur compte les clichés largement diffusés par les canaux médiatiques dominants. De fait, comme je les questionnais plus précisément sur leurs sources d'informations, elles mentionnaient une émission de télévision, les mises en garde d'une personnalité « autorisée », ou la lecture régulière de journaux rapportant certains drames. Aucune n'avait jugé utile de se renseigner par elle-même ou simplement d'une façon plus indépendante.

Le mérite initial de Joël LABRUYERE est d'avoir été saisi d'un doute quant aux mobiles réels de la vindicte unanime contre « les sectes ». Il divulgue aujourd'hui au public francophone un ouvrage fort documenté permettant de se faire une idée plus précise de la désinformation que masque l'actuelle « chasse aux sectes ». Son analyse montre combien les attaques médiatiques parviennent à polariser l'opinion publique, au mépris de toute vérité. Il n'est pas seul à s'en alarmer.

Dans son rapport moral, le président de la Ligue des droits de l'homme déclarait en 1998 : *« Les mises en cause dans les médias portent souvent des atteintes irrémédiables à la réputation de personnes innocentes. »* Dans le climat actuel de suspicion et de délation, que deviennent les libertés de pensée, d'expression et de conviction qui sont des valeurs fondamentales garanties par la République ? Que deviennent la présomption d'innocence et la protection de la sphère privée ? Certains juges d'instruction, associant « les sectes » à des mouvements terroristes, ont ordonné de véritables rafles empêchant l'exercice réel des droits des suspects poursuivis. Toujours selon la Ligue des droits de l'homme, ce genre d'action *« risque de stigmatiser des personnes non à raison des faits qui peuvent leur être reprochés mais à raison de leur religion ou de leur appartenance à une collectivité[1]. »* Ainsi, par exemple, une communauté agraire de la Drôme, classée « secte » par un rapport parlementaire en 1996, a-t-elle reçu la visite de 70 gendarmes. Ses enfants ont subi un examen gynécologique en présence des forces de l'ordre. *« Il paraît que c'est illégal, mais peu importe puisque nous sommes devenus une sous-race »*, devait constater une de ses membres.

Comment saisir l'enjeu de cette dynamique répressive ?

La convergence des actions menées aujourd'hui en France contre « les sectes » apparaît si l'on considère l'impact global de cette politique sur les comportements publics : une condamnation sans appel de toute démarche originale pouvant, à terme, menacer les hiérarchies établies. Bon nombre de citoyens questionnent l'autorité des « experts » de toutes sortes dont les attaques visent les courants de recherche pouvant libérer l'homme de l'emprise des dogmes dominants. On collera l'étiquette « sectaire » aux thérapeutiques qui s'écartent de l'orthodoxie médicale, aux courants éducatifs qui reconnaissent la dimension spirituelle de l'enfant, aux communautés vivantes qui témoignent de valeurs humaines méprisées par le culte de l'argent.

---

[1] *LDH-Info* n° 76, février 1999, p.8

Pour parvenir à étouffer dans l'œuf le germe qui veut simplement s'épanouir, la sanction doit être brutale et toucher l'homme au plus profond de sa vérité intime. C'est le sens des humiliations que subissent les nouveaux dissidents. Lynchages médiatiques et répressions policières devraient servir d'exemples à ceux qui veulent s'écarter des chemins balisés. Et rassurer les citoyens qui s'en remettent au paternalisme de leurs élites. Car la mise en question des valeurs de la modernité est une attitude fondamentalement subversive. Contrairement aux révolutions qui ont toujours pris la relève des pouvoirs qu'elles abattent, l'évolution irrépressible de l'homme vers sa libération intérieure renvoie dos à dos pouvoir et contre-pouvoir. Plus qu'un nouveau « suicide collectif » pour le tournant du siècle, c'est une contagion de désobéissance civile qui représente la menace la plus forte pour l'ordre économico-politique. C'est pourquoi l'action de Joël LABRUYERE au sein de l'Omnium des Libertés me paraît si importante. Que soit salué l'esprit d'ouverture avec lequel il approche depuis trois ans les groupes les plus divers, là où la grande presse diffuse des mensonges ! Que soit reconnu son travail de soutien auprès des individus stigmatisés ou des communautés clouées au pilori de la nation par une campagne de dénonciations ! La véhémente détermination de l'auteur est un vibrant témoignage de sensibilité à l'expérience intérieure de l'autre. Cette qualité est la source d'un renouveau que le monde appelle désespérément de ses vœux.

Pour une seconde raison, la démarche publique de l'Omnium concerne intimement chacun d'entre nous, quel que soit le chemin sur lequel les uns et les autres évoluent. Les aspirations intérieures de tout homme ont été confrontées – dès l'enfance – au moule éducatif parental, puis scolaire. L'emprise du conditionnement matérialiste imposé aux esprits apparaît aujourd'hui sous son jour le plus cru. Seule une solidarité de l'âme nous permettra de renouer avec l'expérience de fraternité humaine que des siècles d'intrigues politiques ont méthodiquement réduite au silence. À Joël LABRUYERE revient l'initiative de mettre en place un tel réseau en France, et de le promouvoir contre vents et marées.

D'aucuns voudraient faire croire que la « liberté de conscience » peut s'accommoder d'une restriction drastique du droit d'agir en fonction de sa conscience, et se limiter à une « liberté de penser ».

D'après ce subtil distinguo – fort colporté –, chacun serait libre de ses *convictions* à condition qu'elles ne se traduisent pas en *agissements*. Ainsi, M. Denis BARTHELEMY, le secrétaire général de la mission interministérielle de lutte contre les sectes peut-il prétendre que la France défend « la liberté religieuse » mais tout aussi bien « l'ordre civil, l'ordre social et l'ordre économique » et qu'elle préservera des « sectes » non seulement les enfants mais aussi « l'adulte à protéger[2] ». Étrange spectacle que celui d'un gouvernement démocratique – socialiste de surcroît – revendiquant publiquement son assujettissement aux puissances financières et son goût pour la normalisation mentale.

Avec l'Omnium, j'affirme qu'il n'y a pas de pluralisme sans la liberté pour chacun d'agir concrètement pour faire exister le monde auquel il aspire intimement dans le respect du jeu démocratique. Je forme le vœu que l'ouvrage de Joël LABRUYERE rencontre une large audience et contribue à ce que nous puissions garder – ou retrouver – le recul nécessaire au développement d'une opinion publique vivante et ouverte au sens des motivations de chacun.

Marc André COTTON[3] – Mai 1999

---

[2] M. Denis BARTHELEMY, discours devant l'Organisation pour la Sécurité et la Coopération en Europe, conférence sur le thème « Liberté de religion », 22 mars 1999, cité par M. INTROVIGNE *in* « Réaction hystérique du secrétaire général de la mission interministérielle de lutte contre les sectes. » Site Cesnur.

[3] Économiste et géographe, enseigne à Genève, notamment l'Initiation aux droits de l'Homme.

INTRODUCTION

AUX ÂMES CITOYENS !

La seule mesure de l'esprit est sa liberté.
Louis PAUWELS

Créé en 1996 par Joël LABRUYERE, l'Omnium des Libertés a pour objet de défendre la liberté de conscience dans un pays où plusieurs centaines de milliers de personnes sont considérées comme citoyens de seconde zone parce que membres de minorités spirituelles. *L'État Inquisiteur* est le résultat d'une enquête de trois années qui a conduit les auteurs, membres de l'Omnium, à rencontrer des dizaines de responsables et d'adhérents de minorités spirituelles. Conclusion de cette enquête : il existe une distance sidérale entre la réalité vécue au sein de ces minorités spirituelles et les clichés de la propagande anti-secte. Pour rendre compte des minorités spirituelles, les médias ne font, depuis vingt ans, que relayer la propagande d'un puissant lobby anti-secte fondé sur l'union contre nature des intégristes religieux et des militants athées. La chasse aux sectes est l'expression d'une nouvelle forme de contrôle social – l'inquisition médiatique – qui impose le monopole d'un point de vue en censurant tous les autres, y compris celui des spécialistes qui pourraient éclairer le débat. De nombreuses preuves à l'appui, nous montrerons comment le lobby anti-secte mène une stratégie de terrorisme intellectuel fondée sur la rumeur et la délation. Cette stratégie vise à discriminer des comportements et des idées jugés hérétiques parce que non conformes à la « pensée unique » du « religieusement correct ». Derrière cette campagne se cache en fait un combat idéologique d'arrière-garde contre un vaste mouvement planétaire de renouveau spirituel qui exprime un retour aux sources de l'intériorité. Les dérives réelles ou supposées d'une poignée de groupes sont un prétexte pour diaboliser tout un courant d'idées et de pratiques nouvelles ainsi que pour bloquer toutes les alternatives dans les domaines culturels, spirituels et thérapeutiques.

Ce qui fait la spécificité du régime démocratique, c'est qu'il est censé protéger les faibles contre la puissance des forts et les minorités par rapport au poids de la majorité. Le démocrate véritable n'est-il pas celui qui est capable de se battre pour donner le droit à son adversaire de s'exprimer ? La persécution systématique des minorités spirituelles à laquelle nous assistons depuis quelques années remet en cause les fondements même de l'État de droit. L'inquisition médiatique repose sur la stratégie suivante :

1 - Qui contrôle les médias crée l'opinion publique.
2 - Qui fait l'opinion majoritaire tient le monde politique.
3 - Qui tient le monde politique fait la loi (dans les deux sens du terme).
4 - Qui fait la loi impose la sienne.

C'est, nous le verrons, en suivant pas à pas cette stratégie que les inquisiteurs modernes ont progressivement pris en otage le monde politique via l'arme médiatique. Puis la classe politique a influencé le monde juridico-policier. La médiacratie est le pouvoir de ceux qui font l'opinion majoritaire pour mieux censurer l'expression des minorités. Cette perversion de la démocratie trouve sa source dans la complicité entre un lobby fanatique et les techniciens de la communication de masse. Le scandale de la chasse aux sectes est celui du sens contaminé par des manipulateurs qui se font passer pour des justiciers. Il faut sans doute remonter à Vichy pour retrouver une telle infiltration des rouages de l'État par un véritable gang qui ne recule devant aucun stratagème pour nuire, mentir et désinformer.

Dans un domaine aussi complexe que celui de la spiritualité, où les institutions comme les habitudes sont séculaires, l'opinion publique tend à refléter fidèlement les idées reçues. Ce qu'on peut attendre des médias et des pouvoirs publics qui font cette opinion, c'est une pédagogie de la tolérance et non une exaltation du fanatisme.

Ce qui demanderait beaucoup plus de sérieux dans le traitement des informations et le choix des interlocuteurs.

L'instauration de cette véritable inquisition médiatique pose de nombreuses questions : Qui tire les ficelles de la chasse aux sectes et pour quelles raisons ? À quoi correspond la floraison de groupes spirituels et qu'est-ce qui les anime ? Pourquoi sont-ils ainsi diabolisés ? Que signifie le mythe sectaire dans l'imaginaire collectif ? Comment et pourquoi politiques et médias se sont-ils fait embarquer dans cette campagne de discrimination ?

Répondre à ces questions, c'est entreprendre un voyage au pays des persécutions religieuses, anciennes et modernes, où l'on voit les mêmes causes reproduire mécaniquement les mêmes effets. Les persécutions actuelles contre les minorités spirituelles ne prennent leur véritable sens qu'en étant replacées dans une perspective historique. Nous observerons la mutation du virus de l'intolérance à travers les siècles : cibles, méthodes et discours évoluent mais les mêmes stéréotypes accompagnent de tout temps les persécutions contre les minorités. Sous les discours et les techniques d'aujourd'hui, nous décryptons les stéréotypes de toujours... Ce n'est pas un hasard si René GIRARD fait du processus de persécution le principe constitutif de tout ordre social. L'inquisition religieuse s'est peu à peu transformée en inquisition politique des régimes totalitaires. Aujourd'hui, on assiste à une forme de techno-inquisition qui utilise l'arme médiatique dans le champ social et l'arme psychiatrique dans le champ individuel.

Les citoyens qui refusent l'arrogance technocratique de la pensée unique et la désinformation des chiens de garde médiatiques doivent dépasser les clichés sur les « sectes » inculqués par la propagande. Cet ouvrage a pour but de démonter les différents rouages, les principaux réseaux et acteurs de cette inquisition moderne.

L'intensité de la chasse aux sectes est un phénomène typiquement français, dont le sens dépasse de très loin la sphère du spirituel. Comprendre cette réaction hystérique, c'est explorer les coulisses de l'âme et de l'identité française. La chasse aux sectes est un catalyseur qui révèle les forces de résistance à l'innovation et à la diversité qui font de la France, selon nombre d'observateurs étrangers, une société bloquée. Cette nouvelle forme d'inquisition est le miroir grossissant des angoisses, des frustrations et des fantasmes d'un peuple champion du monde… de la consommation de tranquillisants. C'est le symptôme d'une schizophrénie nationale qui fait de notre nation à la fois la terre natale des droits de l'homme mais aussi celle de l'inquisition.

L'esprit d'inquisition

Le 24 octobre 1996, soit quelques mois après la publication de la liste noire de 172 mouvements hérétiques par une commission de députés, Louis PAUWELS écrivit un article intitulé « Sectes : l'esprit d'inquisition » : *« J'ai sous les yeux les travaux de quelques sociologues, universitaires, juristes, historiens français qui réagissent à la guerre générale entreprise depuis quelques années, sans discrimination, contre les groupes spirituels minoritaires, hâtivement qualifiés de sectes et, comme tels, diabolisés aux yeux de l'opinion... Depuis 1975 se sont instaurées des associations antisectes qui accusent globalement leurs adversaires de déstructurer les individus et de menacer les familles. La plus virulente d'entre elles est l'Adfi (Association pour la défense de la famille et de l'individu). Elle catalyse sinon promeut les attaques contre les groupes spirituels non conformes. J'apprends qu'elle s'inspire d'un courant de psychiatrie américaine visant à la normalisation de la société par la destruction des nouvelles religions... Cette guerre contre les sectes réveille l'esprit d'inquisition et s'apparente dans bien des cas au procès en sorcellerie où la rumeur tenait lieu de preuve. Il suffit désormais d'accuser un groupe marginal de captation de personnalité et manipulation mentale pour qu'il se trouve rangé au nombre des sectes et, par là même, mobilise contre lui l'opinion générale. Cette nouvelle chasse aux sorcières bénéficie des subsides de l'État et, sauf exception, du soutien sans réflexion des médias.*

La liberté de croire, de se réunir et de tenter de convaincre autrui fait partie des droits fondamentaux. Il est étrange de constater que la guerre ainsi entreprise contre les minorités spirituelles contredit la Convention européenne des droits de l'homme. Celle-ci précise que " considérer qu'un groupe minoritaire sera automatiquement marginalisé d'un point de vue social, méconnaît le principe même d'une société démocratique pluraliste ". ... J'ai bien conscience que le présent article risque d'être interprété comme une défense inconditionnelle des minorités spirituelles et donc un parti pris en faveur des sectes. J'ai aussi conscience qu'il risque de nuire à ma réputation, les choses étant ce qu'elles sont. C'est un risque que j'accepte s'il s'agit du prix à payer quand on tient l'indépendance de l'esprit pour le suprême bien. » Louis PAUWELS est mort au début de l'année 1997 alors que l'Adfi venait de l'assigner en diffamation pour cet article où il contestait ses méthodes et son idéologie. Le 12 septembre 1997, le tribunal de grande instance de Paris a débouté l'Adfi de son action en diffamation. La cour a jugé que l'article traduisait *« ... de la part du journaliste, une mise en garde contre les excès pouvant porter atteinte à la liberté de pensée et d'expression ainsi qu'un appel à la tolérance dans la légalité...* » S'il existait une voix autorisée dans le domaine des nouvelles spiritualités, c'était bien celle de Louis PAUWELS, l'auteur du fameux livre *Le Matin des Magiciens* et le créateur de la revue *Planète* qui, dans les années 60, annonçait avec dix ans d'avance tous les thèmes de la contre-culture, le retour des valeurs spirituelles et la convergence entre science et conscience. Celui qui avait côtoyé, entre autres, la mouvance de GURDJIEFF, était l'un des journalistes les mieux informés sur la question. PAUWELS a toujours eu un talent prophétique. Il s'était déjà ému, en 1985, du danger grave que le rapport VIVIEN sur les « sectes » faisait courir aux libertés fondamentales : *« Il se peut que certaines sectes transgressent la loi ; c'est l'affaire des tribunaux. Je ne crois pas que les miroirs fêlés portent malheur, mais les cerveaux fêlés, si. Pourtant je me méfie moins des associations de cerveaux fêlés que d'un État socialiste qui prétend les réparer et envisage de créer des organismes administratifs pour décider de l'intégrité mentale des citoyens. Or, c'est la conclusion du rapport de M. Alain VIVIEN, député de gauche. Ce rapport fut commandé en son temps par M. MAUROY. Pour qui sait lire, il est inspiré par l'Union rationaliste qui n'a rien oublié ni rien appris depuis l'expulsion des congrégations... M. VIVIEN reconnaît en outre que nulle démocratie au monde n'a établi de législation particulière aux sectes. Les affaires de famille sont des affaires de famille. Et les affaires de mystiques des affaires de mystiques. Il n'appartient pas aux États de s'y immiscer, sauf délit caractérisé... Ce qui ne s'impose donc nulle part où les hommes sont libres de leurs croyances comme de leurs illusions, même funestes, s'imposerait en France. Vous verrez que l'on tentera de nous en convaincre.* ***Un scandale de secte viendra à point. Il vient, je le sens.*** *Ceux qui craignent, avec tant de bonté, qu'on lave le cerveau d'un quidam savent laver le cerveau d'une nation. »*

Il semblerait qu'une fois de plus PAUWELS ait vu juste : dix ans avant ce « scandale de secte » que constitue l'affaire de l'Ordre du Temple solaire et la tragédie du Vercors, en grande partie non élucidée, il avait eu vent que ceux qui nous lavent le cerveau préparaient un grand lessivage. Dans la foulée de ce « scandale de secte », l'État a créé ce que PAUWELS appelait un « organisme administratif pour décider de l'intégrité mentale des citoyens » : la mission interministérielle de lutte contre les sectes, précisément dirigée par Alain VIVIEN, celui-là même qui l'avait conçue quinze ans auparavant… Hasard, coïncidence ou programmation ?

Depuis que Louis PAUWELS s'en est allé, nous n'avons pas trouvé dans la grande presse une personnalité suffisamment libre et informée pour dire les choses comme elles sont. Accusé d'être un réactionnaire parce qu'il refusait de se plier aux conformismes de la pensée dominante, PAUWELS subissait régulièrement des pressions pour le faire taire. Aujourd'hui, il n'aurait tout bonnement plus eu le droit de s'exprimer.

Au seuil du troisième millénaire, en France, plusieurs centaines de milliers de personnes sont enfermées dans le ghetto d'une marginalisation qu'elles refusent. Ceux qui ne suivent l'actualité qu'à travers le filtre désinformant des médias officiels ne mesurent pas le danger que cette chasse aux sectes fait courir aux libertés d'opinion, d'association et d'expression. Avec la bénédiction des autorités judiciaires et administratives, tous les jours ces droits fondamentaux sont bafoués sous le fallacieux prétexte de défendre la famille et l'individu… L'ancienne chasse aux sorcières s'est *relookée* en chasse aux sectes. On retrouve, dans les deux cas, les mêmes procédés et les mêmes stéréotypes qui, de tout temps, accompagnent la persécution des minorités. Hier comme aujourd'hui, les inquisiteurs traquent l'hérétique comme un bouc émissaire. À l'heure de la communication de masse, les victimes expiatoires ne se font plus dévorer par les lions : elles sont offertes en pâture à l'opinion publique dans l'arène médiatique.

Tous les spécialistes qui ont sérieusement étudié les nouveaux mouvements religieux, en allant sur le terrain, savent et disent que le lobby anti-secte mène en fait un combat idéologique contre un mouvement planétaire multiforme qui exprime un retour aux sources de l'intuition et de l'esprit en donnant un sens sacré à l'existence. Les groupes spirituels sont un des éléments de cette véritable lame de fond qui prend en compte l'homme dans sa totalité – corps, âme et esprit – en refusant cette arrogance technocratique qui le transforme en mécanique. *« En France, un mouvement de recherche et d'application, hors institutions, affirme son existence. Ses ramifications touchent tous les milieux sociaux, tous les corps de métier, toutes les croyances et toutes les valeurs. Il s'organise depuis des années avec l'apport de la conscience de chacun. Il n'a pas de nom, pas de structure. Il est composé des membres d'associations disparates, de coopératives écologiques, d'écoles parallèles, de nouveaux courants spirituels, de médecines parallèles et autres innovations. Ce qui les unit : une conscience difficilement récupérable par le système, où la reconnaissance de l'Homme passe avant ses réalisations et son exploitation. Ces gens cherchent à satisfaire leur besoin réel. Ils trouvent la source véritable de leur bonheur. Leurs découvertes, devenues des expériences confirmantes, menacent un système dont la nocivité pollue les atmosphères physiques, psychiques et relationnelles... »* C'est ainsi que s'exprime Sylvie Vermeulen dans une lettre ouverte à M. le ministre de l'Éducation nationale au sujet de la loi anti-secte renforçant le contrôle de l'obligation scolaire.

La diabolisation des minorités spirituelles apparaît alors tout simplement pour ce qu'elle est : l'expression d'un rapport de force entre des systèmes de valeurs différents. Le mythe sectaire exprime le délire de persécution d'une caste qui voit sa légitimité remise en question par des styles de vie et de pensée novateurs. Fortement infiltrée par le lobby anti-secte, comme elle le fut en d'autres temps par le lobby antisémite, la France est le seul pays à s'inscrire dans une logique inquisitoriale du « tout répressif ». Nous abandonnons peu à peu l'état de droit pour un État inquisiteur qui s'est doté d'un organisme officiel chargé de contrôler et de réprimer les hérétiques. Dotée de moyens financiers importants, la mission interministérielle de lutte contre les sectes est, sous l'étendard de la laïcité, une machine de guerre contre la liberté de conscience.

Son but : la normalisation des groupes et des individus. Au-delà des groupes spirituels sont maintenant visées les médecines douces, les thérapies non conventionnelles, les techniques de développement personnel ainsi que certaines religions officielles... Cette liste n'est pas limitative. Tout ce que le Parti Rationnel a décidé de mettre à l'index sera jugé comme sectaire.

Ses moyens : de la délation généralisée via les boutiques aux rumeurs de l'Adfi déjà implantées sur tout le territoire, l'adoption d'une juridiction d'exception, le fichage systématique des adeptes, une limitation des libertés associatives, un harcèlement fiscal, administratif et psychiatrique, un endoctrinement des jeunes et des fonctionnaires qui rappellent la propagande de Vichy.

À ses origines, la laïcité s'insurgeait contre la domination d'une croyance sur les autres et c'est en ce sens qu'elle s'est battue contre l'hégémonie catholique. La séparation de l'Église et de l'État a délimité la zone d'influence de chacun et c'est à ce dernier de garantir à tout citoyen la liberté de conscience, d'expression et d'association. Quand l'État démissionne de cette fonction de régulation et que, pire, il institue de nouvelles discriminations, c'est aux citoyens de se révolter contre ce qui apparaît comme une perversion de la laïcité. L'exercice de la citoyenneté, c'est aussi et surtout le devoir de combattre contre l'arbitraire, sous quelque masque qu'il se présente.

Aux âmes citoyens ! Aujourd'hui, plus que jamais, il est nécessaire que vous affirmiez le caractère privé de vos options spirituelles en refusant que l'État inquisiteur mette la puissance publique au service d'une discrimination des croyances et des opinions. L'État inquisiteur, c'est l'État français de Vichy et des campagnes antisémites, c'est l'État américain pendant la campagne anticommuniste du maccarthysme. L'État inquisiteur, c'est aujourd'hui l'État français, de gauche comme de droite, avec ses campagnes anti-sectes.

L'État inquisiteur c'est, si les citoyens ne réagissent pas à temps, la première dérive vers l'État policier des régimes totalitaires fondés sur la peur, la surveillance et la délation. Nous en sommes loin, penserez-vous peut-être avec candeur. Vous aurez froid dans le dos en lisant les informations contenues dans ce livre sur la façon dont aujourd'hui, en France, une milice de la pensée utilise systématiquement les techniques de délation, d'intimidation et d'espionnage de la vie privée pour lister et pour harceler tous ceux qui refusent les diktats du matérialisme ambiant.

La conquête de l'Ouest

La croisade anti-secte est présentée comme une nouvelle conquête de l'Ouest. Ses animateurs aiment à se faire passer pour des cow-boys justiciers, chevaliers de l'esprit critique, qui vont s'emparer des territoires de la superstition et de l'obscurantisme sur lesquels campent quelques tribus sectaires composées d'individus dangereux et arriérés qui menacent l'avancée de la civilisation. Nous sommes en plein western.

Dans le discours de l'occupant, le résistant est toujours appelé terroriste. Dans le discours du dominant, le dominé est toujours appelé hérétique, jusqu'à ce que l'idéologie dominante perde son pouvoir de mystification et que se produise un renversement de perspective où les rôles s'inversent. C'est à ce renversement de perpective que nous convions tous ceux qui sont désinformés depuis vingt ans.

Les Américains ont dû se rendre à l'évidence, le mythe de la conquête de l'Ouest cachait une tout autre réalité : le génocide systématique et barbare de la civilisation amérindienne. Les rôles se sont alors modifiés : le cow-boy est apparu comme un conquérant brutal et les Américains ont découvert que, derrière les clichés de la propagande, les Indiens étaient, en fait, dépositaires d'une civilisation ancestrale fondée sur l'harmonie entre l'homme et son environnement visible et invisible.

Et si, tout comme la conquête de l'Ouest, le mythe de la croisade anti-secte était tout simplement chargé de véhiculer une idéologie hégémonique ? Et si, loin d'être des groupes totalitaires qui pratiquent le lavage de cerveau, les nouveaux mouvements religieux étaient les vecteurs d'un renouveau spirituel et créatif fondé sur une vision plus globale de l'être humain ? Alors les persécutions antireligieuses apparaîtraient pour ce qu'elles sont, comme des tentatives désespérées pour maintenir en place des pouvoirs et des savoirs sclérosés.

Le profond mouvement de réenchantement du monde auquel participent les minorités spirituelles est inéluctable. Dès qu'une civilisation atteint un seuil d'enlisement dans le matérialisme, il se crée inévitablement une réaction dans le sens opposé. Nous arrivons sans doute à la fin de cette civilisation moderne dont René GUENON disait qu'elle *«... apparaît dans l'histoire comme une véritable anomalie : de toutes celles que nous connaissons, elle est la seule qui se soit développée dans un sens purement matériel, la seule aussi qui ne s'appuie sur aucun principe d'ordre supérieur. »*

Cette anomalie a donné naissance aux états modernes dirigés par une caste technocratique qui impose l'économisme comme idéologie dominante. Pour l'économisme, l'homme n'est qu'un des rouages anonymes et interchangeables d'une société marchande. Des couches de plus en plus larges de la population refusent cette déshumanisation croissante et récusent ce modèle de société. Ils veulent redonner à leur vie un sens qui conduit à l'épanouissement personnel et spirituel. C'est pour cela que, tous les jours, des gens se regroupent pour expérimenter ensemble les valeurs qualitatives qui seront celles du futur. Demain s'éveille dès aujourd'hui, dans les multiples réseaux où se vit et s'exprime cette quête de mieux vivre et de spiritualité. Le monde moderne en train de mourir cherche désespérément à arracher encore quelque souffle de vie au monde post-moderne en train de naître. Les efforts désespérés de la croisade anti-spirituelle sont vains. L'évolution sociale est faite de nouveaux thèmes qui émergent à travers l'action, l'engagement de certaines minorités pionnières. Ces thèmes sont tout d'abord combattus et ces minorités persécutées avant d'être intégrés et reconnus par la société à travers le renouvellement des générations et l'évolution des sensibilités.

PREMIÈRE PARTIE

LA CHASSE AUX SECTES

Tout au long de l'histoire,
la peur du comportement créatif et des états mystiques,
c'est-à-dire de la face intuitive de l'expérience humaine
a conduit à des chasses aux sorcières trop nombreuses
pour en dresser la liste.

Les Enfants du Verseau, M. FERGUSON

Chapitre 1

Français, on vous trompe !

Une vérité qui ne glisse que dans les oreilles fines,
il l'appelle « mensonge » et « néant ».
Nietzsche

Français, on vous trompe ! Début 1999, les Témoins de Jéhovah lancent cet appel au peuple à douze millions d'exemplaires. Douze millions de cris de colère et d'indignation contre une campagne de diffamation et de harcèlement qui vise à faire passer cette minorité religieuse pour une secte dangereuse... Douze millions de tracts qui *« dénoncent les manœuvres de leurs détracteurs qui se sont fait un fonds de commerce médiatique en vociférant contre les chrétiens Témoins de Jéhovah, portant ainsi atteinte à la liberté de conscience et de culte. »* Et de citer les propos du député apparenté communiste BRARD qui dit à leur endroit : *« Les Témoins constituent une secte, l'une des plus dangereuses qui a, à son bilan, un grand nombre de suicides. »* Si la Justice a considéré cette déclaration comme diffamatoire, cela n'a pas empêché ce militant antireligieux d'entonner de nouveaux slogans à forte tonalité stalinienne : *« Face aux mesures de l'administration fiscale, les Témoins de Jéhovah hurlent comme des cochons qu'on égorge... La fraude est peut-être le moindre des viols que les Témoins de Jéhovah commettent. »* On se croirait à Moscou, dans les années noires, quand les prêtres et les membres des minorités religieuses étaient exterminés.

Formé dans les pays de l'Est au bon vieux temps du communisme, Jean-Pierre BRARD est l'un des principaux animateurs d'une campagne antireligieuse qui, sous prétexte de lutter contre les sectes dangereuses, vise en fait à restreindre les libertés fondamentales. Dans le même tract des Témoins, on peut lire le témoignage de Léon BLUM et celui de Mme Geneviève de GAULLE-ANTHONIOZ, grande résistante et fondatrice d'ATD Quart Monde qui dit son admiration pour les femmes Témoins de Jéhovah qu'elle a rencontrées à Ravensbruck pendant sa déportation : *« J'ai pour elles une véritable admiration. Elles ont subi pour leurs croyances de très grandes souffrances... Toutes faisaient preuve d'un très grand courage.* » (voir aussi : *Les Bibelforscher et le nazisme*, éd. Tirésias).

Et si l'histoire était un éternel recommencement ? Et si les démons de l'intolérance prenaient toujours un masque nouveau pour mieux se cacher ? Hier, les régimes totalitaires cherchaient à éradiquer les minorités religieuses. Aujourd'hui, le lynchage médiatique vise à éliminer ces mêmes minorités en les qualifiant de sectes. Le seul tort des Témoins de Jéhovah est de dénoncer le harcèlement fiscal dont ils sont victimes, qui vise à taxer le denier du culte des fidèles à hauteur de 60 %. Comment se fait-il que ce mouvement soit mis à l'index alors que, en décembre 1978, l'actuel président de la mission interministérielle de lutte contre les sectes, Alain VIVIEN, déclarait que les Témoins de Jéhovah, comme d'autres mouvements évangéliques, étaient « parfaitement respectables » ? Encore les Témoins de Jéhovah représentent-ils la minorité spirituelle la plus importante numériquement en France : 250 000 fidèles et sympathisants, qui possèdent quelques moyens pour se faire entendre. Mais de nombreux autres mouvements subissent en France, à notre époque, les mêmes injures et les mêmes discriminations sans avoir la possibilité ni de se défendre, ni de se faire entendre.

Nous ouvrirons ce livre en écoutant les voix d'observateurs de tous horizons qui se sont élevées contre cette campagne. Ces auteurs sont les porte-parole de centaines de milliers d'autres voix qu'on essaie de bâillonner parce que ce qu'elles ont à dire est proprement inouï, c'est-à-dire inaudible dans le champ du matérialisme dominant. Ces témoignages soulignent que le combat pour la liberté de conscience n'est ni un luxe d'esthète, ni un délire de persécution mais une urgence vitale ressentie par tous ceux qui estiment que les libertés de penser, de s'exprimer et de s'associer sont les bases de la démocratie. Des individus, comme des peuples, sont morts de n'avoir pas su réagir à temps quand ces libertés étaient en danger. Les sirènes médiatiques cherchent à couvrir la voix intérieure d'authentiques chercheurs de vérité qui sont en quête d'autres valeurs que celles de la pensée unique.

Français, on vous trompe et vous en avez assez ! Comme Thierry PFISTER qui, dans sa *Lettre ouverte aux gardiens du men-*

songe[4], ose dire tout haut ce que pensent de plus en plus de gens : « *Nous sommes entrés dans une ère d'intolérance... Une chape de silence est tombée. Seul le ronronnement uniforme et continu des maîtres de la doxa s'élève encore, couvrant les cris des victimes. Il n'est plus possible à une poignée d'illuminés de se réunir dans un salon pour adorer l'oignon sans que se dresse la machine médiatico-judiciaire qui pourchasse les sectes. Les faits mêmes n'ont plus besoin d'exister pour que des « témoins » se lancent dans des dénonciations publiques qui font l'ouverture des journaux télévisés... Nous pourchassons des groupes qui furent naguère la cible des hitlériens, tels les Témoins de Jéhovah. Quelques parlementaires de toutes origines, au prix de grossiers amalgames, dressent la liste des coupables dans des conditions qui vaudraient au moindre folliculaire les foudres de la dix-septième chambre. Chacun pouvant ensuite brandir ce document, la chasse aux sorcières s'organise, révélant chez les traqueurs des comportements au moins aussi sectaires que parmi le gibier. La gauche monte en première ligne derrière les socialistes Alain* VIVIEN *et Jacques* GUYARD *et surtout l'ancien communiste Jean-Pierre* BRARD *pour exiger de l'État un engagement contre des groupes qui ne sont même pas juridiquement définis. Une fois encore, sans recul ni retenue, les groupes anti-sectes, qu'ils soient laïques ou religieux, transposent dans l'hexagone un discours psychiatrique forgé aux États-Unis dans les années 70. Limitant leur action au lobbying parlementaire, au forcing médiatique et à la guérilla judiciaire, ces nouveaux croisés ambitionnent d'imposer un contrôle social sur des problèmes qui relèvent de la vie personnelle et familiale. Plus question, dans ce cas, de respect de la vie privée. Le chœur des bien-pensants s'élève pour réclamer plus de sanctions, sans égard ni pour les règles de base de la démocratie, ni pour la liberté de conscience. À montrer du doigt des marginaux, on n'obtient qu'une marginalisation pire encore.* »

Si un membre de l'Omnium des Libertés avait signé ce texte, on l'aurait fait passer pour un dangereux fanatique, complice de sectes criminelles. Mais il se trouve que le signataire de ce texte est un des éditeurs les mieux informés de France sur les coulisses du pou-

[4] Ed. Albin Michel.

voir. Cet ancien membre du cabinet MAUROY a révélé, au travers des livres qu'il édite, quelques-uns des plus grands scandales des vingt dernières années.

Des spécialistes unanimes

On pourrait nous objecter que Monsieur PFISTER n'est pas suffisamment informé en matière de spiritualité pour que son jugement soit impartial. Convoquons donc un de ces spécialistes dont la profession est d'étudier sur le terrain les nouveaux mouvements religieux. Que nous dit-il ? : *« Il me semble suspect que, à travers le monde, des milliers de personnes, liées entre elles par un réseau international aux multiples ramifications vivent pour et par la chasse aux sectes. Leurs méthodes sont partout semblables : jeter le discrédit sur tous les groupes religieux en dehors des grandes religions classiques et semer à ce sujet la désinformation. »* Cette citation n'est pas le propos délirant d'un adepte sous hypnose ou d'un gourou psychopathe. Elle est d'Anne MORELLI, professeur à l'Institut d'Histoire des religions de l'Université Libre de Bruxelles, qui a réalisé de nombreuses enquêtes sociologiques sur des dizaines de groupes religieux. Dans un excellent livre intitulé *Lettre ouverte à la secte des adversaires des sectes,* cette chercheuse agnostique démonte les mécanismes de l'hystérie anti-secte. En plaidant pour une tolérance religieuse qui concerne aussi bien les minorités spirituelles que les religions institutionnelles, cet auteur espère arracher quelques lecteurs aux griffes de la secte des adversaires des sectes. Nous pourrions citer des dizaines de jugements comme le sien émanant de chercheurs et universitaires spécialisés dans l'étude des minorités spirituelles. La quasi unanimité de ces spécialistes, qui connaissent à la fois le terrain et qui ont une perspective historique, condamne le fanatisme anti-secte.

Rendant compte d'un ouvrage intitulé *Sectes et Démocratie* qui rassemble les textes des meilleurs spécialistes européens, Henri TINQ exprime, dans *Le Monde* du 12 mars 1999, l'esprit de la communauté des spécialistes contestant *« ... le discours unilatéral de stigmatisation tenu par des associations justicières, par des élus cédant à l'émotion populaire, par quelques journalistes ou psychiatres vindicatifs... Les sectes sont un sujet trop sérieux pour être confié aux seuls hommes politiques, aux policiers garants de l'ordre public, aux associations de défense des victimes et aux médias friands d'émotion. »*

Selon Massimo INTROVIGNE, directeur du Centre d'études des nouvelles religions (Cesnur), qui organisa un congrès en septembre 1998 à Turin avec 200 spécialistes américains et européens : *« On assisterait, à propos des minorités religieuses, à une sorte de " panique morale " fondée sur des amplifications médiatiques, des statistiques fantaisistes, des amalgames ravageurs. »* *Le Monde*, 17 août 1998.

En conclusion d'un récent rapport sur l'Église de Scientologie, Jean-François MAYER écrit : *« L'immense majorité des groupes religieux minoritaires ne présente de danger ni pour leurs membres, ni pour l'État. ».* Mais qui entend la voix de ces chercheurs dans un concert médiatico-politique fondé sur l'exploitation hystérique du scandale et du sensationnel ? Pour pouvoir, en toute quiétude, commettre leurs infamies, les inquisiteurs calomnient les spécialistes, surtout s'ils sont mondialement respectés, en les accusant souvent de n'être que les porte-voix de groupes totalitaires. Tous les chercheurs et les universitaires spécialisés sont, en France, systématiquement mis à l'écart des enquêtes officielles sur les « sectes ». Ceci est d'autant plus étrange que ce sont des fonctionnaires payés par le citoyen-contribuable pour étudier ce phénomène et donner un avis éclairé sur la question. Cette communauté de spécialistes souffre d'ostracisme de la part de ceux qui ont trop d'intérêts en jeu pour accepter que la vérité soit faite sur ce problème.

Marie-Emmanuelle de LA LANDE de VALLIERE, chargée de recherche au CNRS, montre le climat de terrorisme intellectuel entretenu par la ligue anti-secte : *« De nombreuses personnalités " se sont fait mal voir ", dont de nombreux scientifiques du CNRS, pour la seule raison qu'ils osent exprimer leur point de vue. Les farouches défenseurs du rapport parlementaire n'ont pas eu peur de salir un organisme public en faisant circuler la nouvelle étiquette du CNRS : Centre National de Recrutement des Sectes ! Un des sociologues, enseignant en faculté, avec lequel je suis en relation, m'a confié il y a quelques mois que " des étudiants Adfi étaient venus troubler ses cours et avaient l'intention de monter une pétition contre lui, créant un climat fasciste." »*[5]

Si des spécialistes reconnus par la communauté internationale sont mis à l'index, imagine-t-on alors la pression qui peut exister sur des minorités de croyants qui n'ont aucun moyen officiel pour se faire entendre ? Ce refus de tout dialogue et ces campagnes systématiques de répression risquent d'enfermer certaines minorités spirituelles dans un délire de persécution aux conséquences imprévisibles.

Suite à la publication du rapport VIVIEN en 85, Louis PAUWELS avait écrit, dans *Le Figaro Magazine*, un texte prémonitoire où il analysait les coulisses de cette désinformation d'un ton acide et inimitable : « *Depuis quelques jours apparaît un nouveau type de manipulation. Il prend pour prétexte le danger des sectes en France. Je crois être, de longue date, bien informé... La vérité est autre. Une gauche décomposée, pour faire oublier qu'elle n'a résolu aucun des problèmes qu'elle prétendait surmonter, apporte avec un bruit assourdissant des simili-réponses à des questions qui ne se posent pas. C'est son ultime façon de faire la leçon... Le soulèvement de l'opinion contre les sectes a pour conséquence désirée de disqualifier toute attitude religieuse. Cela est évident, et d'ailleurs avoué. Il n'y a que les naïfs et une part de l'épiscopat pour s'y laisser piéger... L'action de M. VIVIEN et de ses amis serait, nous dit-on, justifiée par l'inquiétude des médias et les plaintes des familles. On sait ce que vaut " l'inquiétude des médias ". Depuis 1981, elle annonce toujours, par sottise ou complaisance, une manœuvre politique coercitive. Quant aux plaintes des familles, M. VIVIEN reconnaît qu'on en recense 84 en huit ans, dont 51 non fondées et dont aucune n'a suscité de poursuites judiciaires graves... Notre confrère* Le Monde *demande avec raison à M. VIVIEN si ses propositions de loi s'appliqueraient également aux ordres religieux.*

– Pourquoi pas ? répond M. VIVIEN. S'ils n'ont rien à se reprocher, ils n'ont rien à craindre. Cependant, on n'oubliera pas qu'ils appartiennent " à une secte qui a réussi ". C'est la définition que donne l'Union Rationaliste de l'Église. M. VIVIEN dit encore qu'il est temps que la laïcité cesse " de se dégrader en neutralité ".

---

[5] *Les radis de la colère*, éd. Louise Courteau.

Comme on sait, les laïcs qui ne sont pas neutres ne sont pas sectaires. »

D'autres journalistes, comme Bernard KLEIN[6], osent briser les tabous de la nouvelle censure : « *En France le sectarisme anti-secte, surtout lorsqu'il pousse à l'emploi du mot secte pour désigner ce qui sort du conventionnel, menace autant, sinon plus, la démocratie que le strict sectarisme des adeptes d'un quelconque gourou. Si les sectes prolifèrent, c'est bien que là société, de plus en plus sectaire, persécute ceux qui ne se soumettent pas à la fameuse " pensée unique " matérialiste et scientiste !* » Aucun de ceux qui ont une expérience réelle du domaine spirituel n'est dupe des grandes manœuvres de la propagande anti-secte. Ainsi, dans une lettre ouverte parue dans *Terre du Ciel*, Jean-Marc MANTEL, président de l'Association internationale de la psychiatrie spirituelle et Jacques VIGNE, médecin psychiatre, auteur de livres importants sur le sujet, font part, avec humour, de leur analyse : « *C'est une loi qu'une société qui a un certain nombre de raisons d'aller mal comme la nôtre cherche des boucs émissaires pour se donner l'impression d'aller mieux momentanément... Des sous-groupes à tendance intégriste cherchent à agiter le spectre des sectes pour essayer de regagner sur la psyché des gens un pouvoir qu'ils ont en grande partie perdu. Ils devraient plutôt méditer le proverbe africain : Quand on a un trou à sa culotte, on ne monte pas au cocotier.* »

Et si l'hystérie contre les minorités spirituelles exprimait le rapport de fascination/répulsion pour une quête d'absolu et une dimension spirituelle de nous-mêmes qu'une civilisation matérialiste cherche par tous les moyens à nous faire oublier ? BERNANOS disait en son temps que la civilisation moderne était un complot organisé contre toute forme de vie intérieure. C'est en tout cas ce que pense Arnaud DESJARDINS[7], qui nous fit tant rêver avec ses reportages sur le zen ou le soufisme en plein règne de Guy Lux : « *Dénoncer d'indéniables abus est une chose. Mais il y a dans l'excitation ambiante autour des sectes quelque chose d'insidieux. Telle qu'elle s'exprime actuellement, la condamnation des sectes et le fait que le*

---

[6] *La vie naturelle*

[7] *Regards sages sur un monde fou*, éd. La Table Ronde.

mot gourou soit devenu une insulte sous-entendent très souvent la condamnation de toute recherche de transcendance, de tout engagement dans une voie, de toute relation avec un conseiller en la matière. Cette condamnation, pour être implicite, n'en est pas moins présente... Ce qui inquiète, c'est l'exigence profonde, celle qui donne la primauté à l'absolu, celle qui demande un engagement, un don de soi, une nouvelle naissance, parce qu'elle contredit toutes les orientations de notre société axée sur le matérialisme. Je maintiens donc qu'il y a, dans l'ensemble de la crise actuelle, un refus du spirituel, une peur proportionnelle à la fascination qu'exerce cette dimension. Accabler les sectes, donner autant d'importance au phénomène, c'est une forme de déni, une façon de ne pas voir que la soif spirituelle authentique gagne du terrain et dans les milieux les plus divers. » Oui, la soif du spirituel gagne du terrain et les tenants des vieux dogmatismes ressentent ce mouvement comme un danger. Rien ne serait-il donc plus subversif que la liberté de conscience ?

Auteur, entre autres, de *Blueberry* et de *L'Incal*, Jean GIRAUD, alias MŒBIUS, est l'un des dessinateurs qui a le plus fortement influencé la bande dessinée moderne. Durant cinq ans, il a participé aux activités d'un groupe spirituel. Voici ce qu'il en dit au cours d'une conversation avec Patrice VAN ERSEEL dans *Nouvelles Clés* : *« Dès qu'il y a un tel groupe en activité en France, la chasse est ouverte toute l'année ! Ce n'est pas du gibier d'eau mais du gibier d'esprit et toute l'intelligentsia tire à vue ! C'est la chasse anti-secte... Je vois quatre réactions possibles : celle de l'anthropologue qui reste prudemment en dehors de la " très étrange tribu " qu'il observe comme un infantilisme humain ; celle du policier, qui dit : " C'est illégal, éradiquez-moi tout ça ! " ; celle de l'indifférent qui tolère rigoureusement n'importe quoi ; enfin celle de l'homme qui ose prendre des risques et qui pense éventuellement : " Je flaire quelque chose d'intéressant derrière ce fatras ; entrons-y pour voir, pendant une dizaine d'années. " ... Actuellement en France, je ne vois surtout que des réactions du second type, celle du policier cherchant à interdire... Demandons un minimum d'une année pleine de pratique quotidienne pour pouvoir donner son avis sur une voie. Mais je vous assure que pour vérifier les effets du régime végétarien, il m'a fallu douze ans de pratique. »*

Dans différents pays, les observateurs étrangers sont stupéfaits par ce qui leur apparaît comme la résurgence d'un obscurantisme moyenâgeux. Ils imaginaient la France comme le pays des lumières, à vocation universelle. Ils tombent sur des politiciens qui se prennent pour les ayatollaïcs de la pensée inique. Un article du journal britannique *The Guardian* en date du 25 décembre 1998 est intitulé : « La religion est un droit ; il faut se battre pour le défendre. » On peut y lire : *« Ce qui est une secte pour certains n'est que la paisible recherche d'un idéal pour d'autres. Dans la panique hystérique qui parcourt l'Europe francophone à la suite des horribles meurtres du Temple solaire en 1994, la liberté de culte a été sacrifiée dans plusieurs démocraties libérales (France, Belgique, Canton de Genève). Les groupes anti-sectes, trop heureux de fournir des accusations, ne manquent pas. Quand les politiciens saisissent l'opportunité de se revaloriser à moindre frais, un cycle de désinformation et de harcèlement inspire un complexe de persécution qui peut transformer un mouvement en secte paranoïaque. »* Encore une fois, la « perfide Albion », qui a vu défiler tant de réfugiés français fuyant les persécutions religieuses, a mis en plein dans le mille. Cet article révèle l'état d'esprit des Anglo-Saxons face à une flambée d'intolérance difficile à comprendre dans leur culture libérale.

Dans son rapport annuel sur la liberté religieuse pour l'année 1998, le département d'État américain condamne la méthode et les conséquences du rapport parlementaire : *« Le rapport a été préparé sans procéder à des entrevues complètes et exhaustives des groupes identifiés sur cette liste. La publicité qui s'ensuivit a contribué à créer une atmosphère d'intolérance et à développer des préjugés contre les religions minoritaires. Certains groupes religieux ont rapporté qu'après avoir été identifiés sur la liste, leurs membres ont souffert d'une intolérance de plus en plus grande. »*

L'OSCE – Organisation pour la sécurité et la coopération en Europe – a tenu à Vienne, le 22 mars 1999, une conférence sur le thème de la liberté de religion en Europe. Y ont participé des délégations de tous les pays de l'OSCE et de plus de cent organisations religieuses et non gouvernementales. Soixante-dix délégations ont pris la parole dans ce débat consacré au pluralisme religieux et aux violations de la liberté religieuse. À l'occasion de cette conférence, la Fédération internationale d'Helsinki pour les droits de l'homme a présenté un rapport intitulé *Discrimination religieuse et violations des engagements d'Helsinki*. Voici ce que dit ce rapport de la situation française : « *Depuis 1996, une montée de l'intolérance et de la discrimination a été observée en France à l'égard des " nouvelles religions ". En janvier 1996, l'Assemblée nationale a publié le rapport* GUYARD, *contenant une liste de 172 sectes ou cultes jugés dangereux. Ce rapport a engendré des articles de presse calomnieux à l'égard des minorités religieuses, a fait circuler des rumeurs et des informations fausses et constitue une incitation à l'intolérance religieuse. Dans ce contexte, une multitude de situations et de formes de persécution virtuelle se sont développées. Les minorités religieuses ont été publiquement marginalisées et stigmatisées, et des efforts ont été faits pour tenter d'entraver leurs activités, par exemple en leur refusant l'accès à des salles publiques pour leurs réunions ou en leur demandant de payer un supplément.* »

Le Cesnur – Centre d'études des nouvelles religions – rend ainsi compte de la conférence de l'OSCE : « *... Si la Russie, la Belgique, la Grèce, la Biélorussie et l'Ouzbékistan ont aussi été critiqués, c'est surtout la France, avec sa politique sur les " sectes " qui s'est trouvée dans le box des accusés. En prenant la parole au nom de la France, M. Denis* BARTHELEMY, *secrétaire général de la mission interministérielle de lutte contre les sectes (MILS), dans un discours très émotionnel et au ton souvent franchement hystérique, a déclaré que toutes les attaques contre la France " émanaient de la Scientologie ou des Témoins de Jéhovah ". Ce commentaire, parfaitement ridicule compte tenu du fait que les critiques adressées à la politique française et à la MILS venaient de plusieurs gouvernements et ONG indépendantes, n'a pas trop amusé les délégations des États-Unis et de plusieurs autres gouvernements...* »

La voix des victimes qui endurent des persécutions contre leur foi rejoint celle des observateurs, des spécialistes, des étrangers et des chercheurs spirituels. Tous dénoncent ces vieux démons d'une certaine France qualifiée récemment de moisie par SOLLERS. Comment donc se fait-il que, malgré toutes ces voix concordantes qui, chacune à sa façon, dans un style et avec des mots différents, disent la même chose, la machine à discriminer tourne à plein régime et semble même s'emballer ? C'est que les inquisiteurs modernes jouent sur les plus bas instincts de l'opinion contre ses plus nobles aspirations.

Ce que les sociologues appellent les « nouveaux mouvements religieux » sont près de vingt mille dans le monde. Tous les jours, des associations et des groupes apparaissent et disparaissent. Dans une infime minorité de ces groupements (au regard de leur nombre et de leur diversité), des individus sans scrupule peuvent abuser d'adeptes trop crédules en jouant notamment d'une certaine forme de régression groupale. Il est effectivement nécessaire de dénoncer ces déviances comme de défendre, par exemple, au sein des familles, les millions de femmes et d'enfants maltraités. Dans chaque milieu – dans les minorités spirituelles aussi bien que dans les religions officielles – il existe des brebis galeuses. Doit-on pour autant transformer leur communauté d'origine en boucs émissaires ? Il serait tout aussi abusif de condamner a priori les religions institutionnelles ou les minorités spirituelles que de jeter la suspicion sur tous les pères de famille sous prétexte qu'un certain nombre d'entre eux commettent des actes de violence contre leurs proches. On considère que, en France, 300 000 personnes sont membres de minorités spirituelles, soit près de 0,5 % de la population. À ce chiffre il faut rajouter des centaines de milliers de sympathisants, de plus en plus nombreux. C'est à la fois peu et beaucoup. Trop peu quantitativement pour représenter un groupe de pression. Beaucoup qualitativement car ces personnes sont souvent des gens positifs et créatifs qui ont un rayonnement naturel sur leur environnement. Les minorités spirituelles sont, en fait, la pointe visible d'un vaste mouvement d'opinion qui concerne des couches de plus en plus larges de la société.

Destiné, en premier lieu, à tous ceux qui sont la cible de la chasse aux sectes, ce livre de témoignage, de réflexion et de combat est un guide de survie pour les âmes sensibles dans un monde de brutes. C'est un témoignage dans la mesure où, au sein de l'Omnium des Libertés, nous sommes tous les jours les témoins scandalisés des multiples atteintes aux droits fondamentaux de la personne humaine. C'est aussi un livre de réflexion pour essayer de comprendre une violence qui apparaît tout d'abord incompréhensible.

Notre réflexion passera par une mise en perspective historique, psychologique, sociale, politique, culturelle. Au fil du temps et des rencontres, nous avons pu analyser les différents rouages de cette machine infernale et complexe qui tend à exclure des milliers d'hommes et de femmes, souvent les plus créatifs et les plus généreux.

Ce livre est aussi et surtout celui de militants des droits de l'âme. Nous souhaitons qu'il encourage tous ceux qui refusent de baisser les bras devant une contamination de la bêtise qui commence par la rumeur pour se muer en psychose avant de finir en violence criminelle. Ce combat, c'est à chacun de le mener tous les jours à travers un engagement et des choix personnels. Ce livre, enfin, est destiné aux responsables de la cité qui n'ont jamais vu l'ombre d'une « secte » ailleurs que dans leur parti politique ou dans de grossiers montages médiatiques aux ficelles grosses comme la mauvaise foi des mercenaires de l'info-spectacle. Les responsables politiques sont systématiquement désinformés par une ligue catho-laïque qui cherche à conserver ce qui lui reste encore de pouvoir. Bien plus que la dangerosité supposée des nouveaux mouvements religieux, cette chasse aux sorcières, typiquement hexagonale, est représentative d'une certaine mentalité française profondément archaïque en ce domaine, comme l'attestent les spécialistes du monde entier. Le moins que l'on puisse dire est que la France, fille aînée du couple incestueux formé par l'Église et l'État, n'a pas beaucoup d'expérience en matière de pluralité spirituelle. L'ère des guerres de religion, de l'inquisition et du monopole sur les consciences est pourtant révolue. Nous avons mis plusieurs siècles pour essayer d'apprendre le débat démocratique sans encore y parvenir. Combien en faudra-t-il encore pour accéder à la pluralité spirituelle ?

La création de la problématique sectaire est aussi un filon politique : c'est un prétexte pour s'attaquer à des idées qui dérangent le désordre établi et le conformisme majoritaire. En diabolisant des groupes innovateurs, on jette le discrédit sur toutes les valeurs alternatives auxquelles ils se réfèrent.

Nous recommandons la lecture thérapeutique de cet ouvrage – à dose homéopathique – aux inquisiteurs modernes : peut-être y trouveront-ils des clés pour comprendre cette pulsion inconsciente qui pousse le persécuteur sur sa victime comme le loup sur sa proie.

Il semble qu'un début de prise de conscience se fasse à l'intérieur des groupuscules intégristes qui prônent la chasse aux sectes. Dans l'éditorial du bulletin de l'Adfi, on peut lire une amorce d'autocritique : *« Il s'agit en fait d'aiguiser notre esprit critique. Un esprit qui ne consiste pas à systématiquement suspecter, déconsidérer, étriller et même blâmer des organisations sans vraiment agir, mais au contraire à prendre le temps d'observer, d'examiner avec honnêteté et, s'il en est besoin, remettre en cause notre comportement. »* Dont acte. Cet éditorial admet, en creux, que l'esprit critique et l'honnêteté intellectuelle n'étaient pas jusqu'à présent des qualités requises pour adhérer aux associations anti-sectes. Nous l'avions, quant à nous, déjà observé. Dans un esprit de dialogue, nous espérons, Messieurs les censeurs, que ces quelques pages vous permettront d'aiguiser votre esprit critique en examinant avec honnêteté vos méthodes, vos préjugés, vos motivations conscientes et inconscientes et, comme le besoin s'en fait sentir, de remettre effectivement en cause votre comportement.

Nous savons, en écrivant ce livre, que nous nageons à contre-courant d'une mode actuelle qui consiste à voir, dans n'importe quel club de yoga, une secte en puissance. Démonter le mythe sectaire, c'est priver trop de monde d'un bouc émissaire d'autant plus commode qu'il est silencieux. Les Français sont toujours en quête d'un méchant qui incarne ce qu'ils aiment tant détester. Le spectre de l'ogre communiste a disparu, celui du juif a fait son temps, celui de l'étranger ne fait plus autant fantasmer depuis que nous vivons dans un village planétaire. La valeur qui monte à la bourse des boucs émissaires est le grand méchant loup gourou psychopathe avec son troupeau de moutons décérébrés. Dans un monde que nous ne parvenons plus à comprendre, nous pouvons projeter sur ce personnage mythique notre peur d'être manipulé : par la technique et la science, par les médias et la pub, par les politiciens et les financiers, par nos intimes mêmes. Cette angoisse de la manipulation va se projeter sur l'écran de notre imaginaire collectif sous la figure diabolique de la secte et du gourou.

Malheur à celui qui ose démystifier les grandes transes collectives au cours desquelles la communauté nationale se ressource en sacrifiant un bouc émissaire. Celui-là risque de terminer en gibier de potence. Il devra s'attendre plutôt à des crachats et des insultes qu'à des fleurs et des compliments. Comme on l'a déjà fait, on nous accusera au mieux de naïveté ou, au pire, de complicité avec des criminels en nous reprochant d'agir en sous-main pour tel ou tel groupe totalitaire. Les plateaux télé sont faits pour les petits plats d'une pensée prédigérée. Nous en serons donc exclus comme le sont, depuis des années, toutes les victimes de la chasse aux sectes. Le silence est la meilleure des censures et le refus d'écouter la meilleure des autocensures.

Pour la reconnaissance sociale, sans doute aurait-il été bien plus rentable d'exploiter le filon des chasseurs de sectes en marchandant les dépouilles des minorités persécutées. Dans la mesure où, généralement, ceux qui chassent les sectes le font à partir de leur bureau, sans aller sur le terrain, nous aurions ainsi économisé beaucoup de frais de voyage. Eh bien non !... Les membres de l'Omnium qui ont écrit cet ouvrage ont, chacun à sa manière, vécu une recherche spirituelle qui les a conduits à rencontrer de nombreuses personnes appartenant à des mouvements très divers. La propagande contre les minorités spirituelles qualifiées de « sectes » leur semble à mille lieues des expériences qu'ils ont vécues à leur contact et des nombreux échanges qu'ils entretiennent tant avec leurs dirigeants qu'avec leurs membres. Par respect pour ceux que nous avons rencontrés, nous avons choisi une autre voie : un sentier qui s'écarte des autoroutes du conformisme intellectuel et médiatique. Il est des moments où il faut savoir résister à l'esprit de meute en refusant de hurler avec les loups. Nous témoignerons donc ici au sujet des oppositions rencontrées par les minorités spirituelles dans l'affirmation de nouvelles valeurs qui sont en fait des valeurs éternelles, oubliées à notre époque. Considérant toutes les injustices qui résultent de la chasse aux sectes, ne pas témoigner de ce que nous savons et ne pas dénoncer cette entreprise de désinformation reviendrait à commettre un délit de non-assistance à personne en danger.

L'émergence d'une écologie spirituelle fondée sur le respect de la diversité des croyances a de nombreuses implications : psychologique, sociologique, juridique, religieuse, ésotérique, culturelle, ethnologique, historique, politique, médiatique. Pour rendre compte de l'émergence de nouveaux comportements spirituels et des profondes résistances qu'ils rencontrent dans le contexte français, il faudrait une étude détaillée dans chacun de ces domaines. Tel n'est pas le but de notre livre, qui se contente de dresser un panorama de la désinformation actuelle au sujet des groupes minoritaires.

Nous ressentons, bien sûr, une certaine frustration à ne pas pouvoir détailler tel ou tel aspect d'un phénomène très complexe. Pour mieux nous faire comprendre d'un public parfois peu averti en matière de spiritualité, nous avons dû simplifier des approches complexes en choisissant, dans une importante masse d'informations, d'expériences et d'analyses, des éléments qui illustrent notre propos. On ne peut avoir la prétention de faire le tour du problème dans un livre comme celui-là qui ne peut aborder que 1 % de la complexité et de la multiplicité des thèmes à traiter. Cet ouvrage s'inscrit dans la quête d'une écologie spirituelle. Son but est de tracer des pistes d'explication que chacun pourra suivre à sa guise et qui seront complétées au fil du temps.

Ce travail n'aurait pu être réalisé sans les membres de l'Omnium, que nous remercions pour leur dévouement. Ce sont eux qui, de toute la France, nous communiquent des informations. Nous aurions aimé en nommer ici quelques-uns qui se sont mobilisés autour de cet ouvrage. Mais un certain anonymat préserve de toutes sortes de pressions, parfois très insidieuses, qui s'exercent à l'encontre des militants des droits de l'âme dans leur milieu social, professionnel et parfois même familial.

Chapitre 2

Chronique des persécutions contemporaines contre les minorités spirituelles

Il faut voir comment les scientologues vous déstabilisent
rien qu'en vous regardant dans les yeux,
on se sent facilement dans un état second.
Jeanine Tavernier
présidente de l'Unadfi

En raison du blocus de l'information concernant les minorités spirituelles, très peu de gens sont au courant des nombreuses persécutions dont sont victimes, en France, les membres de ces groupes considérés comme des sous-citoyens. Quotidiennement, l'Omnium est en contact avec des personnes harcelées en raison de leurs croyances, de leurs pratiques et de leurs convictions. Sidérées, ces personnes ne comprennent pas ce qui leur arrive. Les diverses expressions de l'intolérance apparaissent toujours comme absurdes et inimaginables à ceux qui en sont les victimes. Avant la colère, la première réaction est la surprise. En contactant l'Omnium des Libertés, les victimes de la chasse aux sectes cherchent toujours à répondre aux mêmes questions : pourquoi, tout à coup, suite à une rumeur ou à une délation, sont-elles privées d'emplois ou de droits familiaux ? Pourquoi, à cause de leur appartenance à tel ou tel mouvement, font-elles l'objet d'une discrimination qui tend à les marginaliser et à les exclure de toute activité économique, de tout rôle social ou familial et de toute expression dans le débat démocratique ?

Le fait de n'avoir aucune réponse à ces questions conduit certains à des situations désespérées. Atteints dans ce qu'ils ont de plus sacré, leur conviction intime, ils doutent de tout et avant tout d'eux-mêmes. Usés, paralysés, meurtris, ils n'ont plus la force d'agir et de réagir. Nous dialoguons avec ceux qui sont traqués parce qu'ils ne se reconnaissent pas dans le matérialisme dominant. C'est à chaque fois une histoire différente mais toujours le même scénario : celui d'une persécution au quotidien et celui d'un ostracisme ordinaire envers la différence. De tous ces dialogues tissés avec des gens d'origines très diverses, nous avons tiré beaucoup d'informations confirmées par nos rencontres sur le terrain avec les membres des minorités spirituelles.

La France dans le box des accusés

Ce climat de persécution est connu de certains organismes internationaux qui les dénoncent. Alors qu'*Amnesty International* s'était déclarée « inquiète » des risques de dérapage des milices de la pensée, l'OSCE, à la conférence de Vienne en mars 1999, a montré du doigt plusieurs pays, dont la France, qui violent leurs engagements internationaux relatifs à la liberté de conscience et à la tolérance religieuse. Lors de cette conférence, Aaron RHODES, directeur exécutif de la Fédération internationale d'Helsinki pour les droits de l'homme a déclaré : *« De nombreux pays membres de l'OSCE sont en train de prendre des mesures légales pour opprimer les activités religieuses et pour intervenir dans les affaires internes des communautés religieuses, violant par là même non seulement les engagements d'Helsinki, mais aussi la Convention européenne des droits de l'homme. Les traitements injustes infligés aux minorités religieuses traduisent et renforcent des tendances latentes vers le chauvinisme et l'intolérance, qui constituent une menace contre le pluralisme et la stabilité politique dans la région. »*

Dans le texte du rapport intitulé « Discrimination religieuse et violations des engagements d'Helsinki », on parle de la situation française en ces termes : *« Le gouvernement français a récemment établi une mission interministérielle de lutte contre les sectes – la MILS – avec, à sa tête, Alain VIVIEN, la figure de proue du mouvement anti-secte. Alors que d'autres rapports à l'étranger (comme le rapport parlementaire suédois ou le rapport du canton de Tessin) recommandent le dialogue avec les dites " sectes ", la France a choisi la confrontation ouverte. Cette attitude a engendré des articles de presse calomnieux, des pertes d'emploi, de la discrimination religieuse de la part des autorités françaises et la montée de l'intolérance de la part de la société civile à l'égard des gens de tous milieux à cause de leurs croyances religieuses personnelles.*[8]. »

Vous trouverez ci-dessous quelques exemples qui illustrent différents types de persécutions. Selon les témoignages recueillis par l'Omnium, ce sont des milliers de personnes qui sont menacées pour leurs idées, leur mode de vie et leur façon de se soigner. Ce que vous lirez semblera à peine croyable à ceux à qui ce n'est pas arrivé. Il y a infiniment plus de gens persécutés par le lobby anti-secte – de la délation ordinaire aux attaques physiques – que de victimes effectives de dérives sectaires somme toute très marginales. Voilà bien l'effet pervers d'une chasse aux sorcières couverte officiellement par les pouvoirs publics et laissée à l'initiative d'inquisiteurs aussi bêtes que méchants.

La délation

Dans un tract intitulé « Comment reconnaître une personne en danger », l'Adfi fait l'inventaire des symptômes de déviance. Parmi ceux-ci, on note : « ... *Changement de régime alimentaire, long temps de lecture ou de méditation, nombreux appels téléphoniques, courrier abondant, déplacements en France ou à l'étranger, modification de la tenue vestimentaire, emprunt d'argent, exaltation pour une cause nouvelle* (sic)... »

Il est donc conseillé de prévenir l'Adfi si un de nos proches présente un de ces symptômes ou un trait de non-conformisme similaire. L'Adfi recommande de surveiller discrètement les amis et les relations de la personne suspectée. Il faut noter leur numéro de téléphone, leur adresse en tenant un journal quotidien des faits et gestes de la victime supposée. Ces critères et ces techniques de délation sont détaillés et diffusés dans une brochure disponible dans tous les organismes publics. Les délateurs, durant la période de l'Occupation, ne disposaient pas d'outils aussi sophistiqués.

Dès l'instant où les groupuscules anti-sectes invitent le public à venir dénoncer leurs proches ou les membres de leur famille présentant des comportements « originaux », il est bien évident que l'on va assister à des délations en série. Et c'est ainsi, nous le verrons,

---

[8] cf en annexe une lettre adressée au Président Clinton en juin 99 par des personnalités américaines.

qu'ont été recueillies les informations les plus fantaisistes à partir desquelles a été dressée la liste des 172 « sectes » du rapport parlementaire.

Voici un exemple des « témoignages » recueillis de 1975 à 1984 par l'Adfi à partir de ces techniques de délation. Cette feuille de « témoignages » était envoyée à ceux qui posaient des questions au sujet d'un groupe de 300 adhérents : « Le jeune J.-P. est revenu avec des poux », « La nourriture est à revoir », « J'avais l'impression que leurs regards me traversaient », « X se trouve depuis novembre sans métier et prétend travailler à domicile. À partir de 23 heures, avec des copains, ils font du bruit jusqu'à 3 h du matin », « Elle a besoin de se sentir protégée », « Nous avons entendu un drôle de bruit qui sortait de mon fils. J'ai pensé à un bip-bip de protection », « Changement au niveau de l'écriture de J.-P. », « Le premier signe apparent de changement et de braquage de H. avec la famille a été un refus de manger de la viande comme son frère », « Les deux garçons sont arrivés la veille au soir tout en blanc avec en plus pour l'aîné une ceinture dorée avec une boucle garnie d'une pierre scintillante », « Je les ai vus à Paris dans une tenue pitoyable », « Ce qui plaide en faveur de la secte : il n'y a pas de drogue, il est interdit de fumer et de boire des boissons alcoolisées ».

Ce ton moralisateur et ces remarques ressemblent fort aux annotations des professeurs sur le carnet de notes à signer par les parents. L'infantilisation est patente. Le membre d'une minorité spirituelle est un enfant à surveiller et, si besoin est, à punir. Un vrai délire… On trouve au milieu de toutes ces perles des mensonges éhontés, par exemple sur de prétendus maniements d'armes qui n'ont jamais existé ou sur une multitude d'autres rumeurs sans aucun fondement. Demain, vous aussi vous pourrez vous plaindre à l'Adfi au sujet de votre voisin qui fait du bruit jusqu'à 3 h du matin ou des agissements d'un membre de votre famille en ce qui concerne sa vie privée, sa tenue vestimentaire, sa façon de vivre, ses habitudes alimentaires… Rien ne vous empêche de dénoncer un voisin à l'air bizarre. « On l'a vu faire des exercices de yoga sur sa terrasse. Est-ce qu'il n'est pas en train de monter un ashram ? Ma tante est venue à la maison et ne prend plus d'apéritif. Ne serait-elle pas dans une secte ? Mon fils a cessé de fumer. C'est étrange car c'était un bon vivant. Il est moins bavard qu'avant. Il se tient en retrait des conversations ordinaires. Il lit des livres qui paraissent ésotériques. Il suit un régime diététique. Il achète des produits biologiques. N'est-il pas dans une secte ? » Nous avons effectivement reçu de tels appels à l'Omnium, et cela nous a mis la puce à l'oreille. Nous avons interrogé les plaignants. Généralement, leurs revendications sont grotesques, elles sont fondées sur la peur et n'ont pour objet que de nuire. Dans 90 % des cas, il s'agit de catholiques qui veulent empêcher un de leur proche de se convertir à une autre religion. L'Adfi enregistre systématiquement toute demande d'information comme une plainte. Cette chasse aux sectes, qui peut servir d'alibi pour l'expression des plus bas instincts, est une situation qui ne s'est jamais vue en France depuis le régime de Vichy. Durant l'Occupation, près de trois millions de lettres de délation furent envoyées aux autorités. On dénonçait son voisin suspect, qu'il soit gaulliste, communiste, franc-maçon, juif... À Paris, un médecin sur trois fut dénoncé et curieusement ce sont les journalistes qui furent les plus acharnés à dénoncer leurs confrères.

Discordes familiales

Au sein même de leur famille, certains sont obligés de se justifier s'ils prient, s'ils se livrent à la méditation, s'ils adoptent un nouveau régime ou s'ils lisent des livres spirituels. Après l'exercice illégal de la médecine, voici un nouveau délit, celui d'exercice illégal de la spiritualité.

Être suspecté d'appartenir à un groupe peut créer la zizanie au sein des familles. Nous connaissons de nombreux cas où les membres d'une famille ont coupé tout lien entre eux pour cette raison. Se retranchant derrière le noble dessein de défendre la famille et l'individu, les officines anti-sectes sèment la discorde au sein même de la cellule familiale au point, parfois, de la faire exploser. Les inquisiteurs sont à l'origine d'un certain nombre de divorces et nous connaissons le cas de plusieurs parents menacés de perdre la garde de leur enfant parce qu'ils sont accusés d'appartenir à un groupe spirituel. Des actions juridiques ont été entreprises contre l'Adfi par des personnes qui tiennent cette association responsable d'avoir brisé leur foyer.

« De plus en plus de personnes en instance de divorce ou divorcées utilisent l'arme religieuse pour obtenir du juge le retrait de la garde des enfants à l'ex-conjoint. Le dernier cas en date est celui de T.B., dont l'épouse invoque sa sympathie pour le mouvement Bonne Volonté Mondiale *auquel il serait fait reproche de déstabiliser mentalement les gens et de les avoir emmenés visiter la communauté Horus. Elle-même, jusqu'à son divorce, a secondé son mari dans le groupe spiritualiste qu'il avait fondé*[9]. *»*

On refuse l'adoption d'un enfant parce que le père appartiendrait à l'association IVI, présentée par les services de la DASS comme *« ... un mouvement de pensée qui semble par trop inviter au soupçon à l'encontre de la médecine allopathique, voire affirmer son inefficacité. »* Cette affirmation de la DASS fait suite à une conférence du père TROUSLARD, un militant anti-secte fanatique.

Spoliation d'héritage

Des familles accusent leurs proches d'irresponsabilité pour cause d'appartenance sectaire afin de les déposséder de leur héritage. Tel est le cas d'une mère recherchant sa fille qui aurait disparu dans une secte en Amérique. Nous avons enquêté avec précision, mais la personne, majeure et indépendante, n'avait pas quitté Paris, où elle fréquentait un cours de yoga. En l'interrogeant, nous avons appris que ses parents, bourgeois de province, avaient l'intention de faire passer pour folle cette jeune fille qui devait hériter prochainement de sa grand-mère.

Campagnes de rumeur

Les membres des minorités spirituelles sont obligés de se défendre contre des accusations invraisemblables. *« Dans les régimes totalitaires, on élimine un adversaire en lui tirant une balle dans la tête. Dans les démocraties, l'arme politique la plus redoutable, c'est l'utilisation de la rumeur. Et dans le contexte actuel, les sectes sont probablement le support le plus efficace pour ces assassinats moraux... Certains, avec un parfait cynisme, n'hésitent pas à se*

[9] *La situation des sectes en France après le rapport d'enquête parlementaire (96-99),* Régis DERICQUEBOURG.

servir de la peur engendrée par les sectes pour discréditer un mouvement ou un adversaire idéologique... Le terme de secte est aujourd'hui utilisé avec un terrible pouvoir d'accusation. Certaines personnes peu scrupuleuses ont vite compris tout le parti qu'on pouvait tirer de cette peur des sectes et de ce formidable pouvoir d'accusation. Ainsi, depuis deux ou trois ans, les accusations fantasmatiques et les rumeurs de cet ordre se multiplient[10]*.* »

Dans *La Vie naturelle* de février 1998, Bernard KLEIN analyse ainsi ce climat de chasse aux sorcières où, selon le mot de PAUWELS, la rumeur sert de preuve : *« Avec le mot " secte ", une nouvelle forme d'anathème est née dans notre société matérialiste, en cette fin du XX*^e^ *siècle. Aux antipodes d'une dénomination sérieuse, ce mot se lance comme une accusation ou comme une invective, donnant naissance à une rumeur dont les effets sont quelquefois plus pernicieux et dévastateurs que ceux d'une mise en examen pour fait réellement délictueux.... Les membres de groupes spirituels anodins se trouvent de plus en plus fréquemment inquiétés et menacés dans leur quotidien, perdant leur emploi, par exemple, ou, pire, se voient parfois retirer la garde de leurs enfants... tout simplement. Plus kafkaïen encore : de nombreuses personnes, ne faisant nullement partie d'une quelconque organisation de ce type, et n'ayant d'autre tort que de déployer une activité professionnelle un tant soit peu marginale aux yeux de l'establishment, sont montrées du doigt, voire poursuivies pour activités sectaires. Aujourd'hui donc, tout groupe de professionnels réunis autour de la spiritualité, de la psy, de l'orientalisme, des médecines naturelles ou de l'alimentation saine, peut, un beau jour, apprendre qu'on le considère comme une secte ! C'est souvent le cas des cours de yoga, des dojos d'arts martiaux, des psychothérapeutes... et même des magasins de diététique. »*

Comme le souligne *Le Point* du 19 septembre 1998, sous le titre « délation sectaire » : *« Si vous souhaitez vous débarrasser d'un collègue ou d'un concurrent, laissez entendre qu'il appartient à une secte... »* C'est ainsi qu'un couple, qui ne supportait pas que quelqu'un occupe la présidence d'une association locale, a fait courir la rumeur qu'il était un haut gradé de l'Ordre du Temple Solaire en

---

[10] *Sectes, Mensonges et Idéaux,* de Lenoir et Luca.

s'appuyant sur de faux documents. *« Plusieurs spécialistes des sectes, comme le député socialiste Jacques* GUYARD, *se sont fait piéger. Dans une lettre remise au Premier ministre français le 15 mai, ce dernier laissait entendre que, grâce à* POULIN, *l'OTS poursuivrait " des activités commerciales et financières ". Pis, que l'économiste suisse entretient des liens avec des marchands d'armes libyens. Depuis, André* POULIN *vit un calvaire. Victime de deux alertes cardiaques, il a abandonné la plupart de ses mandats pour se défendre. " Le plus grave, c'est que ni la police ni la justice n'ont le droit de me remettre un document attestant que je ne suis pas membre de l'OTS ", explique-t-il. La justice genevoise a toutefois condamné l'un des membres du couple à un mois de prison. »* Quant aux vrais responsables de l'hystérie anti-secte, ils sont toujours en liberté…

Dans l'*Esprit libre*, un article intitulé « Le groupement n'est pas une secte, histoire d'une rumeur », Michel BARRIER analyse comment certains concurrents mal intentionnés ont utilisé l'arme de la rumeur, relayée par des groupes anti-sectes, pour couler le Groupement, une entreprise de vente à domicile en pleine croissance : *« Tout est bon pour déstabiliser un concurrent, même la rumeur, d'Orléans ou d'ailleurs. Les gens qui attaquent le Groupement sont pour la plupart de bonne foi. Mais ils travaillent sans le savoir pour des intérêts masqués, qui sont tout bonnement les concurrents du Groupement. »*

« Il aura suffi, en août 1996, qu'une grand-mère et son petit-fils soient portés disparus pour qu'une chasse aux sectes d'ampleur nationale se déclenche à partir d'une rumeur mettant en cause une communauté catholique. Le déferlement médiatique ne s'arrêtera qu'avec la découverte des deux corps au fond du ravin où les avait précipités un accident de la circulation[11]. »

Déstabilisation

Des adversaires lancent une campagne de rumeurs contre ESF, Environnement Sans Frontière, pour assimiler cette association respectable à une secte dangereuse. Un rapport des renseignements généraux rédigé spécialement sur cette association donne crédit à la

---

[11] *Idem,* T. Pfister.

rumeur de secte. « *Ce rapport, truffé d'informations erronées, pratique allégrement l'insinuation malveillante et l'amalgame. Les responsables des renseignements généraux reconnaissent que le rapport est une « erreur ». Ils proposent d'y apporter réparation par la rédaction d'un nouveau rapport et de tirer au clair le rôle réel du fonctionnaire de police qui l'a rédigé. Au printemps 1998, un nouveau rapport conclut à " l'absence de tout fondement " de la rumeur " secte " et souligne l'utilisation de celle-ci dans certains milieux hostiles au développement de l'action entreprise par ESF et DWI*[12]. »

En mars 1991, un maître de conférences à l'université Saint-Charles à Marseille a découvert, collées sur les murs extérieurs de l'université, une soixantaine d'affiches ainsi rédigées : « Jean X – Maître de Conférence – Responsable de la secte. » On imagine aisément l'effet produit sur la réputation d'un homme estimé tant par ses élèves que par ses collègues.

Délit de secte

Pour les membres de groupes spirituels, la vie devient parfois infernale. Certains doivent quitter leur commune. Nous en connaissons des dizaines qui, écœurés par le climat de haine qui règne en France, ont quitté l'hexagone. Fréquenter un groupe spirituel listé sur le rapport parlementaire ou répertorié par les délateurs anti-sectes, constitue une nouvelle forme de délit : le délit de secte. Des instituteurs bien notés sont subitement attaqués parce qu'on a découvert qu'ils étaient membres, actuels ou anciens, d'une organisation inscrite dans le rapport parlementaire sur les sectes. Un journal de province va ameuter une ville entière, affirmant que les patients d'une kinésithérapeute seraient en danger d'être ensectarisés parce qu'elle leur aurait recommandé de pratiquer la méditation. Tel médecin de Chambéry, qui a suivi un stage de développement personnel, est traîné en correctionnelle pour « pratique médicale sectaire mettant en danger la vie de ses patients ». Il est relâché, mais l'Adfi a déjà trouvé dix nouvelles victimes à épingler.

---

[12] *Sectes, Mensonges et Idéaux*, de Luca et Lenoir.

Selon une lettre du Bureau central des cultes du ministère de l'Intérieur, datée du 10 mars 1998 : *« Aucun groupement n'a donc jamais été classé comme " secte " par la République qui, aux termes de l'article 2 de la loi du 9 décembre 1905 concernant la séparation de l'Église et de l'État, ne reconnaît aucun culte et ne peut par conséquent porter aucun jugement sur le contenu de telle ou telle croyance. »* Comment se fait-il alors que des fonctionnaires de l'Éducation nationale soient révoqués pour « délit de secte » ? Dans l'Éducation nationale, 250 cas « d'appartenance sectaire » ont été rapportés et dix ont été sanctionnés. Un enseignant de lycée technique est révoqué pour « appartenance notoire à la secte Horus » alors qu'aucune distinction ne peut être faite entre les fonctionnaires en raison de leurs opinions. Suite à une action en justice, il a été réhabilité mais combien de personnes voient ainsi leur carrière ruinée.

Un praticien français a récemment été rayé de l'ordre des médecins pour avoir choisi d'employer la technique de la respiration holotropique du docteur Stanislas GROF, le célèbre psychiatre américain, fondateur de la psychologie transpersonnelle. Nous avons, à l'Omnium, plusieurs exemples de médecins sérieusement inquiétés par l'ordre des médecins en raison de leur intérêt pour la spiritualité. Parmi ceux-ci, certains ont été radiés. Ces procès en sorcellerie n'ont pas lieu en Iran, mais en France, à la fin du XXe siècle.

Harcèlement administratif

« Au plan administratif, à travers toute une série de mesures coercitives, il semble que l'on s'oriente vers la pénalisation de l'adhésion à un groupe religieux[13]. *»* Plusieurs communautés subissent un harcèlement administratif qui prend prétexte de contrôles sanitaires, fiscaux, commerciaux, sociaux réitérés. Lors de ces contrôles de routine qui se multiplient à l'infini et qui enquêtent d'une manière tatillonne sur tous les aspects de la vie, privée, professionnelle et religieuse, certains fonctionnaires de l'administration sont parfois « protégés » par une dizaine de gendarmes armés. Les écoles liées aux groupes religieux minoritaires sont passées au crible et fermées les unes après les autres souvent sous des prétextes

---

[13] *La situation des sectes en France*, DERIQUEBOURG

fallacieux concernant par exemple la sécurité. En décembre 91, plusieurs personnes domiciliées dans la communauté Horus depuis plus d'un an se sont vues refuser par le maire leur carte électorale. Le tribunal administratif a tranché en leur faveur.

Harcèlement fiscal

Beaucoup d'associations, de responsables et de membres des minorités spirituelles subissent des contrôles fiscaux, parfois répétitifs, qui aboutissent parfois à des redressements sur le montant desquels on peut s'interroger. Les anti-sectes dénoncent régulièrement à l'administration fiscale des groupes ou des personnes dont les activités leur paraissent suspectes. Ici, la suspicion vaut condamnation. Ainsi en est-il de la dénonciation fiscalement approximative à l'administration des impôts de l'association *Au cœur de la Communication* par une structure anti-secte activiste. Voici ce que dit le rapport de la Fédération internationale d'Helsinki pour les droits de l'homme au sujet du harcèlement fiscal des minorités spirituelles en France : *« Des religions minoritaires " impopulaires " comme les Témoins de Jéhovah ont dû subir des enquêtes spéciales particulièrement approfondies. Leur fiscalité a été examinée avec un zèle qui rappelle le harcèlement. Pour la première fois, la loi de 1992 sur les " dons manuels " a été appliquée aux associations et groupes religieux, exigeant un prélèvement de 60 % sur les " dons manuels " effectués par plus de 200 000 Témoins de Jéhovah au cours des quatre dernières années. Cette communauté a dû payer l'équivalent de quelque 50 millions de dollars US (300 millions de francs français) à l'État. Qui plus est, toutes les contributions effectuées pour s'acquitter de cette taxe seront à leur tour assujetties à un prélèvement de 60 %. Au début de l'été 1998, un tribunal a ordonné que leur propriété soit saisie et provisoirement grevée d'une hypothèque. Des milliers d'autres associations religieuses risquent d'être la cible des autorités fiscales pour n'être pas des " associations cultuelles " reconnues comme telles par le ministère de l'Intérieur. Ainsi, environ 90 % des associations de protestants et de musulmans ne sont pas autorisées à recevoir des legs (héritages) ou à bénéficier d'une exonération sur les donations. »*

Infiltration de l'administration

Des spécialistes « auto-proclamés » du lobby anti-secte donnent des formations sur les « sectes » aux fonctionnaires de différents ministères et administrations, à l'École de la magistrature, aux fonctionnaires de la police et des renseignements généraux. Dans le même esprit, on pourrait suggérer que des gangs de délinquants viennent former juges et policiers sur le maintien de l'ordre en zone urbaine… Un policier assure un témoin que s'il se portait partie civile contre l'Église de Scientologie, tous ses frais seraient payés par une association de lutte contre les sectes avec laquelle la police travaille. Des gendarmes ont visité les familles de certains membres de groupes pour les avertir que leur enfant ou leur proche « fait partie d'une secte ». Des policiers ont interrogé un animateur de stage à partir d'un questionnaire écrit comportant des questions sur son régime, sa conception de Dieu, du christianisme, etc. Interrogeant un membre d'une église orthodoxe, un gendarme du Gard lui demande si son église est dans la lignée officielle. Suite à une réponse négative, le gendarme lui précise qu'il doit donc le classer parmi les membres des sectes. Du jamais vu !

Incitation à la peur

L'Adfi organise régulièrement des réunions dont le but est de soulever la population d'une commune en l'inquiétant par des rumeurs non fondées sur l'implantation prochaine d'une association.

Atteinte à la protection de l'enfance

Sans la moindre précaution et sans autre raison que la rumeur, des enfants et de jeunes adolescents ont longuement été interrogés sur leur vie intime. Certains d'entre eux ont subi des interrogatoires, des fouilles et des examens corporels traumatisants.

Manipulation

Au contraire de ce qui s'affiche dans ses statuts ou ses discours, le but d'un groupe comme l'Adfi n'est pas de défendre les victimes de prétendues dérives sectaires mais de mener un combat idéologique qui vise à soustraire les personnes de mouvements minoritaires. Rapport annuel 1991 de l'Adfi du Mans : *« Une personne a été soustraite à la sciento. Deux autres sont en voie de sortie. »* L'Adfi se targue d'avoir réussi à « déconvertir » 42 personnes dans l'année 1986.

Désinformation

Comme le dit BOURDESSOULE dans son *Guide du développement personnel* : *« Les associations de lutte contre les sectes détiennent,* de facto, *une sorte de position dominante dans l'information. C'est l'information qu'elles produisent qui est véhiculée par la presse... Ne vous fiez pas à ce que vous croyez savoir sur les sectes. Si cela provient de la presse ou de l'Adfi/Ccmm il y a toutes les chances pour que cette information soit erronée, biaisée, partiale. »*

La désinformation sur les groupes spirituels est en effet le monopole des anti-sectes, qui ne reconnaîtront jamais à d'autres l'autorité pour en parler. Dans une série d'émissions diffusées en 1998 par La Cinq, Frédéric LENOIR a osé briser le tabou en donnant la parole aux membres d'associations qualifiées de sectes. Aussitôt il a subi des pressions l'accusant de « servir la soupe aux sectes ». Le réalisateur laissait simplement s'exprimer les membres de certaines minorités spirituelles. Des articles de presse ont montré comment certains journalistes de la télévision française, faute d'informations précises sur les circonstances de la mort d'un jeune enfant de la communauté évangélique Tabitha's Place, demandaient à la population environnante de stigmatiser les comportements « étranges » du groupe (*Libération* du 09/04/97 et *Le Monde TV des* 13 et 14/04/97). L'enfant, condamné à la naissance, est mort d'une malformation congénitale. On ne peut plus mourir ou être simplement malade si on appartient à une organisation spirituelle.

Les boutiques aux rumeurs

L'Adfi, que certains appellent « Association pour la délation, le fichage et l'inquisition », a établi à travers la France une trentaine de centres régionaux de délation qui sont des boutiques aux rumeurs où les citoyens peuvent dénoncer en toute impunité leurs collègues, leur conjoint ou leurs enfants.

« Un coup de fil contre les sectes » : c'est par ce titre évocateur que *Le Midi libre* présente le programme de l'Adfi 34. L'inquisition locale se présente d'abord comme « tolérante et discrète », mais nous sommes en Occitanie, haut lieu de la résistance cathare sous l'Inquisition. « Nous respectons la liberté de penser », déclare, comme pour se prémunir, le responsable de la boutique aux rumeurs qui souhaite toutefois préserver son anonymat. Mais, le journaliste du coin semble perplexe et ne peut s'empêcher de demander « si les mouvements sectaires sont si nombreux pour que l'on y prête autant d'attention ». « Ils pullulent ! », tempête l'expert en désinformation, avant de débiter sa leçon sur « les mouvements qui avancent masqués, essayant de capter leur public à travers des événements détournés ». Et l'adéfiste « tolérant et discret » d'énumérer la liste des activités malignes qui cacheraient une secte : « les cours de yoga, les conférences sur l'éducation parentale, les soirées-débats sur les ovnis, les restaurants végétariens, les librairies ésotériques, et les colonies de vacances. » Il invite les témoins et les victimes à se manifester auprès de l'Adfi 34 pour dénoncer leur prof de yoga ou un psy qui fait de la thérapie familiale. Consultez le guide des restaurants végétariens de France, car s'il y en a encore un dans la vieille ville, il ne peut être tenu que par des cathares. Pour justifier leur poste, les responsables locaux doivent fournir du rendement aux yeux des collectivités locales qui subventionnent l'Adfi. Il faudrait qu'on nous dise s'il existe aujourd'hui un autre pays sur la terre où l'on emploie des informateurs payés au rendement.

Persécutions économiques et professionnelles

Plusieurs chefs d'entreprise ont fait l'objet de campagnes de délation tendant à les discréditer auprès de leur clientèle en faisant l'amalgame entre leur profession et leur religion.

À l'heure actuelle, si on fait courir le bruit qu'une société qui propose des formations en entreprise serait liée à une « secte », à coup sûr ses contrats seront annulés et personne ne cherchera à vérifier si ces formations étaient performantes. Cela est arrivé à plusieurs reprises pour des formations qui satisfaisaient complètement les entreprises. L'Adfi n'hésite pas à organiser des campagnes sur le thème des entreprises infiltrées par les « sectes » et diffuse des listes noires comme au temps de l'antisémitisme où on livrait à la presse les listes d'entreprises juives qui devaient apposer sur leur façade une affichette rouge afin d'être reconnues par les « bons » français.

En juillet 1990, Michel R., directeur général d'une société de service informatique se voit accusé dans la presse nationale d'espionnage au profit d'une secte ! Sans aucune autre preuve que son appartenance à une minorité spirituelle, il est accusé d'avoir livré des informations sensibles alors que sa société travaillait sur un système informatique pour une unité de police spécialisée dans la lutte antiterroriste. À la suite de la campagne de presse, son contrat fut annulé. L'Adfi, dans plusieurs articles, accréditait la thèse de l'espionnage. Michel R. porta plainte contre trois journaux qui furent tous condamnés, l'un en première instance et les deux autres en appel. Le seul tort de Michel R. était d'être scientologue.

Le château du Magnet œuvrait depuis plusieurs années à l'animation médiévale d'un domaine en Indre. Ses propriétaires ont subi les attaques de l'Adfi qui a dressé contre eux des dissidents de l'entreprise avec le soutien des prêtres locaux. En utilisant les médias pour relayer l'accusation de secte, l'Adfi a conduit l'entreprise à fermer ses portes.

Suite à un article du *Point* paru à la fin de l'année 1991 et inspiré par un groupe anti-secte, trois scientologues, dont Guy C., perdent une grosse affaire contractée auprès de *General Motors*. Le préjudice financier est estimé à plus de 22 millions de francs sur plusieurs années. Guy C. a gagné le procès en diffamation intenté contre *Le Point*, ce dernier étant condamné à payer 10 000 F de dommages et intérêts !

Des responsables douteux

Paul RANC, président de l'Adfi Suisse, se présente comme diacre de l'Église évangélique réformée du canton de Vaud. Il est l'auteur et l'éditeur d'un livre intitulé *La Franc-Maçonnerie sous l'éclairage biblique*, qui a été interdit de vente en Suisse à cause de son contenu antisémite. Paul RANC y accusait l'association internationale B'Nai B'Rith de vouloir « instaurer le pouvoir mondial juif ». Selon l'avocat des plaignants, l'auteur s'appuie sur des stéréotypes appartenant à la littérature antisémite la plus classique[14].

Au Luxembourg, Jean-Albert FISH est membre fondateur de l'Adfi en 1991. Dans les années qui suivent, il sera tout d'abord condamné pour pratique illégale de la pharmacie, puis accusé d'escroquerie par la *Caisse luxembourgeoise de change et de placement*.

En France, un repris de justice particulièrement opportuniste a fondé une association anti-secte financée par ses activités de proxénétisme... Au cours d'une émission présentée par Christophe Dechavanne, ce voleur, trafiquant de drogue et proxénète accuse Raël et l'un de ses disciples d'avoir provoqué la mort de l'enfant de ce dernier. Le père de l'enfant intente un procès à son diffamateur qui sera condamné à verser 150.000 francs de dommages et intérêts.

L'alerte aux morts d'enfants fictives n'est pas rare, comme dans le cas de la communauté Horus où les médias ont titré sur « un enfant mort du tétanos dans une secte ». Or, l'enfant est vivant et se porte parfaitement bien. Mais, les médias ne démentent jamais.

Au cours de cet ouvrage, nous aurons l'occasion de brosser d'autres portraits d'inquisiteurs. Il est intéressant d'étudier la personnalité et le trajet de ceux qui, souvent, profitent de la croisade anti-secte pour satisfaire des pulsions destructrices qui s'étaient déjà manifestées au cours de leur vie. On ne naît pas inquisiteur. On le devient, et ce n'est jamais par hasard. Il faudrait consacrer un autre ouvrage à l'étude de ces trajectoires humaines qui, la plupart du temps, sont marquées par une immaturité et une instabilité qui trouvent un exutoire et une canalisation dans la chasse aux sectes.

Rafles

On ne compte plus les perquisitions faites dans les locaux appartenant à des communautés spirituelles ou des centres thérapeutiques. Le 9 mars 1993, une vaste opération de police est organisée contre l'association *La Famille* au cours de laquelle 80 enfants sont enlevés. Le journal *Libération* parle de « portes

[14] *« Un diacre Lausannois accusé d'antisémitisme », in 24 heures,* 26 juin 1998.

enfoncées… une femme traînée par les cheveux… des bébés arrachés aux bras de leur mère ». Tout cela pour aboutir à un non-lieu.

Même tableau pour la communauté Horus où les enfants sont examinés des pieds à la tête, de la manière la plus honteuse, en présence des forces de l'ordre, pour conclure qu'il n'y a aucun signe de mauvais traitement. Le public ne retiendra que le « risque de mauvais traitements ».

Le 10 octobre 1997, au domaine de Faujas dans la Drôme, une cinquantaine de gendarmes en tenue de combat s'abattent sur le centre animé par le docteur Tal SCHALLER où sont organisés des stages fondés sur une approche globale de la santé. Les villageois s'étonnent de ce « débarquement militaire jamais vu ». Le docteur SCHALLER serait suspecté de liaison avec l'Ordre du Temple solaire. Perquisition, garde à vue et interrogatoire ne mettent en évidence aucune activité délictueuse. *Le Dauphiné Libéré* a consacré une page à l'annonce de cette invasion par les gendarmes mais n'a offert aux lecteurs qu'il a alertés que deux lignes, trois jours plus tard, leur permettant de dire que le domaine de Faujas n'avait rien à voir avec le Temple solaire. Ce qui n'empêcha pas Tal SCHALLER et sa femme d'être jugés en décembre 1998 pour travail illégal parce que des bénévoles travaillaient avec eux, et pour non-inscription au registre du commerce alors qu'ils avaient payé rétroactivement tout ce qui leur avait été réclamé… Résultat des courses : 50 000 F d'amende pour Tal SCHALLER et 50 000 F pour sa femme avec en plus une interdiction d'organiser des stages pendant cinq ans. Selon le bulletin *Santé Globale* de janvier 1999 : *« Les juges allaient donc au-delà de ce que demandait le procureur et les assommaient avec une peine maximum en statuant ce qui n'avait pas été cité... Leur avocat leur écrivit : " ... Vous avez été indirectement jugés pour des faits étrangers à la poursuite. " En France, de nos jours, ceux qui osent sortir des sentiers battus en proposant un mode de vie plus sain, libéré des croyances qui maintiennent dans l'obéissance et le silence s'exposent à la répression de la plupart des pouvoirs publics. Ces derniers essaient alors de contrecarrer, d'une manière ou d'une autre, les projets de ces individus. »*

Le retour de l'index

Officiellement aboli en 1966, l'Index, organe ecclésiastique de la censure, est de retour. Un auteur est venu proposer son livre à un rayon spécialisé d'une librairie de Lille. Il s'agissait d'un ouvrage de psychologie ésotérique en relation avec le courant d'Alice BAILEY. Le vendeur lui déclare : *« Je suis désolé mais nous n'acceptons pas ce genre d'ouvrage car nous risquons des problèmes avec l'Adfi. Ils vont nous reprocher de diffuser des livres dangereux qui parviennent des sectes. Parfois on trouve des chewing-gums entre les pages pour rendre les livres invendables. »* À l'aube de l'an 2000, des militants anti-sectes détruisent les livres qui ne leur plaisent pas et cherchent à intimider les libraires.

Les nouveaux censeurs considèrent la spiritualité comme la nouvelle pornographie. Ils font pression sur éditeurs et libraires pour interdire la publication et la diffusion des œuvres non conformistes et des auteurs mis à l'index. Cela ne concerne pas seulement les mouvements spirituels, les études sur les « sectes » réalisées par les sociologues des religions sont également censurées. Selon Régis DERIQUEBOURG, les activistes anti-sectes qualifient de « complaisance l'objectivité des chercheurs et il leur arrive de reprocher aux éditeurs la publication d'un ouvrage qui n'entre pas dans leurs vues. » Voici le compte rendu du Conseil d'administration de l'Adfi du 28 mars 1989 : *« Les éditions du Cerf ont confié la direction d'une collection sur les sectes à Jean-François MAYER, dont l'ouvrage* Religion de Guérison *est sujet à critiques, ainsi que sa prestation sur* A2 *en juillet 88... »* Mais la censure la plus efficace est celle qui est intériorisée par tous les responsables des médias. Cette autocensure impose une ségrégation de fait qui prive de parole tout membre d'une minorité spirituelle. Plusieurs manuscrits qui traitent du mouvement anti-secte se voient systématiquement refusés par tous les éditeurs français sous prétexte que ceux-ci ne veulent pas avoir d'ennuis et qu'ils ne pourraient assurer la promotion du livre dans les médias.

Discrimination

Suite à l'inscription abusive d'un groupe ésotérique sur la liste noire du rapport parlementaire et contrairement aux autres années, le maire de Poitiers refuse la participation de ce mouvement à la journée annuelle des associations. Le tribunal administratif a donné raison à cette association contre le maire. Sous la pression des anti-sectes, des responsables municipaux refusent de louer leurs salles et de verser des subventions à des mouvements spirituels minoritaires dont certains ont une intense activité culturelle ou caritative.

Atteintes à la liberté d'expression

Nombreuses sont les atteintes à la liberté d'expression de la part des inquisiteurs. Les propriétaires de salles de conférences sont dissuadés de louer leurs locaux à des gens qui n'ont pas l'estampille du religieusement correct. Nous avons eu connaissance de plusieurs lettres, comme celle qui suit, à des gérants d'hôtel pour les inciter à ne pas louer leur salle : *« Nous avons appris que l'association X tenait une conférence dans votre hôtel. Peut-être ignorez-vous que vous avez affaire à une association qui pourrait nuire à votre image de marque... Nous nous sommes fait un devoir de vous donner cette information pour que vous puissiez prendre les décisions les meilleures concernant votre commerce. »* D'une manière régulière, les membres de certains groupuscules anti-sectes interviennent violemment dans des conférences pour les saboter. Voici, extrait d'un document de l'Adfi (*Sectorama,* n° 2, juin 1990), un compte rendu d'autres activités de sabotages : *« L'Antenne des Yvelines a organisé une distribution de tracts avant la conférence d'un scientologue à Versailles : l'auditoire s'est réduit à trois personnes... L'Adfi/Paris a obtenu l'annulation, trois jours avant, d'une conférence exceptionnelle de Dianétique... »*

Campagne d'intimidation

Les campagnes d'intimidation sont un des grands classiques des groupes intégristes. Suite à un article ou à une émission de télé ou de radio qui sort des clichés habituels, certaines officines organisent une campagne de lettres pour faire pression sur la direction. Des campagnes d'appel téléphoniques sont aussi organisées auprès de radios qui diffusent une publicité pour les livres mis à l'index. Des journalistes ont été menacés de licenciement par leur direction suite à des pressions.

Censure économique

Le Lien était un journal sur l'écologie et le mieux vivre dirigé par Philippe MAILHEBIAU, dans lequel cet éditeur *« disait tout haut ce que beaucoup n'osent même pas penser tout bas »*. Dans une lettre à ses lecteurs datée de janvier 1993, il explique les raisons pour lesquelles il est obligé d'arrêter la publication de ce journal et de déposer son bilan : *« Parmi ces harcèlements, un contrôle fiscal sur mes sociétés, le boycott de la distribution du* Lien, *des lettres de menaces, le saccage de nos locaux, et tant d'autres choses générées par l'action pernicieuse de lobbies qui, depuis trois ans, font courir le bruit que* Le Lien *est le journal d'une secte que je dirige. De là est partie également la rumeur que je dirigeais un groupe néo-nazi – rien que cela – alors que l'un de nos combats était justement dirigé contre le racisme. L'Adfi est à la base de l'affirmation que* Le Lien *et mes autres entreprises appartiennent à une secte. Pour qui travaillent-ils ? On se le demande, mais ils sont soutenus par le gouvernement français. Ils n'ont, bien sûr, pu apporter la moindre preuve de leurs affirmations et pour cause... Il a même fallu que je retire mes enfants de l'école communale tellement ils subissent de pressions suite à cette rumeur. L'Adfi a fait, comme d'autres fois, le drame de nombreuses personnes. »* Suite à diverses campagnes de dénigrement, Philippe Mailhebiau a dû licencier en 1998 les soixante-dix employés de son entreprise.

Parce qu'ils appartenaient au mouvement IVI, une violente campagne de presse a déferlé sur les deux fondateurs du magazine *Psychologies* dont le sérieux et l'impartialité étaient unanimement reconnus. Suite à cette campagne nationale qui représentait, à terme, une condamnation à mort du journal, les fondateurs de *Psychologies* ont dû vendre ce journal à un groupe de presse.

Procès en hérésie

Le but de toute inquisition est de combattre les croyances qui ne sont pas conformes aux dogmes dominants. Nous disposons de courriers émanant de l'Adfi où cette association condamne des groupes religieux pour leur conception hérétique du Christ. À une question posée sur la Rose-Croix d'or, Sœur Marie-Claire, une religieuse, secrétaire parisienne de l'Adfi, répond par écrit : *« Rose-Croix d'or, chrétiens ? Leur Christ cosmique ne ressemble guère à celui de la Bible. »* Choquée d'entendre le responsable d'un cercle d'études ésotériques mettre le Bouddha et le Christ sur le même plan, l'ex-présidente de l'Adfi de Lille, Mme OVIGNEUR, s'offusque : « Comment pouvez-vous parler du Christ de cette façon ? » Ce dialogue permit à cette association sans histoire d'apprendre pourquoi elle avait été fichée parmi les sectes : hérésie théologique ! Nous donnerons d'autres exemples de jugements théologiques de ce type en abordant les liens étroits entre l'Église et l'Adfi. Sachant que l'Adfi est la centrale de renseignements où puisent les pouvoirs publics, c'est donc bien pour crime en hérésie que certains groupes spirituels ont été listés comme sectes par un rapport de la République. Le CCMM (Centre contre les manipulations mentales) n'est pas en reste. Voici sa réponse à une question sur la méditation zazen : *« La pratique zazen par l'association* Zen Internationale *n'a d'intérêt que si l'on accepte des coups de bâton du maître en cas de fléchissement de la posture idéale. »* Résumer le zazen à un coup de bâton fera éclater de rire ou fondre en larmes, c'est selon, tous ceux qui ont un minimum de culture.

Délires

Nous analyserons plus loin comment fonctionne la contamination psychique qui a donné naissance à la psychose collective contre « les sectes ». Cette psychose touche en premier lieu les personnes instables qui recherchent des responsables à leur déséquilibre. D'après les témoignages de psychothérapeutes, de plus en plus de déséquilibrés sont victimes du « syndrome de l'inquisiteur » : ils accusent leur entourage et même leur thérapeuthe de « manipulation mentale » et d'appartenance sectaire. À l'heure actuelle, n'importe qui peut être la cible de ce délire de persécution. C'est ainsi, par exemple, que le célèbre couturier Paco RABANNE, qui est aussi l'auteur de plusieurs ouvrages sur l'ésotérisme, s'est trouvé harcelé par Josiane P., une ancienne cliente. Cette mère de famille de 40 ans le traquait et l'interpellait lors des défilés, sur les plateaux de télé et dans son atelier où elle jetait de l'eau bénite et où elle collait des images de la Sainte Vierge sur la vitrine. Selon elle, Paco RABANNE l'aurait envoûtée car il est « satanique ». Elle ne cesse de dénoncer ce « faux prophète, lié à une secte ». Elle affirme qu'on a essayé de lui enlever sa fille, qu'elle a été poursuivie par des « hommes de main ». Mise en examen pour « violence et voie de fait », Josiane P. a été condamnée. L'avocat qui a défendu cette personne délirante est celui qui plaide d'ordinaire pour l'Adfi. Voici ce qu'il dit de cette affaire : « Ma cliente est peut-être une originale. Mais Paco RABANE, alors ? Vous avez lu ses livres ? À force de développer des thèses surnaturelles, il ne faut pas s'étonner de déclencher des réactions[15]. » Pourquoi les thèmes surnaturels développés par Paco RABANNE, dont les livres rencontrent un important succès public, devraient-ils susciter en retour le délire et l'agressivité ? Le délire de persécution de Josiane C. est un cas exemplaire de paranoïa activée par la psychose anti-secte. De tout temps, le malade mental trouve son matériau délirant dans l'environnement social et culturel. Hier, les thèmes en vogue étaient ceux de l'antisémitisme ou de la sorcellerie. Aujourd'hui, certains malades mentaux se nourrissent du mythe moderne de la « secte ».

Grève de la faim

Vital Harmony est une structure commerciale qui propose une activité de remise en forme. Sans aucune raison, elle se trouve sur la liste noire du rapport GUYARD. Charles-Frédéric VETRIGNE, qui s'est intéressé à cette structure suite à une émission de télévision, affirme *« qu'aucun des critères de la commission d'enquête ne lui est applicable. »* Pour demander réparation et faute d'autres moyens à sa disposition pour se faire entendre, la directrice, Mme Claude BARDIN, a fait une grève de la faim qui fut arrêtée au bout de 12 jours en raison de difficultés respiratoires.

Torture et viol scientifique

Les associations anti-sectes ont fait appel aux techniques de *deprogramming* fondées sur la torture psychologique, l'humiliation

---

[15] *Le Point*, janvier 1997.

et les violences physiques. Cette technique, importée des États-Unis, consisterait à effacer les programmations qu'un groupe spirituel aurait imprimées chez un adepte. Nous verrons comment le réseau anti-secte américain inventa les méthodes de *deprogramming* et comment l'Adfi importa ces méthodes en France. Dans un manuel de *deprogramming* édité par le réseau anti-secte Power, on trouve une liste de certaines techniques utilisées : privation de nourriture et de sommeil, coups donnés de façon à ne laisser aucune trace, répétitions continuelles d'injures et traumatisme verbal provoqués avec des amplificateurs mis à plein volume, hurlements et menaces, actes sacrilèges commis devant le croyant ou par lui sous la contrainte, profanation de livres sacrés, viols. Tout ceci se justifiait « scientifiquement », selon Ted PATRICK qui affirme avoir ainsi soigné 1.600 adeptes. D'après lui : *« Les techniques de* deprogramming *peuvent paraître barbares à un non-scientifique... Lorsque le déprogrammeur frappe le sujet traité ou lui impose des relations sexuelles, c'est professionnellement qu'il le fait, c'est-à-dire qu'il existe des raisons scientifiques à ses actes*[16]*... »*

Inventeurs du viol scientifique, les déprogrammeurs américains furent arrêtés dans leur délire par la justice américaine qui les condamna à plusieurs reprises. Devant les problèmes rencontrés par leurs confrères américains, les cadres de l'Adfi durent se rabattre sur d'autres techniques et notamment le *deprogramming* de masse, par la manipulation des médias.

Harcèlement psychiatrique

On a noté plusieurs cas d'internements psychiatriques abusifs sous le prétexte d'appartenance spirituelle. Les deux exemples suivants ne sont pas des cas isolés. L'histoire d'Anne-Catherine BOUVIER de CACHARD, étudiante à l'École normale supérieure, est intéressante à ce titre. Le 1er août 1991, attirée dans un piège, elle est séquestrée par sa mère et sa tante, droguée de force et emmenée dans un hôpital psychiatrique où elle sera traitée plusieurs jours à coup de neuroleptiques. Avec l'aide de son fiancé, elle réussit finalement à s'en évader et porte plainte pour enlèvement. Un article

---

[16] *Let our Children Go,* Théodore Patrick.

de *France Soir* du 10 avril 1992 nous apprenait que le père Yves GERARD, vicaire général de Verdun, la mère et la tante d'Anne-Catherine étaient inculpés pour enlèvement et séquestration. La tante de la jeune femme était adhérente de l'Adfi, sa mère était une fervente admiratrice et l'abbé GERARD est présenté par l'Adfi comme l'un de ses fidèles supporters. C'était en fait pour la soustraire à l'influence néfaste d'une religion minoritaire que la famille avait organisé cette opération. En réalité, la jeune femme n'avait jamais été membre d'un quelconque mouvement religieux mais elle devait se marier avec un jeune homme portugais et sa famille désapprouvait ce mariage.

Le 7 novembre 1991, Maria C., infirmière indépendante diplômée d'État, âgée de 30 ans, se fait enlever par ses frères alors qu'elle effectue une piqûre chez un patient. Ceux-ci la font hospitaliser au service psychiatrique de l'hôpital Sainte-Marguerite de Marseille sous prétexte que son adhésion à un nouveau mouvement religieux était « la conséquence d'un état mental déficient ». Maria réussit à s'échapper de cet hôpital et obtient plusieurs certificats d'experts psychiatres attestant de sa parfaite condition mentale. Après enquête, cette infirmière apprend que sa famille a été en relation avec l'Adfi de Marseille qui lui a présenté un psychiatre. Sans avoir examiné cette jeune femme, ce psychiatre l'a déclarée folle et a attesté la nécessité d'un enfermement psychiatrique.

Appel à la violence

Le docteur ABGRALL, psychiatre et « expert » auprès des tribunaux sur la question des sectes, exprime quelle serait sa réaction si un membre de sa famille devenait membre d'une minorité spirituelle : *« J'agirais comme Rambo ; je prendrais mon fusil mitrailleur, j'irais dans la " secte ", je prendrais mon parent, je l'emmènerais avec moi et je tuerais tous ceux qui m'interdiraient de l'attraper, et ensuite, je me débrouillerais ».* Même « son de cloche » chez le député communiste BRARD : *« Les sectes nous terrorisent. Nous allons terroriser les sectes. »* Quant à l'écrivain Roger IKOR, fondateur du CCMM : *« Il faut cogner, détruire ces sectes qui pullulent sur notre pourriture*[17]*. » « Quand suffisamment de gens*

[17] *L'Unité*, 5 février 1981.

iront mettre les locaux des sectes à sac, les pouvoirs publics se remueront sans doute. On ira foutre la merde dans ces antres de la mort que sont les sectes, flanquer en l'air les restaurants macrobiotiques, les centres Krishna et autres[18]*... »*

Avec de telles professions de mauvaise foi, toutes issues de la haine viscérale des principaux responsables de la lutte anti-secte, il ne faut pas s'étonner que certains se sentent non seulement autorisés mais conviés à pratiquer des actes criminels contre les minorités spirituelles. Plusieurs responsables de mouvements reçoivent régulièrement des menaces de mort et sont l'objet de tentatives d'intimidation anonymes qui les visent, eux et leur famille.

Dans *Les Radis de la Colère*, un livre qui retrace toute la manipulation dont a été victime la communauté Horus, un membre de ce groupe relate diverses agressions qui sont les conséquences directes de ces appels aux meurtres : *« Des actes criminels ont été anonymement perpétrés contre les membres de la communauté Horus : animaux et arbres volés, voiture incendiée intentionnellement, brebis égorgées et placées en évidence sur le chemin qui mène aux pâturages, garage intégralement incendié, agression avec fusil sur nos propriétés, sans parler des coups de fil et des lettres anonymes de menace de mort, souvent d'ailleurs à l'occasion des émissions anti-sectes sur les chaînes de télévision. »* Les déprédations et saccages de locaux et de lieux de cultes deviennent fréquents. Mais les associations concernées restent muettes pour ne pas effrayer leurs adhérents.

Prise d'otage

Le 7 octobre 1992, un individu récemment sorti de prison fit irruption dans les locaux d'un groupe religieux minoritaire. Il organisa une prise d'otage et exigea que le leader de ce mouvement lui soit livré « afin de vérifier son immortalité » (*sic*). Après quelques heures, les gendarmes neutralisent l'individu qui explique que son geste fait suite à une émission télévisée qu'il avait vue en prison. Le mouvement en question, par l'intermédiaire de son avocat, a porté plainte pour incitation à la haine et à la discrimination.

---

[18] *Le Matin*, 26 janvier 1981.

Attentat à la bombe

Contre l'Église de l'unification le 25 janvier 1996, rue de Charenton à Paris. Contre les locaux de La Nouvelle Acropole le 16 août de la même année rue Daguerre également à Paris. Contre l'antenne locale de l'Église de Scientologie le 8 mars 1997 à Angers. Les auteurs de ces attentats courent toujours…

Tentative d'assassinat

Le 21 décembre 1998, vers 23 h, le docteur DIETRICH est victime d'une tentative d'assassinat. Frappé d'un coup de couteau en plein ventre par un individu, il est hospitalisé et opéré le lendemain matin. Cette tentative d'assassinat à son domicile devant ses enfants fait suite à plusieurs agressions : déjà en juin 1994, un homme lui porte un coup de couteau dans le ventre. En février 1998, il est blessé par balles à la cuisse. En octobre 1998, la voiture de son épouse est incendiée, sans compter les menaces… Cette dernière agression contre le docteur DIETRICH s'inscrit aussi dans un contexte bien particulier : il venait de faire une conférence le 9 décembre à Guéret sur le thème : « Pédophilie, la loi du silence. »

L'affaire DIETRICH met en évidence la complicité de l'establishment de Touraine avec des militants anti-sectes fanatiques proches du CCMM. Le docteur DIETRICH a épinglé un médecin pédophile. Cela lui vaut les foudres de l'ordre des médecins d'Indre-et-Loire, qui voudrait l'empêcher de parler en utilisant contre lui l'association *Délivrez-moi des sectes* dirigée par l'agitateur CLAVEAU. Ce personnage, qui se vante d'être bien financé, et d'être soutenu par Alain VIVIEN, venu en personne faire une conférence à Tours. Le docteur DIETRICH aurait-il mis le doigt sur un réseau de pédophiles de la région de la Loire qui tentent de faire porter aux sectes tous les vices de la terre ? D'autres affaires révéleraient que la chasse aux sectes permet de cacher les turpitudes de notables « bien-pensants » qui n'hésitent pas à faire intervenir la pègre pour supprimer les témoins gênants comme le docteur DIETRICH. Ce médecin est accusé d'être « un gourou de secte » parce qu'il préconise une approche psychothérapeutique originale. Mais on lui reproche surtout d'avoir troublé la tranquillité des pédophiles de Touraine.

Dans une autre affaire, la chasse au gourou bat son plein suite à l'hystérie anti-secte. Sous le titre « Jugé en correctionnelle pour avoir blessé son gourou : la vengeance d'un adepte éconduit », *Le Figaro* du 01.04.99 rend compte d'une affaire dans laquelle *« un peintre en bâtiment a été condamné à deux ans de prison pour avoir tiré sur un ostéopathe qui l'avait évincé de son groupe de patients. »* Les praticiens des médecines naturelles doivent-ils revêtir un gilet pare-balles sous leur blouse blanche ?

Assassinat

Le 28 juillet 1992, Jean-Richard MIGUIERES est abattu de sept balles de 22 long rifle par son beau-père, Roger DORYSSE. Jean MIGUIERES était le fondateur du Centre d'étude, d'information et de recherche ufologiques à caractère scientifique, le CEIRUS. Il s'était marié récemment avec la fille de Roger DORYSSE, avec qui il vivait depuis plusieurs années. Il se trouve que le couple DORYSSE était membre de l'Adfi et que celle-ci avait catalogué le CEIRUS dans les sectes. Roger DORYSSE vouait pour cette raison une haine féroce à Jean MIGUIERES et s'inquiétait pour sa fille. Un jour, n'y tenant plus, il passa à l'acte. Selon *Le Lyon-Figaro*, les *« beaux-parents avaient appris à connaître les activités suspectes de Jean MIGUIERES lorsqu'ils étaient en relation avec l'association de défense de la famille et de l'individu »*. Au procès de l'assassin, la veuve a affirmé : *« Mon père a été manipulé. Je le ressens comme une victime. »*

Les faits relatés ci-dessus ne sont qu'un petit échantillon de ceux dont nous avons eu connaissance. Tous les jours, des gens nous appellent pour nous faire part des difficultés qu'ils rencontrent face à un environnement social et culturel en proie à une véritable psychose collective vis-à-vis des « sectes ». Les affaires qui parviennent jusqu'à nous ne représentent sans doute qu'une part infime des persécutions vécues, jour après jour, par les membres des minorités spirituelles dans leur milieu social et professionnel, mais aussi dans leur famille. Ces souffrances touchent les individus au cœur même de leur intimité, dans ce qu'ils ont de plus sacré : leur conscience. Cette ambiance de haine et d'intolérance induit des sentiments de culpabilité chez les victimes de ces persécutions. On n'ose plus être soi-même, revendiquer sa foi, son originalité, son appartenance. Ce climat d'autocensure généralisé est le résultat recherché, plus ou moins consciemment, par l'inquisition moderne. Ainsi va le terrorisme intellectuel : considérées comme hérésie, la quête intérieure et l'originalité sont assimilées à des délits.

Le faisceau convergent des faits que nous avons relatés montre bien que la lutte contre les minorités spirituelles ne relève pas du délire de persécution mais d'une stratégie systématique de harcèlement orchestré par un lobby puissant qui a mis des années à constituer un réseau aux multiples ramifications politiques, administratives et judiciaires. Face à une telle machine, les minorités spirituelles ont peu de moyens pour se défendre. Comme les médias leur sont hermétiquement fermés, elles ne peuvent compter que sur elles-mêmes pour faire passer leur message. Chacune essaie donc de se défendre selon ses moyens, d'une manière isolée, sans qu'aucune coordination existe entre des mouvements qui rencontrent pourtant les mêmes problèmes. Une éphémère coordination entre quelques mouvements ne parvint qu'à démontrer la différence de leurs stratégies. Certains utilisent l'arme juridique, notamment en matière de diffamation, en sachant que les magistrats, formés par le lobby anti-secte, ont une vision très déformée des minorités spirituelles. Certains, fatigués de combattre, arrêtent leurs activités. D'autres continuent d'une manière discrète et presque souterraine. Certains enfin profitent de tous ces obstacles mis sur leur chemin comme autant de prétextes pour exercer leur maîtrise, en remerciant tous les jours leurs ennemis dans la mesure où ce qui ne tue pas rend plus fort.

Chapitre 3

Vers un droit de persécution

Ce dont le poète souffre le plus
dans ses rapports avec le monde,
c'est du manque de justice interne.
René Char

On a avancé l'idée qu'une association spirituelle impliquée dans un procès était dangereuse du fait même qu'elle tentait de se défendre. Leurs adversaires accusent souvent les minorités qualifiées de « sectes » d'être procédurières et le rapport parlementaire classe une association sur la liste noire en fonction de ses « démêlés » avec la Justice. Autrement dit, vous êtes tranquillement dans votre maison avec votre famille et un provocateur vient jeter des cailloux dans votre jardin. D'abord, vous ne dites rien. Puis, il commence à jeter des pierres sur vos vitres. Vous allez sans doute sortir de chez vous voir ce qui se passe. C'est ce qui arrive à ces groupes paisibles qu'on accuse d'avoir des démêlés avec la Justice. On commence à les bombarder par médias interposés et, naturellement, ils ont tenté de se justifier. Lorsqu'on estime à juste titre avoir été diffamé, la procédure normale est de demander un droit de réponse. Selon un processus extrêmement pervers, c'est parce que ces mouvements se sont défendus qu'ils ont été accusés de démêlés judiciaires abusifs, et qu'ils se sont retrouvés finalement sur la liste des sectes. Certains s'étonnent que les minorités spirituelles luttent contre la persécution dont elles sont victimes. Comme tout bouc émissaire, elles devraient se taire et baisser la tête pour le couteau.

Le droit de délation

Le rôle de l'Omnium n'est pas de défendre tel ou tel mouvement mais de protéger la liberté de conscience contre tous ceux qui voudraient la confisquer au profit exclusif de leur chapelle, fût-elle athée et républicaine. Nous réclamons l'égalité de tous devant la loi mais aussi devant la foi.

Le rôle de la Justice est d'enquêter et de juger les dérives qui peuvent se produire dans toute société humaine. Le lobby anti-secte n'a pas à se transformer en auxiliaire de justice en influençant les magistrats par une désinformation systématique qui s'infiltre jusque dans les écoles de la magistrature. Un des faits les plus graves de la chasse aux sectes est l'infiltration des services de la Justice par les anti-sectes et l'instrumentalisation de la Justice au service d'une idéologie de discrimination. Depuis quelque temps, les juges collaborent en toute sérénité à la nouvelle inquisition car ils ne sont formés et informés du dossier que par les anti-sectes. Qui désinforme dans les écoles de la magistrature ? Des « sectologues » démunis de toute expérience de terrain et de qualifications minimales. Ces « formateurs » (mais qui sont-ils donc ?) sont radicalement hostiles à des mouvements qu'ils n'ont jamais rencontrés.

D'autres « spécialistes », tout aussi amateurs, ignares dans le domaine des spiritualités, de la sociologie des religions, de la psychologie religieuse et de la psychologie tout court, sont appelés comme experts devant les tribunaux pour dire la vérité définitive sur quelque chose qui les révulse. Il y a donc infiltration de la machine judiciaire par un groupe de pression qui défend une idéologie répressive sans que cela soit justifié par des délits effectifs. Rappelons que, dans le rapport parlementaire, il est précisé qu'il n'y a eu que trois condamnations sur 60 plaintes relatives aux sectes entre 1990 et 1995, soit moins d'une condamnation par an. Dans le rapport VIVIEN, on recensait 84 plaintes en huit ans, dont 51 non fondées et dont aucune n'a suscité de poursuites judiciaires graves.

Aujourd'hui, en 1999, se produit une véritable explosion judiciaire : près de 160 affaires visant des activités qualifiées de « sectaires » sont actuellement aux mains de la Justice française. Cette explosion est rendue possible par une certaine forme de harcèlement juridique qui manipule l'esprit des lois en ressortant des placards les chefs d'inculpation qui pourraient servir à la « cause ». Il ne s'agit plus de juger mais de coincer.

Maître Jean-Pierre JOSEPH, avocat au barreau de Grenoble, est le défenseur de la communauté Horus. Dans *Les Radis de la Colère*[18], il démonte, avec de nombreux exemples à l'appui, les

[18] Louise Courteau Éditrice.

rouages qui conduisent une communauté de cinquante amis, scientifiques de haut niveau, à être la victime d'un véritable harcèlement juridique : *« Le mot "secte" est un mot magique qui fait instantanément basculer le juriste dans une sorte de transe qui lui fait bafouer systématiquement toutes les règles du droit, notamment le principe du contradictoire et de la présomption d'innocence... L'intensité de la psychose donne l'impression qu'une sorte de maladie s'est emparée de nombreux juristes qui se mettent à affirmer avec hystérie des faits qu'ils n'ont jamais vérifiés.»*

Psychose qui touche les plus hautes autorités du pays quand le Garde des Sceaux diffuse une circulaire auprès des magistrats, regrettant le peu de plaintes contre les « sectes », incitant les juges à être plus actifs et à collaborer avec les officines anti-sectes. Il s'agit de parvenir à déterrer des arguments et des prétextes pour attaquer avec plus de virulence encore les minorités spirituelles !

À cette occasion, on a pu lire dans *Le Figaro* : *« Pour activer la lutte contre les sectes, le garde des Sceaux vient d'envoyer aux procureurs généraux et à tous les parquets une circulaire d'encouragement aux poursuites pénales. Celles-ci " se heurtent à plusieurs difficultés liées notamment à une insuffisance de signalement de faits ", regrette le ministre. Pour pallier le faible nombre de plaintes et l'imprécision des dénonciations émanant d'ex-adeptes, Élisabeth GUIGOU demande aux procureurs de s'associer avec les associations de défense des victimes comme l'Unadfi ou le CCMM. Le sérieux de ces associations est unanimement reconnu [...] Elles sont très fréquemment destinataires d'informations de la part de familles d'adeptes qui pourraient être utilement exploitées par l'autorité judiciaire, précise la circulaire. »*

Existe-t-il un autre sujet de société sur lequel la Justice incite les procureurs à gonfler les plaintes ? Un ministre de la Justice qui réclame des plaintes, voilà qui nous ramène à certaines heures noires de la République. En l'absence de plaintes avérées, on demande aux procureurs de trouver, par tous les moyens, des motifs d'incrimination. Autrement dit, puisqu'il n'y a pas assez de délits, fabriquez-en, en vous associant à des milices qui fondent leurs pratiques sur la délation et la rumeur.

Quel crédit accorder à une ministre qui n'est pas informée de la mission de surveillance des comportements privés dont les nouveaux inquisiteurs se sont investis ? La ministre accorderait-elle au lobby des chasseurs la protection des oiseaux ? Quand aura éclaté le scandale du « sens » contaminé, Mme GUIGOU dira-t-elle, mais un peu tard, qu'elle est responsable mais non coupable parce qu'elle n'était pas informée par les membres de son cabinet ? Que penser d'une ministre qui qualifie de « sérieux » des groupuscules fanatisés dont l'ignorance encyclopédique en matière religieuse est unanimement reconnue ? S'il y a unanimité au sujet des officines anti-sectes, c'est bien celle des observateurs informés qui se sont souvent exprimés à voix haute pour dénoncer le danger de leur attitude paranoïaque. Nous tenons, à disposition de la ministre une liste de citations de spécialistes qui jugent le prétendu sérieux des mouvements anti-sectes. Pourquoi ces spécialistes mondialement reconnus ne sont-ils pas entendus ? Serait-ce que leur avis s'embarrasse de trop d'intelligence et d'objectivité pour s'accorder au besoin primaire de lynchage ?

Suite aux ordres, les poursuites pleuvent et la ministre, satisfaite, put récemment donner à l'Assemblée nationale de bonnes nouvelles aux députés en les informant, statistiques à l'appui, de l'augmentation continue des plaintes, des affaires, des poursuites et des condamnations concernant des groupes spirituels et de leurs membres. Le garde des Sceaux ordonne et la « justice » suit d'autant mieux que la promotion des magistrats dépend de leur docilité. La Justice française a une organisation à peu près unique dans les pays civilisés. Son indépendance par rapport aux volontés du pouvoir politique est d'autant plus illusoire que les magistrats du Siège et du Parquet – en gros les juges et les procureurs – appartiennent au même corps et passent d'un rôle à l'autre sans problème. Selon Thierry PFITSER[19] : *« ... La magistrature ne connaît que deux maîtres : les médias qui créent les réputations et les gouvernants qui assurent les promotions... Pouvons-nous faire confiance à la Justice de notre pays ? La confiance se mérite. La Justice a couvert les errements de tous les exécutifs et elle le sait... Le corps des magistrats ne peut que se cramponner à l'histoire officielle sous peine de voir arracher la robe sous laquelle il cache son concubinage constant avec le pouvoir en place... Les procureurs, surtout dans*

[19] *Lettre ouverte aux gardiens du mensonge.*

les grands dossiers, savent qui tient leur plume. Pour Maurice PAPON, *ils en vinrent à se contredire, de manière déshonorante pour la Justice, d'une rédaction de réquisition à l'autre, à force de tenter de suivre, au fil des ans, les changements de pied du pouvoir politique.* »

Ainsi, le piège se referme. Même s'il se rebelle parfois, le judiciaire obéit au pouvoir politique qui assure sa promotion. Le politique suit le diktat de l'opinion publique, comme le troupeau son berger. Les médias façonnent l'opinion publique en flattant, d'une manière médiagogique, ses plus bas instincts. C'est ainsi qu'un groupe de pression peut, en surfant sur la peur, l'ignorance et les préjugés, utiliser l'arme médiatique pour mener une campagne de désinformation qui, par effet de ricochet, entraîne le pouvoir politique et juridique.

Une fois des personnes condamnées, quoi de plus facile que de crier au péril sectaire. Il n'y a pas de fumée sans feu, disent ceux qui ont allumé les bûchers. Bien sûr, quelques journalistes résistent au panurgisme ambiant, au risque de briser leur carrière ou leur réputation. Des magistrats s'accrochent à leur indépendance comme à un radeau sur un océan de conformisme. Quant aux hommes politiques, ils se taisent : le conformisme est trop souvent leur gagne-pain.

Une juridiction d'exception ?

En 1984, de retour d'un congrès aux États-Unis, Claire CHAMPOLLION, la fondatrice de l'Adfi, parle avec passion du *deprogramming*, allant jusqu'à dire : « *Notre respect de la loi, il faut l'avouer, n'est souvent que la peur du gendarme.* » Le discours d'inquisition n'a jamais prétendu se tenir sur le plan du droit. L'Adfi traduit et diffuse largement les travaux de Louis WEST et du docteur CLARK qui sont, l'un et l'autre, régulièrement invités aux colloques internationaux des associations anti-sectes. Ainsi, à Barcelone en 1987, lors d'une conférence de ce type, le docteur WEST déclarait : « *L'augmentation du taux de personnes prises par les sectes depuis 20 ans permet de classer cette maladie comme une épidémie sur laquelle on devrait orienter le travail de la santé publique... De toute évidence, le plus grand des facteurs perpétuant cette épidémie est le protectionnisme de la liberté : la liberté de religion, la liberté de parole, la liberté de réunion, la protection des citoyens contre l'ingérence du gouvernement. »* On voit quelle conception de la liberté et du droit est celle des inquisiteurs fanatiques, dont la première ennemie est la liberté. C'est le sens des propos tenus par Roger IKOR, créateur du CCMM, dont le successeur est Alain VIVIEN, chargé par le gouvernement de mener la campagne de répression : *« Si l'on admet qu'il faut combattre les sectes parce qu'elles sont néfastes, alors il faut les combattre résolument comme on combat sur un champ de bataille un ennemi dangereux, sans se laisser paralyser par un excès de scrupules, par des interrogations incessantes au niveau des principes. L'enjeu est trop grand pour autoriser la mollesse et l'indulgence. Et les impératifs de cette lutte-là sont à placer assez haut dans la hiérarchie des valeurs, parfois même au-dessus du respect de la liberté*[20]. »

Les TORQUEMADA modernes lancent leurs anathèmes en plaçant, comme tous les inquisiteurs, la lutte contre les sectes « au-dessus du respect de la liberté », c'est-à-dire au-dessus de la loi. L'inquisition moderne se situe dans le droit fil de la Très Sainte Inquisition pour laquelle la défense de l'ordre établi passe par l'abrogation de la justice humaine. L'hérésie relèverait d'une loi d'exception et le lobbying acharné de la ligue anti-secte auprès des pouvoirs publics va tendre à les convaincre de mettre en place une juridiction d'exception.

Les minorités spirituelles doivent-elles être traitées comme les terroristes ? C'est la question qui se pose, aujourd'hui, à la chancellerie où certains voudraient instaurer une juridiction d'exception les concernant, comme il en existe une contre le terrorisme. Déjà les morceaux du puzzle se rapprochent. Élisabeth GUIGOU estime nécessaire qu'un magistrat du Parquet général, un « Monsieur Secte », soit désigné comme interlocuteur du ministère pour les affaires concernant les groupes qualifiés de sectes. D'autre part, les services du ministère étudient un projet de loi autorisant les associations anti-sectes à se porter partie civile dans les procédures judiciaires contre les minorités spirituelles. Bientôt, vous serez traîné devant un tribunal pour vos idées car la République autorise une milice privée à décréter quelles sont les bonnes et les mauvaises

[20] *Je porte plainte.*

croyances. À la question posée par une journaliste du *Figaro Magazine* : *« Y a-t-il vraiment des techniques de manipulation ? »*, Jeanine Tavernier, la présidente de l'Unadfi répond, dans son style inimitable : *« Fabuleuses ! Il faut voir comment les scientologues vous déstabilisent rien qu'en vous regardant dans les yeux, on se sent facilement dans un état second. »* Ce genre d'avertissement hystérique émane d'allumés qui ont désormais le pouvoir de se porter partie civile contre les Français porteurs du mauvais œil. ORWELL, es-tu là ?

Qui réagit quand le député communiste Jean-Pierre BRARD, membre de la mission interministérielle de lutte contre les sectes, tient des propos stupéfiants dans une interview à *Eurêka* en juin 1996 : *« La mention de l'appartenance à une secte dans les casiers judiciaires permettrait au moins de protéger la fonction publique... Il faudrait également interdire aux sectes de faire de la publicité. Enfin, ceux qui soutiennent financièrement les sectes, comme certains chefs d'entreprise, devraient également pouvoir être poursuivis. »*

À quel déficit démocratique faut-il que la France soit arrivée pour que les représentants du peuple envisagent une juridiction d'exception qui aurait pour bras armé une milice privée chargée de recueillir les délations ? Le déni de justice est total et il est à l'origine de ce que l'avocat Olivier Louis SEGUY a appelé un droit de persécution.

L'arroseur arrosé

La justice n'est pas seulement une vertu, c'est aussi et avant tout une administration qui est le reflet d'une société dont elle épouse valeurs et préjugés. Elle est souvent le bras armé du conformisme ambiant. Selon Alain MINC[21] : *« L'ancien fonctionnaire que je suis connaît la lâcheté institutionnelle des corps constitués. Mais à cette aune-là, je trouve que les magistrats sont quand même exceptionnels. Ainsi, après Vichy, à aucun moment le corps ne s'est demandé s'il était normal d'appliquer des lois iniques. Il n'y a même pas eu de mauvaises consciences... »*

---

[21] *Le Nouvel Observateur*, 10 septembre 1998.

Il semble effectivement que certains n'ont pas tiré de ce triste épisode les leçons qui s'imposent. En novembre 1998, un bref article de la revue de l'association professionnelle des magistrats (APM) parlait en termes polémiques d'un magistrat, le substitut Albert LEVY et se terminait par ces mots : « *Tant va Lévy au four qu'à la fin il se brûle.* » Ces propos antisémites firent grand bruit dans la magistrature, car l'article n'était pas signé par n'importe qui. L'auteur, Alain TERRAIL, était, au moment des faits, avocat général auprès de la plus haute juridiction de France, la Cour de cassation. Cible de l'extrême droite à Toulon, le juge Albert LEVY avait été mis en examen et obligé de consulter un psychiatre pour une affaire qui, selon *Le Canard enchaîné*, avait été montée de toutes pièces avec l'aide active de quelques membres de l'APM. Cette association, très marquée à droite, était née en 1981 pour contrer l'action de Robert BADINTER, garde des Sceaux de l'époque. Le ton avait été donné dès le premier numéro de la revue du syndicat : *« Devant la mise en place de mesures laxistes, devant la menace bien réelle de la soviétisation de nos institutions, une majorité silencieuse jusqu'alors a commencé à s'interroger. »* Qui est président de l'APM et directeur de publication de la revue où est publié cet article ? Georges FENECH, principal animateur de la ligue anti-secte dans la magistrature. Dans le procès de l'Église de Scientologie qu'il instruisit à Lyon, ce magistrat fit preuve d'un acharnement à expédier des scientologues en prison. Il était un des principaux contacts dans la magistrature du lobby anti-secte et, de ce fait, on le retrouvait invité dans toutes sortes d'émissions consacrées aux sectes, où il apparaissait comme le juge « spécialiste » du problème en apportant sa caution de magistrat au discours anti-secte. Dans l'affaire LEVY, on retrouve la même logique de discrimination que dans la croisade anti-sectes : stigmatisation d'une personne en raison de son appartenance à une minorité, recours à la psychiatrie pour discréditer le stigmatisé… D'une manière très schématique, cette logique discriminatoire fonctionne de la façon suivante : « Le minoritaire ne pense pas comme les autres et celui qui ne pense pas comme les autres n'est pas normal : c'est soit un criminel, soit un fou, sans doute un mélange des deux… »

Levons toute ambiguïté pour ne pas tomber dans le travers de l'amalgame que nous reprochons aux inquisiteurs : M. FENECH n'a jamais cautionné de propos antisémites et des adversaires ont profité de cette affaire pour l'éliminer. Selon les lois d'une justice immanente, il a ainsi pu vérifier par lui-même les ravages de la rumeur et les bienfaits du lynchage médiatique. Cette expérience l'a fait réfléchir : *« Cette affaire m'a interpellé sur le fonctionnement même de l'institution judiciaire, trop perméable aux pressions médiatiques. Elle m'a aussi fait expérimenter de façon douloureuse ce qu'est un lynchage*[22]*. »* Et que propose M. FENECH dans le nouveau syndicat qu'il vient de fonder ? Le renforcement de la présomption d'innocence par la création d'une charte de la presse ! Chacun appréciera…

L'histoire nous apprend que l'intolérance est une donnée fondamentale de la nature humaine. En régime démocratique, la Justice aurait pour rôle de la combattre plutôt que de la favoriser. Quand donc des magistrats prendront-ils une position publique pour exprimer leur refus d'une justice à deux vitesses, l'une pour ceux qui pensent bien et l'autre pour les hérétiques ? Quand donc s'opposeront-ils à cette discrimination implicite qui tend à faire du « délit de secte » une variante du « délit de sale gueule » raciste ?

Depuis lors, M. FENECH poursuit sa croisade anti-secte malgré ses ennuis, ce qui ne l'empêche pas d'avoir été mis en examen comme directeur de la revue de l'APM.

---

[22] *Le Figaro,* 21 janvier 1999.

Chapitre 4

La mécanique anti-secte

« Je souffre donc j'accuse »,
c'est le cogito de la victimisation.
Alain FINKIELKRAUT

On s'étonne qu'aucune étude approfondie n'ait été consacrée, en France, aux sectes anti-sectes. Cela aurait permis de mieux comprendre les motivations réelles qui président aux persécutions contre les minorités spirituelles. Les personnes qui s'engagent dans le combat contre les « sectes » sont les rouages d'une mécanique complexe de normalisation faite de stratégies personnelles et claniques, de luttes idéologiques et politiques. À partir de notre expérience, nous analyserons rapidement les différents rouages de cette machine à normaliser et à exclure : les militants, les délirants, les apostats, les dirigeants et les sympathisants.

Les militants
Portrait de l'inquisiteur en victime

Être adulte, c'est ne plus accabler l'autre
de ce dont on est soi-même responsable.
Jean BIES

Les officines anti-sectes ont été créées à l'origine par des familles dont un membre s'est éloigné pour rejoindre une minorité spirituelle qualifiée de secte. Cette appartenance à un groupe minoritaire est parfois mal vécue par l'entourage, qui peut réagir violemment à ce qui est perçu, d'une manière plus ou moins consciente, comme une remise en question de la cohésion familiale et des valeurs sociales. Cet éloignement déstabilise dans l'entourage des équilibres psychologiques précaires et met à jour des comportements névrotiques jusque-là sous-jacents. Des membres de la famille ou de l'entourage peuvent considérer l'adhésion à un groupe comme la conséquence d'un échec relationnel ou éducatif qui leur incombe personnellement. Pour minimiser leur part de culpabilité et de responsabilité, ils se posent en victimes, en projetant toute leur problématique sur le mouvement concerné. La victimisation est un processus au cours duquel on reporte sur l'autre la responsabilité de ses propres agissements. Souvent même, comme nous le verrons, on va jusqu'à inventer une secte qui n'existe pas. Il est si facile de trouver dans la « secte » le responsable des conflits interpersonnels dans une société où la cellule familiale est de plus en plus éclatée. Dans la grande majorité des cas, ce processus de victimisation est au cœur de l'engagement dans ce combat contre le diable, c'est-à-dire contre une partie de soi que l'on refuse d'identifier et de reconnaître.

La tendance générale de l'être humain est de projeter sur l'autre tout ce qu'il rejette en lui. Diaboliser l'autre, c'est le sacrifier sur l'autel de nos préjugés en lui faisant endosser les aspects de soi-même que l'on n'assume pas. Sous ses différents masques, le principe de l'exclusion est toujours le même : il consiste à haïr chez les autres ce que nous refusons chez nous. Attitude qu'on pourrait résumer par une formule lapidaire : « Dis-moi qui tu hais, je te dirai qui tu es. » Des individus vont se retrouver dans des groupes anti-sectes pour nier leurs propres problèmes et jouer le rôle de la victime. Constitués à partir de ce noyau névrotique commun, les groupes anti-groupes sont donc des foyers de *parano* où germe le virus de l'intolérance.

Pour Boris CYRULNIK[23], la violence est avant tout une question de représentation : *« La violence qui me heurte le plus vient du manque d'ouverture, de tolérance, de curiosité de l'autre… Les grands crimes contre l'humanité ont été commis sans que les gens qui les ont perpétrés éprouvent l'impression d'avoir été violents… C'est au nom du Bien, de la nation, de la morale ou d'un dieu qu'ils ont éliminé des millions de personnes dans des conditions de torture extrême, sans se poser la moindre question et même au contraire en éprouvant une impression d'euphorie et de devoir accompli. »*

---

[23] *Nouvelles Clés,* 1998.

Les inquisiteurs dominicains n'étaient pas tous des monstres, c'étaient plutôt des êtres assoiffés de pureté qui œuvraient pour le salut de leurs victimes. Les staliniens étaient des militants révolutionnaires engagés dans la lutte des classes et la dictature du prolétariat. Le sénateur MC CARTHY et ses acolytes étaient des Américains patriotes qui cherchaient à défendre leur nation contre la subversion communiste, progressiste... et homosexuelle.

C'est toujours après, quand les grandes machines à exclure et à persécuter se grippent et se dérèglent, que les gens se réveillent un beau matin de cette folie collective qu'est l'esprit d'inquisition. En France, un certain nombre de personnes ont enfin trouvé une raison de vivre. Dans une période de chômage, chasseur de secte est un métier d'avenir et les nombreux postulants arrivent de tous côtés pour se faire leur place. Ces valeureux chevaliers voudraient maintenir le vieil ordre des choses contre vents et marées. Ils vivaient dans un monde « normal » où tout était réglé et soudain des groupes étranges viennent les avertir que l'avenir ne ressemblera pas au passé. On comprend leur émoi. Leur confort mental est menacé. Alors, ils s'arment pour lutter contre l'irrationnel, c'est-à-dire cette partie de leur imaginaire qui les hante. Et ils délèguent flichiatres et médiablotins pour sauver un système qui prend l'eau de partout. *Le Titanic* coule mais l'orchestre de la délation joue toujours le grand air de la bêtise.

Nous avons été frappés par un reportage télévisé dans les bureaux de l'Adfi qui nous plongeait dans une ambiance mortifère semblable à celle qui règne dans un bureau de sécurité sociale. Des femmes anonymes, entre deux âges, souris grises de bureau, attendaient leur retraite en tapant sur leur ordinateur des dossiers de délation, comme elles l'auraient fait pour des feuilles de remboursement de soins. Les inquisiteurs ont toujours aimé l'administration et les dossiers. Ils sont à l'aise dans cet univers confiné et codifié où l'ordre règne sur la vie, absente. Quand l'ennemi est fiché, rien ne peut troubler le cours des habitudes... Lors de cette même émission, des hommes d'une soixantaine d'années s'exprimaient avec l'onctuosité morne et culpabilisée des anciens scouts. Hommes neutres, sans charisme et sans qualités, peut-être anciens ingénieurs ou fonctionnaires à la retraite, qui prenaient ainsi leur revanche sur une vie médiocre, sans grand horizon imaginaire et conceptuel. Chez les nouvelles bigotes et les anciens scouts, la chasse aux sectes a remplacé la visite aux pauvres avec cette bonne conscience moralisatrice qui fait passer pour de la compassion ce qui n'est que de la condescendance.

On sait que cette bonne conscience a toujours été le moyen de cacher une sauvagerie qui fait violemment irruption : c'est le retour du refoulé. Dans une émission diffusée par une radio privée locale, Mme OVIGNEUR, ex-présidente de l'Adfi lilloise, avait traité les Témoins de Jéhovah et les dirigeants des sectes « d'esclavagistes, de proxénètes, de dealers ». Imaginez les Témoins de Jéhovah en proxénètes, eux qui ne tolèrent les relations sexuelles que dans le cadre du sacrement du mariage... Le combat anti-secte est bien souvent un moyen pour les bien-pensants de canaliser une haine qui ne peut s'exprimer que de cette manière.

Mettons-nous quelques secondes, pas plus, dans la tête et dans la peau d'un individu qui va se lever tous les matins pour aller traquer, poursuivre, chasser le déviant, le sectaire, l'hérétique, c'est-à-dire en fait celui qui refuse de conformer toute sa vie aux impératifs de la production, de la consommation et de la communication de masse. Imaginez l'univers mental de ceux qui passent huit heures par jour, parfois plus, à défendre l'idée qu'ils se font du « spirituellement correct », à imaginer des scénarios pour coincer telle personne, à fabriquer des dossiers de désinformation pour les médias, à rencontrer tel ou tel fonctionnaire pour dénoncer tel ou tel groupe... Faites cet effort quelques secondes et vous sentirez un immense malaise vous envahir. Vous venez de vivre dans la peau d'une personne fanatiquement normale, qui a la peur absolue de tout ce qui pourrait attenter à l'étroitesse de son esprit et à la cristallisation de ses habitudes.

Les délirants
Portrait du persécuteur en pervers

Cet homme est tellement fourbe
qu'il voit une ruse dans l'honnêteté d'autrui.
Il nous prête les vices qu'il se sait : il les estime universels,
et ne soupçonne jamais qu'on est meilleur que lui.
Tony DUVERT

Alors que toute initiation repose sur une conversion progressive des processus inconscients en conscience, la perversion est tout le contraire. C'est, étymologiquement, un processus de renversement et de retournement : du bien en mal, de la conscience en inconscient. La perversion n'aura de cesse d'inverser tout processus harmonieux en son contraire. Cette inversion de l'endroit à l'envers, caractéristique du pervers, visera à déstabiliser chez l'autre un équilibre qu'il ne peut atteindre. Le fonctionnement particulier du pervers est parfaitement adapté à l'inquisition : il ne peut se sentir exister qu'en rabaissant l'autre car il doit détruire pour s'affirmer. La perversité du persécuteur, fondée sur un renversement de perspectives, transformera donc des possibilités de libération en entreprises d'enfermement.

Le fanatisme des groupes anti-sectes va attirer des pervers dont le cas relève plus de la maladie mentale que de l'aide aux présumées victimes. Selon M. ALLAIS, docteur en psychologie : « *Le discours sur les sectes ayant envahi l'espace culturel, de nombreux malades mentaux organisent leur délire autour de ce thème* (*Psychologies,* janvier 1998). » C'est ainsi que des pervers profiteront de la chasse aux sectes pour endosser l'uniforme de l'inquisiteur et éprouver cette jouissance extrême qui est la leur à faire souffrir l'autre, à le traquer et à l'humilier.

Loin de nous l'idée que la majorité des militants anti-sectes est constituée de pervers mais il suffit d'une poignée de malades pour contaminer des cercles d'individus de plus en plus larges et réactiver les composantes perverses qui sommeillent dans la psyché de chacun. Le noyau pervers constitué par quelques individus va irradier pour s'étendre, de proche en proche, par le biais d'une contagion psychique qui devient psychose collective, notamment grâce aux moyens modernes de communication, levant les censures et permettant le passage à l'acte d'une violence jusque-là contenue. C'est ainsi que, dans une ambiance particulière de chasse aux sorcières, des individus normaux, avec leur lot de névroses communes, peuvent être victimes d'une contamination perverse. C'est l'aggravation d'un tel processus qui peut, par exemple, conduire des hommes pieux à devenir des terroristes psychopathes. Nous en avons des exemples tous les jours dans l'actualité.

Dans nos pays dits développés, la violence est moins physique que psychologique. Elle s'acharnera à détruire l'individu qu'elle harcèle en attaquant son intégrité psychique. Seul celui qui a été victime d'un tel harcèlement sait quel vertigineux cheminement peut prendre cette violence perverse qui est une mécanique de destruction quasi impossible à arrêter : *« Quand le harcèlement apparaît, c'est comme une machine qui se met en marche et qui peut tout broyer. Il s'agit d'un phénomène effrayant parce qu'inhumain, sans états d'âme et sans pitié... Lorsqu'un pervers a désigné une proie, il ne la lâche plus. Il est fréquent qu'il le fasse savoir ouvertement : "Désormais, mon seul but dans la vie sera de l'empêcher de vivre." Et il s'arrange pour que cela soit vrai*[24]. »

L'action fanatique de certains inquisiteurs a démontré qu'ils étaient eux-mêmes happés par cette volonté de destruction systématique. Dans un livre intitulé *Le Harcèlement moral*, Marie-France HIRIGOYEN analyse la violence perverse à l'œuvre dans le couple, la famille ou dans l'entreprise. Le harcèlement sectuel est une des expressions particulières de ce harcèlement moral fondé sur la violence perverse. Grattez le masque de l'inquisiteur, vous trouvez un délire de persécution. Grattez encore et vous trouverez le noyau d'une violence perverse qui repose sur quelques traits fondamentaux analysés par les spécialistes : la mégalomanie, l'envie, la vampirisation, la destruction, l'irresponsabilité, la paranoïa et le refus d'une communication directe avec sa victime. Prises dans un engrenage qui cherche à les détruire, les victimes du harcèlement sectuel cherchent à comprendre ce qui leur arrive.

Les pervers sont des personnes qui n'ont pu se construire une identité stable et qui ne vivent qu'à travers le regard de l'autre.

---

[24] *Le Harcèlement moral*, Marie-France Hirigoyen.

Vide, sans affects, le pervers narcissique cherchera donc à se « brancher » sur l'autre comme une sangsue. Incapable d'une relation véritable, il mettra en place des stratégies de prédation et de destruction : *« Le moteur du noyau pervers, c'est l'envie, le but c'est l'appropriation... Passant à côté d'eux-mêmes, ils essaient de détruire le bonheur qui passe près d'eux. Prisonniers de la rigidité de leurs défenses, ils tentent de détruire la liberté. Ne pouvant jouir pleinement de leur corps, ils essaient d'empêcher la jouissance du corps des autres... Pour combler l'écart qui sépare l'envieux de l'objet de sa convoitise, il suffit d'humilier l'autre, de l'avilir. L'autre prend ainsi les traits du démon ou d'une sorcière*[25]*... »* Ce que le pervers narcissique cherche à s'approprier, avant tout, ce sont des qualités morales : *« joie de vivre, sensibilité, qualités de communication, créativité, dons musicaux ou littéraires... »* car le pervers ne s'attaque qu'à des personnes *« pleines d'énergie et ayant goût à la vie, comme s'il cherchait à s'accaparer un peu de leur force. »* Ce n'est pas pour rien que l'inquisiteur vise des personnalités reconnues comme des leaders pour leurs qualités humaines et spirituelles. Le pervers narcissique s'estime détenteur de la seule et unique vérité. Il a une vision dualiste du monde fondée sur un clivage entre « bons » et « mauvais ». Enfermé dans son univers, le pervers refuse la communication directe avec sa victime : *« Leur monde est divisé entre bons et mauvais. Projeter tout ce qui est mauvais sur quelqu'un d'autre leur permet d'être mieux dans la vie et leur assure une relative stabilité. Parce qu'ils se sentent impuissants, les pervers craignent la toute-puissance qu'ils imaginent des autres. Dans un registre quasi délirant, ils se méfient d'eux, leur prêtent une malveillance qui n'est que la projection de leur propre malveillance... Leur force de destruction tient beaucoup à la propagande qu'ils font pour démontrer à l'entourage à quel point l'agressé est «mauvais», qu'il est donc normal de s'en prendre à lui*[26]*. »*

---

[25] *Idem.*

[26] *Idem.*

Les apostats
Portrait de l'inquisiteur en repenti

Alors, l'un des Douze, appelé Judas Iscariote,
alla trouver les princes des prêtres et leur dit :
« Que voulez-vous me donner et je vous le livrerai ? »
Ils lui comptèrent trente pièces d'argent.
Matthieu XXVI 14-15

L'inquisition d'hier comme les régimes totalitaires et les divers maccartysmes ont toujours utilisé les repentis comme faux témoins accusateurs. Les repentis, qui existent dans toutes les organisations humaines, sont chargés de formuler les pires accusations contre ceux que l'on veut discréditer. Dans les religions, le repenti s'appelle apostat. L'apostat est quelqu'un qui, en reniant sa confession ou le groupe auquel il a adhéré, devient un opposant.

Toute la problématique sectaire étalée dans les médias est issue des témoignages d'apostats que les inquisiteurs présentent comme les « victimes des sectes ». Comme les militants anti-sectes ont pour principe de ne pas rencontrer les membres des minorités spirituelles, le regard qu'ils portent sur les groupes ne repose que sur celui des apostats bien souvent aveuglés par le dépit. Imaginez le tableau si, pour rendre compte de l'Église catholique, on ne faisait témoigner que les apostats, les prêtres défroqués, les moines et les religieuses qui ont rompu leurs vœux... C'est comme si, pour rendre compte de n'importe quel groupe humain, on ne retenait que le discours de ses détracteurs. La logique médiatique est de montrer ce que souhaite voir le public. C'est ainsi que les médias légitiment un seul "son de cloche", celui des détracteurs, en occultant plus ou moins sciemment celui des spécialistes ou des milliers de membres épanouis. Celui qui quitte un groupe minoritaire pour retrouver le champ social majoritaire doit des explications à la société. Il lui faut dénoncer son ancien groupe pour lui montrer qu'il est revenu au sein du giron maternel. Cette situation ressemble assez à celle du mari qui revient dans son foyer après une escapade, et qui rejette toute la responsabilité de cette aventure sur sa maîtresse. Il dira à sa femme en larmoyant que sa maîtresse a utilisé tous les moyens pour le séduire et le retenir. Ainsi en est-il de l'apostat, qui caricature les

faits pour présenter une communauté spirituelle totalement tournée vers le divin comme une féroce machine à manipuler. Selon notre expérience, comme d'après de très nombreuses études faites sur le phénomène de l'apostasie et publiées par des psychologues et des sociologues des religions, il faut se méfier de ces repentirs publics derrière lesquels se cachent le plus souvent des stratégies psychologiques et parfois financières. Le sociologue BRYAN WILSON[27] explique le comportement d'auto-justification de l'apostat :
« L'apostat a généralement besoin de se justifier lui-même. Il n'est donc pas rare qu'il apprenne à se forger une histoire atroce afin d'exprimer comment, par la manipulation mentale, la tromperie, la coercition, ou des supercheries, on l'a amené à joindre, ou on l'a empêché de quitter, une organisation qu'il désavoue et condamne aujourd'hui. »

Les apostats représentent une infime minorité des membres des associations spirituelles, mais il suffit d'un seul mécontent sur une population de milliers de personnes pour que sa parole compte davantage que celle de tous les autres. Le sociologue Massimo INTROVIGNE a réalisé une étude quantitative qui révèle qu'une infime minorité des ex-membres d'un groupe deviennent des détracteurs. Et ils ne le deviennent qu'après être passés entre les mains d'une association anti-secte.

Ce que ces personnes reprochent aux mouvements qu'elles ont quittés est tout à fait disproportionné par rapport aux faits réels. Pire encore, lorsqu'on analyse la trajectoire de ces personnes en visitant les groupes où elles sont supposées avoir enduré des sévices psychologiques, on s'aperçoit qu'elles ont des choses à se reprocher. Quelquefois, cependant, le témoignage de détracteurs permet de mettre à jour des dérives. Si nécessité il y a, c'est le rôle de la Justice d'instruire ce type d'affaires mais en aucun cas celui de milices privées anti-sectes.

Pourquoi des gens quittent un mouvement avec dépit ? Pour éviter de rebuter le public, certains groupes spirituels présentent leur travail en n'en montrant que les aspects les plus faciles et les plus accessibles. Certains d'entre eux donnent ainsi l'idée qu'ils sont en possession d'une panacée permettant d'arriver très vite à des états

[27] *Pour en finir avec les sectes.*

de conscience que de grands mystiques n'atteignent qu'après une longue vie d'efforts ininterrompus. Cette démarche de séduction est imposée par la société moderne : pour convaincre, il faut aller vite et s'expliquer d'une manière parfois simpliste. Ce prosélytisme est indéniable dans quelques mouvements et, au fil du temps, les personnes qui entrent dans ces groupes se rendent compte que la réalité n'est pas si simple. L'éveil de la conscience passe toujours par l'exploration des "enfers", c'est-à-dire par la mise à jour de toutes ces pulsions inconscientes qui constituent notre dimension la plus sombre. Il faut faire le ménage et il n'est pas facile d'affronter certains aspects de soi-même que l'on doit transformer. D'autre part, certaines personnes ne résistent pas à la désagréable friction des personnalités. On peut être choqué par l'attitude de quelqu'un qui vous déplaît ou bien éprouver une rivalité personnelle suffisamment intense pour claquer la porte. Autre attitude : des personnes fragiles et instables qui n'arrivent pas à s'insérer socialement ou qui ont des problèmes psychologiques entrent dans un groupe pour y trouver une protection. Mais elles s'aperçoivent que ce groupe ne pourra résoudre miraculeusement leurs problèmes. Ceux-ci vont se poser d'une manière aiguë au sein du groupe lui-même. Furieuses, ces personnes partiront en rejetant cet échec sur un groupe qui, manifestement, aura tout fait pour les aider. Si des personnes instables entrent en contact avec une organisation anti-secte, elles peuvent devenir des victimes professionnelles. Peu nombreuses, ces victimes sont ensuite contraintes de jouer un jeu et de répéter le texte qu'on leur souffle en coulisse.

Condamnés au silence, les membres des minorités spirituelles regardent avec effarement ces émissions où l'on traîne un apostat pleurnicheur devant les caméras. Ce détracteur va décrire comme des sévices ce qu'il a pratiqué dans le cadre d'un développement spirituel librement consenti. Il va se plaindre d'avoir été escroqué parce qu'il a travaillé de manière bénévole comme le font les membres de toute association. Son passé sera réinterprété en défaveur du groupe à partir du scénario fourni par les anti-sectes.

La diabolisation de l'autre est issue d'un processus inconscient que les psys nomment transfert négatif. On retrouve ce phénomène dans toute relation intense, dans le processus thérapeuthique mais aussi dans la vie de couple. Un jour, on rencontre quelqu'un et c'est le coup de foudre qui permet de vivre des instants d'une intensité magique. On se met à vivre ensemble et, après quelque temps, des problèmes arrivent. On arrive à les résoudre ou bien on aboutit à une séparation. Dans certains cas, on va complètement diaboliser la personne avec laquelle on a pu vivre une merveilleuse complicité et qui deviendra une sorte de monstre. Le rapport avec un groupe conduit aux mêmes excès. On va d'abord idéaliser le groupe et s'identifier au leader en le portant au pinacle. Au bout d'un moment, alors qu'on descend dans des couches plus profondes de sa personnalité, on peut ressentir une insatisfaction personnelle qui se mue quelquefois en rébellion contre l'autorité. Cette phase de rébellion contre le guide est bien connue de tous les cheminements initiatiques. Elle est généralement interprétée comme le signe d'une résistance de l'ego et de l'animalité face à une discipline et à une maîtrise issue des plans supérieurs. Soit on dépasse cette phase de rébellion, comme le fait l'adolescent pour devenir adulte, soit on s'y installe et on s'enferme dans une forme d'infantilisme. C'est ainsi qu'on noircit ceux qui vous ont montré une voie que vous n'êtes pas en mesure de suivre. Les inquisiteurs modernes donnent ensuite les éléments d'interprétation qui permettront de théoriser cet échec.

Suivre un groupe et le poursuivre

Il est intéressant de noter que les mots persécution et secte ont en commun la même racine latine *sequire* qui signifie suivre. Le sectateur est celui qui suit une doctrine ou un guide. Les persécuteurs sont souvent des personnes qui, n'ayant pas réussi à suivre harmonieusement un mouvement, le poursuivent de manière violente et destructrice.

Des tendances perverses se retrouvent dans le comportement de ceux qui, après avoir tiré d'abord profit de leur appartenance communautaire, la rejettent en chargeant leur ancien groupe de leur problématique inconsciente. *« Les pervers absorbent l'énergie positive de ceux qui les entourent, s'en nourrissent et s'en régénèrent, puis ils se débarrassent sur eux de toute leur énergie négative*[28]*... »*

---

[28] *Idem.*

Pour justifier sa stratégie de persécution, l'inquisiteur se fait toujours passer, à un moment ou à un autre, pour une victime. L'inquisition catholique d'hier comme l'intégrisme islamique d'aujourd'hui, se déclarent victimes de Satan et de ses suppôts hérétiques. Les xénophobes et les racistes se vivent comme victimes de l'immigration. Les nazis, eux, se considéraient comme des victimes d'un complot juif international et les staliniens comme victimes d'un complot capitaliste lié à l'impérialisme américain. Actuellement, les inquisiteurs modernes se font passer pour les victimes du complot planétaire des sectes et de leurs agents, les chercheurs et universitaires spécialisés dans le domaine des minorités spirituelles. Pour mieux manipuler, le pervers se présente souvent comme la victime d'une manipulation : *« Psychiatres, juges, éducateurs, nous nous sommes tous fait piéger par des pervers qui se faisaient passer pour victimes. Ils nous avaient donné à voir ce que nous attendions d'eux, pour mieux nous séduire... Quand ils se sont ensuite montrés sous leur vrai jour en affichant leurs objectifs de pouvoir, nous nous sommes sentis trompés, bafoués, parfois même humiliés*[29]. »

Les petits entrepreneurs de la victimisation

Le processus de victimisation est une stratégie psychologique dont les mécanismes ont été magistralement analysés par Pascal BRUCKNER dans la *Tentation de l'Innocence*. En résumé, on pourrait dire que : *« La soif de persécution est une envie perverse d'être distingué, de sortir de l'anonymat et, à l'abri de cette forteresse d'affliction, d'en imposer à ses semblables. »*. Au-delà de son aspect psychologique, cette stratégie de victimisation peut générer une reconnaissance sociale et des bénéfices économiques. Certains apostats profitent de cette situation de chasse aux sorcières pour obtenir un statut social et gagner de l'argent. Selon le sociologue Brian WILSON : *« Les apostats dont les récits sont rendus sensationnels par la presse, cherchent quelquefois à tirer profit de leurs expériences en vendant leurs récits à la presse ou en publiant des livres parfois écrits par des nègres*[30]. »

---

[29] *Idem.*

[30] *Pour en finir avec les sectes.*

Métamorphosés en victimes professionnelles, certains apostats sont de véritables alchimistes qui transforment la chasse aux sorcières en chasse aux subventions. Ces pseudo-victimes vendent leur roman de souffrance-fiction grâce au service de presse assuré par le réseau anti-secte et ses complices médiatiques associés dans ce fond de commerce. Pascal BRUCKNER[31] analyse ainsi ce petit commerce de la victimisation : *« Si les faux crucifiés, les pestiférés de luxe pullulent à notre époque, c'est aussi qu'ils peuvent rentabiliser leurs désagréments. Le catalogue des chagrins s'énumère en termes de revenus. Et sous le débraillé de l'affect émerge une vision marchande de la peine, laquelle est pensée en terme de profits, d'intérêts. Alors la tentation serait grande pour chacun de s'inventer des parents tortionnaires, une enfance atroce (que l'on redécouvrirait au besoin par une psychothérapie intensive), de cultiver ses misères comme des plantes en pots afin d'en retirer bénéfice, de cumuler les débâcles comme d'autres des magots. »* Dans la dernière partie de cet ouvrage, nous illustrerons ces propos par des études de cas qui nous paraissent exemplaires.

Les dirigeants
Portrait de l'inquisiteur en arriviste

Par dirigeants, nous entendons ceux qui, dans l'ombre ou en pleine lumière, tirent les ficelles de la persécution et l'organisent. Pour légitimer leur délire de persécution, les anti-sectes cherchent des relais dans le domaine de la politique, des médias, de la police, du droit ou de la médecine. Ces *apparatchiks* vont se muer en dirigeants de l'inquisition. Ils utiliseront le travail de la base militante au service de leur ambition, de leur carrière, des intérêts dont ils sont les fidèles serviteurs et des idéologies dont ils sont les gardiens. Un véritable lobby d'arrivistes, partageant des intérêts convergents, canalise, oriente et légitime la chasse aux sorcières en l'utilisant comme un tremplin. Attention ! La chute risque d'être brutale…

Les dirigeants de l'inquisition ne sont pas des bénévoles. Tous ont des raisons personnelles d'être fidèles au poste. Pour le politique, c'est une façon d'acquérir une notoriété et de flatter l'opinion publique. C'est aussi, pour certains, un bon moyen de se refaire une

---

[31] *La Tentation de l'Innocence.*

virginité. Pour des avocats, des psychiatres et quelques experts souvent auto-proclamés, c'est un bon filon : une façon d'accéder à une reconnaissance sociale qu'ils n'atteindraient jamais en s'occupant d'autres problèmes. La médiatisation du phénomène sectaire permet d'établir ou de conforter une notoriété. Qui dit notoriété dit réseau relationnel, clientèle privée, promotion, droits d'auteur, poste universitaire... Au-delà des intérêts personnels qui sont la motivation essentielle des dirigeants anti-sectes, certains représentants des dogmes civils et religieux, cherchent à remobiliser leurs troupes contre un adversaire. Formés et informés par les officines de l'inquisition, quelques fonctionnaires en mal d'avancement deviennent des « spécialistes » de la question sans jamais avoir rencontré de près ou de loin un membre de minorité spirituelle. Quant au permanent de la ligue anti-secte, il goûte à l'ivresse médiatique, participe à un réseau relationnel influent et accède au statut de notable dans les réunions des *Rotary Club* de province.

Le lobby anti-secte
Portrait de l'inquisiteur en homme d'influence

Loin d'être uniforme, le lobby anti-secte est une sorte de millefeuille constitué de groupes de pression aux motivations et aux idéologies diversifiées, parfois contradictoires, mais qui ont tous le même intérêt à combattre l'émergence des minorités spirituelles.

- Le réseau athée pour lequel la lutte contre les sectes s'inscrit dans un combat antireligieux déguisé en discours laïque.
- Le réseau catholique cherche à maintenir ce qui lui reste de pouvoir symbolique et culturel.
- Le réseau intellectuel considère l'engagement spirituel d'une manière condescendante, comme le retour à une pensée magique qui mène à une perte du sens critique et conduit au fanatisme.
- Le réseau des psychologues freudiens dont les pratiques sont fondées sur une conception athée et réductionniste de la psyché.
- Le réseau affairiste, lié à certains milieux politiques, agite régulièrement l'épouvantail sectaire pour mieux cacher ses propres turpitudes.
- Le réseau militaro-policier estime que les minorités spirituelles représentent un danger de subversion contre l'ordre établi et une source d'infiltration pour certains services étrangers.

- Le réseau psychiatrique soutenu par l'industrie pharmaceutique.

- Le réseau des associations familiales considère que ces « familles d'esprit » que sont les minorités spirituelles représentent un danger susceptible de mettre à mal la cohésion familiale.

- Le réseau politique se fait l'écho d'une opinion publique désinformée. La stigmatisation d'un bouc émissaire est une stratégie électoraliste.

- Le réseau antifasciste assimile toute minorité spirituelle à un groupe totalitaire.

- Le réseau des défenseurs des droits de l'homme lutte contre le danger réel ou supposé que certains groupes feraient courir à l'intégrité de la personne.

- Le réseau médiatique voit dans le phénomène sectaire un sujet facilement exploitable sous l'angle du scandale et du sensationnel.

C'est ainsi que des courants fort variés, parfois adversaires, peuvent ainsi se coaliser contre le fantasme des sectes. Militants athées et catholiques, anarchistes et militaires, intellectuels et affairistes se retrouvent ainsi solidaires sur le dos du même adversaire. Un intéressant travail de sociologue consisterait à analyser précisément l'idéologie et les intérêts qui sous-tendent chacun de ces réseaux dans leur combat contre les nouveaux mouvements religieux. La conjonction de ces réseaux est à l'origine d'un lobby puissant qui a la possibilité d'infiltrer les rouages de l'État et de l'administration en imposant une vérité officielle : la pensée unique.

Les sympathisants

Il est si facile aux gens d'avoir
de la sympathie pour la souffrance.
Il leur est si difficile d'en avoir pour la pensée.
Oscar WILDE

Portrait de l'inquisiteur en idéologue

Autour du noyau des militants et des chefs de la lutte anti-secte se trouve la nébuleuse des sympathisants qui épousent les idées de répression contre les minorités spirituelles. C'est une loi de l'évolution que, plus un système se sent condamné, plus sont fortes les pressions qu'il exerce à l'encontre des idées novatrices. Les sympathisants du *Front Rationnel* vont utiliser la peur des sectes au service d'un combat idéologique d'arrière-garde. Ils s'enferment alors, comme dans une coquille, dans un processus de victimisation qui est devenu un fait social et culturel dominant. Pierre ROSANVALLON[32] analyse fort bien cette dérive : *« La victimisation définit une nouvelle économie politique de ce que j'appelle la «démocratie d'imputation» dans laquelle l'individu pense que c'est la tyrannie que des personnalités exercent sur lui ou une partie de la société qui est la racine des maux de tous. Aujourd'hui, la grande pathologie politique, c'est la montée en puissance, de façon très multiforme, de populismes qui sont les stades aggravés de la victimisation. Les diagnostics se simplifient à l'extrême. Il y a ceux qui incriminent les immigrés. D'autres qui croient que le fléau néolibéral serait l'explication à toutes nos difficultés. Aucune de ces critiques n'est illégitime. Mais on voit bien à quel point ces pathologies polarisent les problèmes sur une seule et même cause en y voyant comme un ressort secret. »* La discrimination opérée par les inquisiteurs modernes s'apparente à celle de l'extrême droite, sauf que le terrain identitaire qu'ils défendent n'est plus national et politique mais religieux et symbolique ; leur bouc émissaire n'est plus l'envahisseur arabe qui vient manger le pain des Français mais l'envahisseur sectaire qui vient pervertir notre jeunesse et subvertir l'ordre établi. Alors que l'extrême droite donne naissance à un national-populisme, l'inquisition moderne est à l'origine d'un rationnel-populisme tout aussi dangereux. Quand les uns crient sus à l'immigré, les autres crient sus au gourou… Ces pathologies sociales transforment peu à peu, par le jeu du lynchage médiatique, une démocratie représentative en démocratie d'opinion, puis de délation. C'est ainsi que l'État de droit devient alors l'État inquisiteur.

---

[32] Interview *in Le Nouvel Observateur,* Octobre 1998.

DEUXIÈME PARTIE

SOUTANES NOIRES ET BLOUSES BLANCHES

De l'inquisition théocratique à l'inquisition technocratique

Au royaume des aveugles
on étrangle les borgnes :
ils ont un œil de trop.

Tony DUVERT

Chapitre 5

Les trafiquants d'histoire

Je veux rendre toute-puissante l'influence du clergé,
parce que je compte sur lui pour propager
cette bonne philosophie qui apprend à l'homme
qu'il est ici-bas pour souffrir.
Adolphe THIERS (1849)

Une perspective historique

L'émergence cyclique de minorités spirituelles qui refusent les diktats d'une doctrine hégémonique est un phénomène récurrent dans l'histoire. La vie est multiple et rien ne peut empêcher l'expression de sa diversité. Pour mieux comprendre les persécutions dont sont actuellement victimes les minorités spirituelles, il faut regarder dans le rétroviseur de la mémoire humaine. Cette perspective historique permet de prendre le recul nécessaire pour mieux saisir les mécanismes de persécution contre les hérétiques d'aujourd'hui. C'est d'ailleurs pour cette raison que les inquisiteurs modernes veulent faire taire, par tous les moyens, les savants et historiens capables d'analyser la résurgence des anciens modèles de persécution.

L'Histoire en général, et celle des religions en particulier, exprime toujours le point de vue du vainqueur. Dès qu'un régime accède au pouvoir, il n'a qu'une hâte : réinterpréter l'histoire à son profit et détruire les traces pouvant témoigner de la supercherie. Ce qu'un historien moderne a appelé le mémoricide. Le premier des combats idéologiques est celui de la mémoire. C'est ainsi que l'histoire des religions a été écrite du point de vue de l'Église dominante, lui permettant de justifier sa stratégie hégémonique, la persécution des autres religions et des dissidents.

L'Église a pris soin de détruire les lieux de mémoire et les documents jugés hérétiques pouvant remettre en question sa domination. Grâce aux Dominicains et aux Jésuites qui occupent des postes clés dans les instituts scientifiques, l'édition, et les médias, les informations sont filtrées et l'histoire régulièrement révisée pour que nous ne sachions rien de subversif – c'est-à-dire de réel – à propos de l'Église et de ses origines. Mais au fur et à mesure que décroît le pouvoir de l'Église apparaît une autre lecture du passé plus conforme à la réalité des faits. On découvre de nombreux documents qui permettent de discerner, derrière l'histoire officielle, les origines du christianisme et de nombreux faits jusque-là censurés. Ceux que l'histoire officielle appelle les hérétiques sont en fait les héritiers d'une tradition primordiale que l'Église n'a eu de cesse de persécuter.

Le passé de la chrétienté apparaît comme une lutte entre une puissance politico-religieuse, l'Église, contre une tradition initiatique qui resurgit au fil du temps à travers divers mouvements dépositaires d'une même connaissance ésotérique. Là où l'Église repose sur la croyance dans le dogme et le pouvoir du clergé, la Tradition est fondée sur l'éveil intérieur et la connaissance des lois universelles qui régissent le monde visible et invisible. En étudiant les persécutions du passé, on comprend la continuité historique qui aboutit aujourd'hui à la chasse aux sectes.

La Tradition primordiale

Depuis l'aube des temps et quel que soit le nom qu'on leur donne – prophète, initié ou visionnaire – des individus inspirés ont vécu des états transcendants qui leur ont permis de recevoir des informations et des révélations issues de dimensions supérieures. Ces messagers ont transmis, à travers les siècles et en les adaptant à chaque époque, les principes d'une même tradition primordiale fondée sur la connaissance des lois universelles et des rapports secrets existant entre l'esprit et la matière. Cette connaissance initiatique est le dénominateur commun et sacré de toutes les religions. C'est pourquoi l'enseignement de chaque tradition est communiqué par différents degrés : le niveau exotérique, sous forme de paraboles et de mythes destinés à la masse des croyants ; le niveau mésotérique, intermédiaire réservé aux initiés et transmis en symboles hermétiques ; le niveau ésotérique consiste, entre autres, en une transmission spirituelle qui éveille les facultés supérieures de l'individu.

Les origines de cette tradition primordiale se perdent dans la nuit des temps. Si on remonte de 30 000 à 50 000 ans, on en trouve des aspects dans les traditions du chamanisme transmises dans des sociétés tribales qui vont de la Sibérie à l'Amérique du Sud, puis, avec les Védas, source spirituelle de l'hindouisme. On en trouve ensuite des traces écrites à Sumer : des milliers de tablettes d'argile, découvertes il y a un siècle sur les sites sumériens, ont révélé que les histoires bibliques concernant les sept jours de la création, le déluge, la tour de Babel, étaient la retranscription de récits écrits par les scribes de Sumer il y a plus de 6 000 ans en Mésopotamie. Abraham, le patriarche reconnu par les chrétiens, les hébreux et les musulmans, avait pour origine la ville d'Our, située entre le Tigre et l'Euphrate, en plein cœur de Sumer. Ses deux fils, Isaac et Ismaël, furent les instigateurs des deux grands courants religieux occidentaux : le courant judéo-chrétien et le courant musulman. Dans les temples égyptiens, Moïse reçut cet enseignement initiatique qui, sous le nom de kabbale, est à l'origine de l'ésotérisme hébreu et permet d'interpréter le sens secret des mystères divins cachés dans la Bible.

Les Romains avaient hérité du panthéon grec et vivaient heureux au milieu de cette multitude de dieux. Nul n'aurait songé à imposer à autrui sa croyance par la force et Rome s'enorgueillissait de bâtir des temples à tous les dieux de l'univers. La loi romaine garantissait à chaque citoyen, libre ou esclave, une absolue liberté de culte, grâce à laquelle chacun pouvait arborer fièrement les signes distinctifs de sa confession. Malgré la prééminence d'un culte officiel qui s'élargissait d'un dieu nouveau à chaque avancée de l'Empire, il aurait paru inconvenant de mépriser les autres confessions.

Pragmatiques et superstitieux à la fois, les Romains considéraient qu'il était profitable à l'État de s'accorder les bonnes grâces des divinités du monde entier. Difficile aujourd'hui d'imaginer cette tolérance pour des Occidentaux incapables d'intégrer les mille visages du divin dans leur vision réductrice de l'univers. Chaque fidèle étant libre de considérer sa divinité d'élection comme le maître absolu de la création visible et invisible, le monothéisme ne fut pas une idée aussi miraculeuse qu'on le dit. Il a fallu des circonstances particulières pour que le dieu d'une tribu émigrée de Babylone soit hissé au rang de Dieu unique. Tant qu'elle demeurait l'apanage des Sémites de la lignée d'Abraham, le monothéisme n'avait pas la prétention de vider le ciel de tous ses autres habitants. Mais c'est seulement lorsqu'une secte chrétienne – une parmi des dizaines d'autres moins belliqueuses – eut réussi à convertir l'Empereur Constantin en l'an 313 que s'instaura une hégémonie religieuse qui a façonné nos structures mentales.

L'hégémonie théocratique

Pour imposer son hégémonie, le christianisme, devenu nouvelle religion d'État, doit combattre deux ennemis : le paganisme et le christianisme primitif des gnostiques. Les païens ont été soumis par une persécution impitoyable, qui consistait à les écarter systématiquement des responsabilités, à profaner leurs sanctuaires, détruire les images de leurs dieux et, pour finir, à attenter à leur vie. Armés de marteaux et de pioches, des hordes de moines se répandirent autour du bassin méditerranéen pour mettre en pièces les statues et les sanctuaires de marbre. Jupiter fut traîné sur les places publiques et dépecé en même temps que ses derniers adorateurs qui refusaient de se faire baptiser l'épée sous la gorge. Les livres d'histoire, rédigés par les serviteurs de l'ordre établi, nous livrent une vision du monde antique réduite à une collection de ruines, mais oublient de nous dire que le pourtour de la Méditerranée était couvert de temples aussi splendides les uns que les autres. Qui se souvient des sanctuaires du Liban et du Maghreb, palais blancs, roses et or, entourés de verdure et de bassins où les grues et les paons s'ébattaient parmi les lotus ? À ses débuts, la jeune Église conquérante s'est acharnée à détruire toutes les traces du passé paganiste, ne laissant que ces ruines qui nous étonnent encore. Le monde antique était couvert de temples, de palais, de thermes, de bibliothèques, de stades, de villas ouvertes à la lumière du jour. On y circulait sur des routes pavées et ombragées. Tout cela a été ravagé, pillé, brûlé jusqu'au dernier parchemin. On effaça la mémoire des siècles en incendiant la Bibliothèque d'Alexandrie. Sous le choc, le monde antique, désarticulé, bascula dans le chaos.

Pour imposer son pouvoir absolu, la théocratie naissante s'acharna particulièrement contre les gnostiques qui la concurrençaient dans le domaine de la foi. Une soixantaine de groupes gnostiques, héritiers de la Tradition primordiale, constituaient le foyer du christianisme primitif et transmettaient les enseignements originels de Jésus. *« Le gnosticisme et l'hermétisme s'inspirent, tous deux, des idées développées en Égypte, et plus particulièrement à Alexandrie, aux Ier et IIe siècles avant notre ère. Ce fabuleux creuset de concepts religieux et philosophiques rassemblait des croyances de cultures diverses – grecque, perse, juive, égyptienne et même extrême-orientale. De là proviennent les théories qui sous-tendent l'ensemble de notre culture... Dans la hiérarchie des "mondes" – des "sphères", selon la terminologie de l'époque –, la matière occupe l'échelon le plus bas, le plus élevé revenant à Dieu. L'homme est un être divin "emprisonné" dans une enveloppe, mais il renferme toujours une étincelle divine. L'homme peut tenter de renouer avec le divin, c'est en fait son devoir[33]. »*

Ce que nous appelons aujourd'hui le christianisme ne représente qu'une petite sélection de sources choisies parmi des dizaines d'autres. C'est le Concile de Nicée qui, vers 325, choisit parmi une multitude de textes ceux qui constitueraient le Nouveau Testament. La connaissance initiatique de la gnose se cristallisa en dogmes réducteurs. Ainsi, tous les peuples antiques croyaient en la réincarnation avant que l'Église romaine supprime cette loi universellement admise. Curieusement, aujourd'hui encore, les détracteurs des sectes critiquent ouvertement la croyance en la réincarnation.

Les empereurs Justinien et Valentin mirent en place la première campagne de purification théologique de l'histoire humaine, laquelle entraîna une série interminable de crimes contre l'humanité. Ce n'est que tardivement, vers le VIe siècle, qu'un mystérieux collège d'initiés reconstruit l'Europe sous couvert de l'ordre de Saint-Benoît. On sait que l'ordre bénédictin fut le refuge des maîtres constructeurs de l'antiquité. Tout ce qui nous est parvenu de la philosophie et de la science des anciens fut sauvé par les copistes bénédictins dont certains étaient initiés à la science des druides. Benoît – le Béni – remit la civilisation à flot et sauva les germes de l'intelligence et des arts. Mais avant la manifestation miraculeuse de cette confrérie civilisatrice, la face de l'Occident était réduite à un champ de ruines parsemé d'îlots de fortifications en terre. Les

[33] *La Révélation des Templiers,* de Picknett et Prince, éd. du Rocher.

premiers châteaux forts attestent de l'insécurité : oubliées les villas romaines sans murs de protection. L'Occident avait disparu dans le tunnel du haut Moyen-Âge où les peuples dépossédés et soumis au terrorisme des propagandistes du « seul vrai dieu », ancêtre de la pensée unique, commencèrent à se blottir dans des villages fortifiés pour se protéger de la barbarie qui se répandait sur l'Europe, comme une vengeance du Ciel. Imposée par le pouvoir impérial, l'orthodoxie – la « doctrine droite » – triomphe contre la tradition gnostique accusée de complaisance envers les « superstitions » des anciens. La gnose est déclarée hérésie suprême et le délit d'hérésie devient un crime passible de la mort. Les plus coupables furent ces chrétiens qui prétendaient que le cœur humain abrite un principe divin, car pour l'Église, l'homme n'est qu'une créature. Médiatrice exclusive entre l'homme et Dieu, l'Église ne pouvait admettre qu'un principe spirituel individuel interfère avec son autorité. C'est pourquoi elle lutta avec acharnement contre les gnostiques dont PRINCE et PICKNETT éclairent les croyances : *« Contrairement aux catholiques, ils ne se considèrent pas comme des créatures inférieures et perdues vouées au purgatoire et à l'enfer. De la conscience de leur étincelle divine découlait automatiquement ce que nous nommerions aujourd'hui le "respect de soi" ou la confiance, l'ingrédient magique permettant à l'homme de réaliser son potentiel... Chaque individu était encouragé à explorer les mondes extérieurs ou intérieurs pour et par lui-même, à vivre la gnose, la connaissance du divin. Cet accent mis sur le salut individuel était en total désaccord avec l'insistance de l'Église sur le fait que les prêtres étaient les seuls canaux de communication entre Dieu et l'humanité. L'idée gnostique d'une relation directe à Dieu menaçait l'existence même de l'Église. Le prêtre n'ayant plus la mainmise sur ses ouailles, quelle chance l'Église conservait-elle d'assurer sa suprématie[34] ? »*

Ceci explique pourquoi le dogme catholique a toujours eu beaucoup de mal à admettre la liberté de conscience. Et le moindre écart allait être impitoyablement sanctionné par l'Inquisition qui, avant d'être une administration à part entière, fut un état d'esprit hégémonique et le nerf vital de la propagation de la foi catholique. De

[34] *La Révélation des Templiers.*

nombreux courants hérétiques furent ainsi persécutés : l'arianisme, le nestorianisme, le marcionisme, le valentianisme, entre autres, ainsi que le mouvement fondé par le Babylonien Mani qui mourut martyr, mais dont la doctrine, appelée « manichéisme » par ses adversaires, se répandit en Asie et jusqu'en Occident à travers bogomiles et cathares. L'histoire officielle écrite par l'Église a caricaturé toutes les doctrines hérétiques. Aucune religion n'a été autant persécutée que le manichéisme, dont on a fait une caricature grotesque : être manichéen ce serait voir tout blanc ou tout noir. Quelle inculture ! Les recherches sur la religion des manichéens révèlent qu'elle proposait une réelle solution au problème du mal et de la souffrance, n'imposant pas de dogmes, prônant la liberté de conscience, vouant une compassion envers tous les êtres vivants, s'abstenant de tuer les animaux, cultivant la musique et les arts comme moyens d'élévation spirituelle. Selon Thierry GAUDIN[35] : *« Mani enseigne que toutes les croyances sont acceptables car elles disent toute la même chose, avec des mots différents. C'est le plus tolérant des prophètes... Mani est supplicié, depuis, les clergés sectaires s'acharnent à donner de lui une image abominable. On comprend bien pourquoi : la seule idée que la tolérance est possible remet en cause leur sectarisme, c'est-à-dire leur fonds de commerce. »*

Durant des siècles, les communautés de manichéens ont été traquées, se réfugiant jusqu'au fond du désert de Gobi pour échapper à la persécution. Il s'agit d'un génocide accompagné des tortures les plus invraisemblables de façon à frapper l'esprit de ceux qui se risqueraient sur les voies de la dissidence spirituelle. L'Inquisition n'est pas née au XIIIe siècle comme on le prétend, en ne considérant que l'organisme répressif formé lors de la croisade contre les cathares, mais elle apparaît dès l'instant où la construction de l'Église romaine a dépendu de l'élimination de la concurrence paganiste et gnostique.

Historiquement, la persécution religieuse systématique apparaît dans la civilisation avec la montée au pouvoir de l'Église. Les anciens se méfiaient trop de la puissance des autres dieux avec lesquels il valait mieux entretenir de bons rapports. C'est par prudence que le bouddhisme préconise à ses adeptes d'offrir des hommages

---

[35] *Préliminaire à une prospective des religions.*

respectueux à tous les dieux, non pour s'en accorder les faveurs, ce qu'un véritable disciple de Bouddha trouverait superficiel. Pour les anciens, le respect envers toutes les créatures terrestres et les êtres célestes est la garantie d'une vie sanctifiée. Le monothéisme exclusif, qui n'est souvent qu'une projection de l'inflation du moi, est un concept ravageur s'il n'est pas vécu comme un amour qui inonde le cœur et se répand sur toutes les créatures.

Comme le vainqueur a toujours raison, c'est l'Église romaine qui écrivit l'histoire. C'est elle qui nous parle péjorativement des idées de ceux qu'elle a éliminés. Et c'est ainsi qu'aujourd'hui encore, ceux qui s'inspirèrent du message originel du Christ sont décrits comme des hérétiques, des païens adeptes de la réincarnation et de la pluralité des univers et des dieux. Le terme même de « païen » est une insulte. Décimés et leurs écrits anéantis, les derniers gnostiques disparurent à la vue, se perpétuant sous forme de sociétés initiatiques clandestines sans cesse persécutées. Non contente d'avoir éliminé les « croyances des gnostiques » – qui ne sont que les vérités admises universellement par les anciens –, la jeune Église s'intitula catholique, c'est-à-dire universelle, et commença à élaborer une théologie s'inspirant, pour ce qu'elle a de meilleur, des traditions gnostiques. On ignore généralement que la jeune Église romaine n'avait aucune philosophie cohérente, aucune métaphysique ni aucune théologie, mais qu'elle s'est construite en intégrant les pratiques cultuelles et rituelles empruntées à des traditions antérieures. L'eucharistie, par exemple, était une pratique courante dans les cultes de Mythra, Dionysos, Osiris et chez les Esséniens.

Burton L. MACK, professeur d'étude du Nouveau Testament à la *Clarement School of Theology*, en Californie, se plaint du *« terrible manque de connaissance des chrétiens sur la constitution du Nouveau Testament... Les études ont démontré, les unes après les autres, que le christianisme des premiers temps n'était pas une religion originale ; elle était "influencée" par celles de l'Antiquité... la découverte que le christianisme présentait une nette ressemblance avec les cultes des mystères hellénistiques était dérangeante, surtout sur les points les plus importants, à savoir les mythes relatifs à des dieux qui meurent et ressuscitent, les rituels du baptême et les festins sacrés. »* C'est l'avis soutenu par

J.-M. ROBERTSON[36] : *« Il n'est pas un concept associé au Christ qui ne se retrouve dans certains cultes antiques de dieux rédempteurs – voire dans tous... Comme le Christ, Adonis, Attis et Dionysos sont morts et ressuscités... Comme l'enfant-dieu du culte de Dionysos, il est représenté emmailloté dans une crèche. Il est né dans une étable comme Horus. Comme Dionysos, il a transformé l'eau en vin. Comme Esculape, il a ramené des hommes d'entre les morts et a rendu la vue à des aveugles... Sa résurrection, comme celle de Mithra, a lieu dans une grotte. »*

Ce qui est valable pour les Écritures l'est également pour la doctrine théologique. Après sept ans passés au sein d'une communauté manichéenne, saint Augustin devint apostat et persécuteur de ses anciens frères, non sans leur avoir volé l'essentiel de sa théologie de la grâce. « Aime et fais ce que tu veux », dit Augustin, en recopiant une maxime manichéenne. À travers ses écrits, ce Père fondateur de la théologie catholique ne peut dissimuler ses références incessantes à la science ésotérique des anciens. Ne pouvant tout nier, au risque de demeurer les mains vides, il détourna tout ce qui pouvait cadrer avec le souci de maintenir les consciences dans un moule. Ainsi, certains principes de la sagesse des anciens, qui ne pouvaient être compris qu'après une longue initiation, sont devenus des dogmes difficilement compréhensibles. L'église catholique s'est habillée des lambeaux de la sagesse immémoriale, en prenant soin de brouiller les pistes et en effaçant les sources. Une conception théologique intellectuelle remplaça peu à peu l'expérience vivante et mystique du christianisme originel. La connaissance initiatique fondée sur l'illumination de la conscience a été remplacée par le dogme. Il faut croire sans chercher à comprendre. Cette méthode assura à la caste ecclésiastique un pouvoir absolu sur les consciences. Et le sens originel des Écritures bibliques fut infléchi dans la direction des dogmes, lesquels ne sont que des inventions nées du cerveau d'intellectuels incapables de saisir la pensée analogique des anciens rédacteurs des Écritures. L'inversion du sens des Écritures que l'on dit sacrées est une trahison. Dès le premier mot du premier verset du premier chapitre de la Bible, les traducteurs ont interprété en se conformant à la stratégie ecclésiastique. Il suffit de quelques leçons

[36] *Pagan's Christ* (1903).

d'hébreu, complétées par des rudiments sur l'étymologie hébraïque pour s'en apercevoir.

C'est à partir d'Augustin que ce qui ne s'appelle pas encore l'Inquisition élabora son idéologie, essentiellement orientée pour combattre ceux qui prétendent s'approcher du divin en dehors du magistère catholique. Saint Augustin va passer sa vie à lutter contre les hérétiques : manichéens, donatistes, pélagiens et ariens. On inventa le concept de « dualisme » pour faire croire que les gnostiques croyaient en deux dieux opposés de toute éternité. Depuis dix-huit siècles, des millions de chercheurs d'absolu, parfaitement innocents, ont été persécutés et martyrisés pour avoir voulu marquer la différence entre le monde manifesté et l'absolu. La révélation chrétienne, à l'instar du vishnouisme, par exemple, s'inscrit dans la série des grandes traditions du salut de l'âme humaine emprisonnée dans la matière. Jésus ne vient pas établir un royaume terrestre, ni combattre le « Prince de ce monde » pour prendre sa place. Il vient chercher « ceux qui ne sont pas du monde ». Krishna, Bouddha et Jésus-Christ sont des libérateurs qui appellent l'humanité à la délivrance. Le crime impardonnable des gnostiques – hérésie suprême selon Rome – est d'avoir affirmé que les autorités terrestres sont au service du diable. Le Diable étant l'esprit de division qui règne dans le monde manifesté. Ce crime de lèse-majesté leur valut la haine de la jeune église catholique, qui s'est toujours appuyée sur le glaive pour asseoir sa domination.

Augustin justifia la torture à l'égard des hérétiques. De plus, pour faire mériter à l'Église le titre de « nouvel Israël », lui et d'autres Pères de l'Église ont élaboré le concept de peuple déicide, justifiant ainsi un devoir de persécution envers les juifs. L'antisémitisme était né, et devint finalement une idéologie politique. Ainsi la « bête immonde » n'est pas issue de la génération spontanée, mais s'est nourrie du fiel répandu par les théologiens. Tous les génocides futurs sont contenus en germe dans les raisonnements de ces théologiens qui, dès les premiers siècles, décrétèrent l'éradication violente de ce qu'ils ont nommé l'hérésie.

Au sein même du pouvoir catholique, il existait des polémiques et des luttes d'influence qui aboutirent, en 1054, au schisme entre l'église orientale orthodoxe et l'église catholique romaine. En raccourci, l'église catholique serait donc en fait une secte de l'église chrétienne orthodoxe, elle-même secte d'une tradition juive issue d'une tradition égyptienne qui aurait pour origine la tradition sumérienne… Les idées gnostiques ne disparurent pas malgré la répression impitoyable des églises d'Orient et d'Occident. Au XIIe siècle, de nombreux chrétiens, dont saint Bernard, ne cessaient de dénoncer la déchéance du clergé catholique. C'est sans doute pour cette raison que les courants gnostiques se développent à cette époque en menaçant l'existence du christianisme. Le catharisme fut, dans le Sud de la France, une importante résurgence gnostique que le pouvoir de Rome ne pouvait accepter.

La Sainte Inquisition

Alors qu'on croyait que le manichéisme avait été totalement éliminé, le voilà qui resurgit dans les chansons des troubadours du XIIe siècle. Il a pris la forme d'une église qui s'intitule elle-même « Église des Bonshommes » et qui va s'élever au zénith de la brillante civilisation de Provence et d'Occitanie. Mais cette « église de l'amour » va finir broyée dans les cachots de l'Inquisition et dans un feu d'artifice sanglant dont le bouquet final a pour nom Montségur. Prise de court par la stupéfiante progression du catharisme, l'Église instaura un organisme répressif unique en son genre dans toutes les civilisations : la « Sainte Inquisition ». Quelle autre religion a établi une administration chargée de traquer, torturer et éliminer systématiquement les dissidents ? La Sainte Inquisition n'est pas née par hasard : c'est la conséquence logique d'une longue série de persécutions sur lesquelles s'est construite la puissance temporelle de l'église catholique. L'Inquisition eut pour rôle de condamner et de massacrer les hérétiques. Ne rendant des comptes qu'à la papauté, les Dominicains seront chargés d'appliquer la solution finale au problème des hérésies. L'ordre des Dominicains – dit ordre des frères prêcheurs – assura le fonctionnement de la machine à broyer la chair de quiconque ne pensait pas comme tout le monde.

En Europe, le pays d'Oc fut le théâtre du premier génocide. Près de 100 000 cathares furent massacrés durant la croisade contre les Albigeois. À Béziers, où cohabitaient cathares et catholiques, le légat du pape dit à l'armée des croisés : « Tuez-les tous, Dieu reconnaîtra les siens ! » À Montségur, 200 cathares qui refusent d'abjurer sont brûlés vifs au pied des murailles. La violence de la persécution donne raison aux troubadours lorsqu'ils insinuent dans un jeu de mots que « Roma est le contraire d'Amor ». Mais le vrai hérétique, devant la Justice suprême, n'est jamais celui qu'on brûle, c'est toujours celui qui allume le bûcher. En Italie, on brûle, entre autres, le moine SAVONAROLE et le grand philosophe Giordano BRUNO. En Espagne, où l'Inquisition traque le juif et le musulman, on recense près de 30 000 victimes. L'inquisiteur dominicain TORQUEMADA organisa près de 100 000 procès en 16 ans et envoya 2 000 personnes aux bûchers. Au Portugal, il y eut 13 250 procès et près de 700 condamnations à mort. Au-delà de la systématisation du génocide et de la torture, l'Inquisition est une terrifiante police de la pensée qui censure, brûle les livres, réduit Copernic au silence et condamne Galilée, jette au cachot les grands mystiques comme saint Jean de la Croix, inquiète sainte Thérèse d'Avila et torture CAGLIOSTRO jusqu'à l'agonie durant quatre ans. Au-delà des noms célèbres, qui se souvient des innombrables victimes anonymes d'une persécution séculaire ?

L'Inquisition n'est qu'une séquence particulièrement atroce dans ce film d'horreur réalisé par l'hégémonie romaine où l'on trouve, entre autres, les croisades, les ethnocides d'Amérique du Sud, la chasse aux sorcières, les guerres de religions contre les réformés avec son cortège de massacres, de galères, de dragonnades, d'exils, d'emprisonnements et d'exécutions. Mais les catholiques n'ont pas le monopole de l'horreur puisque, après la Réforme, on estime que 70 000 innocents furent brûlés vifs en Angleterre. Récemment est paru un livre noir du communisme où sont recensés les crimes générés par le marxisme sur la planète. À quand le livre noir de la chrétienté ?

Cette évocation serait incomplète si on ne rappelait pas aussi la charité, l'engagement et le dévouement de nombreux religieux et laïcs ainsi que la beauté des cathédrales, de l'art chrétien et de certains textes inspirés. Mais Jean DELUMEAU qui est à la fois un chrétien engagé et un des historiens des religions les plus renommés a pu écrire : *« En tant que corps constitué, la chrétienté s'est constamment démentie elle-même, qu'elles qu'aient été la foi, la piété et la charité de nombreuses personnes prises en particulier*[37]. »

[37] *Le christianisme va-t-il mourir,* éd. Hachette

Comme nous le verrons, l'inquisition ecclésiastique qui justifie l'extermination de celui qui pense différemment est la matrice des régimes totalitaires. Institutionnalisée, la dévoreuse d'hérétiques sema la terreur à travers l'Europe durant six siècles, perfectionnant à tel point son système que la Gestapo et les polices secrètes se sont vantées d'y avoir puisé leurs techniques les plus efficaces. En effet, l'inquisition ne nécessite pas le déploiement de forces armées pour semer la panique, car elle s'appuie sur deux armes : la terreur et la désinformation. Ainsi, au temps des derniers cathares, il suffisait que deux moines dominicains s'installent dans un village pour que les habitants se sentent coupables et aillent en file indienne se dénoncer mutuellement. La peur est l'arme suprême de l'inquisition. C'est pourquoi dès le début, l'Église a fondé sa puissance sur la menace de châtiments physiques et ceux *post mortem* de la damnation éternelle. On observe qu'il paraît aujourd'hui des ouvrages révisionnistes ayant fonction de réhabiliter l'Inquisition, décrite comme le « rempart de la foi ».

Grâce aux tortures, la « très Sainte Inquisition » vous aide à éviter l'enfer. Il faut donc que ces tortures purificatrices soient un résumé de tous les maux infernaux. On agira de sorte que le supplicié soit maintenu en vie aussi longtemps que possible pour purifier son âme. Jusqu'au XVIIIe siècle, des gens ont été torturés dans les geôles de l'Inquisition. CAGLIOSTRO, que la propagande présente comme un charlatan, fut un thaumaturge, doublé d'un grand initié, qui avait établi une méthode de régénération spirituelle puissante. Jeté en prison par les jésuites au château Saint-Ange, à deux pas du Vatican, il fut torturé à petit feu pendant quatre ans. Une torture lente était nécessaire pour laver l'âme de l'hérétique. Chose rare, le pape en personne s'était dérangé pour surveiller l'affaire, car il croyait avoir mis la main sur Christian ROSENCREUTZ, le chef des Rose Croix en personne. Comme le dit un auteur : *« On ne vivait pas dix ans dans les cachots de l'Inquisition ; la mort, plus clémente que le pape venait vous délivrer. »* L'acte de décès de CAGLIOSTRO établi par le Saint-Office signale qu'il est « mort d'une violente attaque d'apoplexie, accident naturel chez un homme à l'âme dure et au cœur impénitent comme lui. » Mais comme ce sont les inquisiteurs qui écrivent l'histoire, on se souvient de CAGLIOSTRO comme d'un imposteur, une sorte de « gourou » qui aurait trompé les gens toute sa vie, alors qu'il a soigné gratuitement des milliers de personnes parmi lesquelles de grands personnages comme son ami le cardinal de ROHAN. Combien d'années faudrait-il à un pape, aussi sincère soit-il dans sa contrition, pour demander pardon aux dizaines de milliers de suppliciés comme CAGLIOSTRO ? Au nom du Dieu d'amour, l'ordre des Frères Prêcheurs a élaboré une panoplie de tortures si atroces que, vers la fin du XXe siècle, la repentance tardive d'un pape semble dérisoire. Peut-on s'auto-amnistier de crimes aussi atroces en une simple phrase d'excuse ?

Du XIe au XVe siècle, aussi bien en Espagne que dans le Sud de la France, en Italie ou au Moyen-Orient, les ésotérismes juifs, musulmans et chrétiens s'échangent, se conjuguent et se transmettent à travers les troubadours, les poètes, les mystiques et les alchimistes. Dans un contexte où dominait une Église hostile à tout enseignement susceptible de contester son dogme, les persécutions contre les cathares et les templiers obligent ce grand courant gnostique à entrer dans la clandestinité.

Le matérialisme moderne n'est qu'un produit dérivé de la théologie romaine. Car dès la fin du monde antique, notre civilisation s'arrache à son enracinement dans l'ordre universel. Il était inéluctable qu'en coupant l'homme de ses racines transcendantes, il aboutirait à une conception matérialiste et athée, déconnectée de toute référence spirituelle. En réaction au matérialisme scientiste et positiviste du XIXe siècle, alors que déclinait l'influence de l'Église, se produisit aussi bien en Europe qu'aux États-Unis l'émergence de nouveaux courants spirituels et la résurgence des connaissances traditionnelles sous la forme de l'occultisme, de l'ésotérisme et de la théosophie. De multiples groupes revendiquent l'héritage du gnosticisme et de l'hermétisme. Ce renouveau spirituel touche en premier lieu les élites culturelles. Il est à l'origine, dans les années 60 et 70, d'une profonde mutation au cours de laquelle des individus et des mouvements novateurs cherchent à faire une synthèse entre science et tradition, Orient et Occident. Et cela au grand dam de l'Église qui voit renaître le fantôme de l'hérésie gnostique sous les habits des nouvelles minorités spirituelles. Dans les années 80 et 90, un large courant de rénovation spirituelle que certains voudraient enfermer sous le label *New Age* concerne des couches de plus en plus larges de la société. Ce courant novateur fait peur aux autorités en place qui décrètent l'état d'alerte maximum en déclenchant cette forme moderne d'inquisition qu'est la lutte anti-secte.

Dans une société en évolution constante où les références issues du passé ne suffisent plus, des minorités innovantes explorent de nouveaux horizons pour permettre à la société de relever les défis de son avenir. Mais l'histoire est un éternel retour et de nouveaux inquisiteurs cherchent comme par le passé, à entraver l'émergence de cette vision novatrice.

Chapitre 6

Inquisition II, le retour...

On peut tuer un homme
mais on ne peut le changer en autre chose.
Robert ANTELME

Les habits neufs d'un vieux fantôme

C'est en France que fut créée la Sainte Inquisition au XIIe siècle et sa mémoire reste vive dans l'inconscient collectif de la nation. Les livres d'histoire racontent que l'Inquisition a été abolie au XIXe siècle, mais il n'en est rien. Bien qu'elle ait changé ses méthodes, elle se perpétue avec des cibles, des langages et des acteurs nouveaux. Voilà ce que nous a confié au téléphone durant l'été 1996 le Grand Maître d'une obédience maçonnique : « *Je n'ai pas voulu engager mon obédience lorsque des dominicains sont venus me proposer de collaborer à la campagne contre les sectes.* » Des Pères dominicains, lui a-t-on demandé ? « *Oui, deux dominicains* », a-t-il affirmé, en ajoutant avec colère : « *Moi, je défends la liberté. Je n'ai rien à voir avec cette histoire…* »

Ainsi, bien que plus discret et déguisé aux couleurs du temps moderne, l'ordre dominicain reste fidèle à sa vocation. Aujourd'hui, il utilise les relais et les organismes officiels de l'État laïque en se tenant discrètement à l'arrière-plan. Ne cherchez pas un Frère Prêcheur officiant dans sa robe blanche traditionnelle. Le « domino » moderne a adopté le *look* du type en jean qui fume sa cigarette en sirotant sa bière. Il est branché, parfois beaucoup trop au gré du Vatican quand il se permet, par exemple, d'écrire que « Dieu est un concept ringard ». Il préfère occuper des postes qui le placent au carrefour de la communication, de la culture, de la science et de la médecine. Il s'intéresse beaucoup aux théories psy qui lui permettent de forger de nouveaux concepts qui remplacent l'ancienne démonologie…

Mais c'est sans aucun doute dans les médias que la présence des inquisiteurs est la plus sensible. L'ordre traditionnellement dédié à la prédication est obligatoirement là où on prêche la vérité officielle.

Rien de plus normal, car leur devise est : *veritas* – vérité de la pensée unique. Lorsqu'on interroge des gens qui s'intéressent au débat sur les sectes, personne ne se souvient que les premières conférences d'information sur cette question furent l'œuvre de Pères de l'ordre des Frères Prêcheurs. À cette époque, ils signaient les articles de presse avec leur titre ecclésiastique officiel : Père Untel, O.P (ordre des Prêcheurs). Depuis, ils se font plus discrets…

Qui s'intéressait aux sectes il y a trente ans, alors que les Français ne trouvaient pas la visite dominicale des Témoins de Jéhovah plus inconvenante que celle des aveugles avec leurs savonnettes ? Les dominicains, bien entendu. Ils ont initialisé la propagande contre les minorités spirituelles bien avant qu'on entende parler d'associations de lutte contre les sectes. Branchée sur l'événement qu'elle corrige ou qu'elle transforme, l'inquisition moderne cherche à devancer l'évolution sociale. C'est depuis peu que les renseignements généraux s'intéressent à la collecte d'informations concernant les sectes. Qui donc a fourni aux renseignements généraux de quoi alimenter le rapport parlementaire sur les sectes ? C'est une officine intégriste alimentée par l'expérience, les concepts et les techniques des théologiens retirés à l'arrière-plan d'où ils tirent les ficelles. On les cherche, mais on ne les voit plus. Cette absence même semble les désigner. Où sont nos dominicains en robe blanche qui venaient commenter l'actualité à la télévision vers les années 60 ? Pensez-vous vraiment qu'ils ne s'occupent plus que du « Jour du Seigneur » et négligent les autres jours de la semaine ?

Qui peut avoir la volonté et les moyens de barrer la route aux religions minoritaires qui concurrencent l'Église ? Secret de polichinelle : tout le monde le sait mais rares ceux qui osent le dire comme le juriste Philippe GAST : *« Trop souvent les mouvements anti-sectes, qui sont généralement l'émanation de religions dominantes qui acceptent mal la concurrence à une époque où leurs propres adeptes se détournent d'elles, tendent finalement à restreindre la liberté de religion, droit constitutionnel fondamental*[37]. »

[37] *Les Petites Affiches.*

Selon le sociologue Pierre BOURDIEU, l'Église tend toujours *« ... à interdire plus ou moins complètement l'entrée sur le marché de nouvelles entreprises de salut, telles que les sectes ou toutes les formes de communautés religieuses indépendantes, ainsi que la recherche individuelle de salut*[38]. »

Après tout, la lutte contre l'hérésie est le travail de l'inquisition. Nous verrons comment laïques, médias et pouvoirs publics ont pu s'embarquer dans cette aventure en enfumant l'opinion au point de lui faire croire que trois « sectes » qui se battent en duel constituent un péril supérieur à la pollution, la précarité, le chômage, la délinquance ou la corruption des « élites ». Parmi les mouvements qualifiés de sectaires au début des années 60, seuls les Témoins de Jéhovah étaient connus de la population française, qui les considérait plutôt comme des originaux. Les gens avaient l'habitude de les voir le dimanche matin frapper aux portes en déposant la *Tour de Garde*. Puis, la vague orientaliste de la contre-culture américaine a fait connaître le bouddhisme et l'hindouisme à un public plus large que les avant-gardes qui s'y étaient intéressées jusqu'alors. L'hindouisme s'est fait remarquer sous son aspect dévotionnel à travers le mouvement pour la conscience de Krishna. On a vu dans la rue des personnes habillées de façon exotique en train de chanter les cinq noms du Seigneur. Les bourgeois se retournaient en souriant, goguenards, sur ce nouveau genre de spectacle folklorique. Le bouddhisme s'est fait connaître sous son aspect zen : certains se rasaient la tête, mettaient une robe noire et méditaient en position zazen. C'était dans l'air du temps. Comme les nouveaux régimes alimentaires, diététiques et macrobiotiques. Comme les joints et le son du sitar indien sur les albums des Beatles. Puis, subitement, est apparu quelque chose d'autre. Des gens vous tiraient par la manche pour vous parler de l'Église de l'Unification et de son nouveau messie, venu de Corée, pour sauver l'humanité. Ce groupe suscita la méfiance pour plusieurs raisons : l'auto-proclamation de MOON en tant que messie, le fait qu'il était asiatique et qu'il tenait un discours politique fortement anticommuniste. Pour certains, le goût pour l'exotisme cédait la place à l'inquiétude.

---

[38] « Genèse et structure du champ religieux » cité *in Sectes et Démocratie.*

Quand Yves CHAMPOLLION, fils d'un médecin de Bretagne, rejoint l'Église de l'Unification en 1974, ses parents, bourgeois catholiques, ressentent cette conversion comme une honte et vont ameuter ciel et terre pour récupérer leur progéniture qui n'en a cure puisque, majeur et vacciné, il est libre d'adopter la croyance de son choix. Le cas de la famille CHAMPOLLION est symptomatique d'un phénomène qui se passait aussi bien en France que de l'autre côté de l'Atlantique : *« Autant le dire franchement, comment un parent peut-il annoncer à ses amis que leur progéniture est devenue un missionnaire militant dans la rue pour une malheureuse cause religieuse au lieu d'être médecin, avocat ou cadre. Le nombre réel de jeunes adultes qui se retrouvèrent dans de nouvelles religions était faible mais suffisant pour faire échouer quelques projets de carrière. C'est ainsi qu'au bout des années 70, quelques parents excédés commencèrent à élever la voix publiquement et ils se rendirent vite compte qu'ils n'étaient pas les seuls*[39]. »

Juive de naissance et convertie au catholicisme, Claire CHAMPOLLION ne peut accepter ni ce qu'elle considère comme la déchéance sociale de son fils, ni une apostasie qui rejette sa double attache religieuse. En 1974, les parents CHAMPOLLION vont créer la première Adfi – Association de Défense de la Famille et de l'Individu – pour rameuter les familles catholiques qui se plaignent de la conversion d'un proche à un nouveau mouvement religieux comme l'Église de l'Unification ou les Enfants de Dieu. Curieusement, on constate que, malgré la persistance des parents CHAMPOLLION à vouloir soustraire leur fils de ce mouvement, celui-ci en est toujours membre en 1999 et s'en porte très bien. À ses débuts en France, la lutte anti-secte est une réaction de la bourgeoisie catholique contre la concurrence des nouvelles croyances. Ce qui fait dire à propos de l'Adfi aux sociologues comme Massimo INTROVIGNE : *« Les premiers activistes anti-sectes américains s'efforçaient de ne pas faire référence à des idées philosophiques précises. Il en allait tout autrement pour certains personnages qui se trouvent à l'origine du mouvement anti-secte en France... À l'origine de l'association se trouvent des catholiques... L'Adfi est souvent attaquée par ses adversaires qui l'appellent «l'Adfi catholique". Encore au début de son journal* Bulles *(1984) on trouvait*

---

[39] *Historique des associations modernes anti-sectes,* Gordon Melton.

parfois des critiques de certains mouvements qui se situaient plutôt sur le plan doctrinal[40]*.* »

Pendant longtemps, les textes de l'Adfi contre les minorités spirituelles ressemblaient à des jugements théologiques et à des excommunications contre les hérétiques. Ainsi, en 1989, l'Adfi analysait la Rose-Croix d'Or en ces termes : « *... La doctrine de la Rose-Croix d'or n'est pas sans influence sur son comportement social... Leur doctrine est essentiellement dualiste... Elle puise son inspiration chez les manichéens et les cathares...* » Un parfum d'inquisition de derrière les fagots... Voici une lettre de l'Adfi datée de février 1990 qui analyse la doctrine du mouvement du Graal : « *Je vous envoie une première analyse tirée en grande partie des textes d'*ABD-RU SHIN *dont bien des approximations sont contestables... Par exemple que "le message du Graal est en plein accord avec l'enseignement du Christ", ce qui est parfaitement inexact. Il y a une contradiction absolue : pour le Christ, le salut nous est donné en Jésus-Christ, pour le Graal c'est l'homme qui, par sa propre recherche, aboutit à "la connaissance". C'est un mouvement ésotérique.* » Ésotérique : la condamnation tombe comme un couperet. C'est celle prononcée depuis toujours par les inquisiteurs contre les hérétiques.

Il suffit de lire les premiers bulletins de l'Adfi pour réaliser que le discours anti-secte s'inspire d'une longue tradition ecclésiastique. Par quelle ruse cachée ou quel lapsus inconscient – mais ô combien significatif ! – le bulletin de l'Adfi s'appelle-t-il *Bulles* au même titre que les fameuses bulles du pape qui font autorité en matière de théologie ? Certains appellent cela une signature...

Qui pouvait rédiger ces argumentaires alors que personne n'avait fait de recherches sur le sujet ? Certainement pas des parents, dont la culture religieuse se limitait souvent au catéchisme. C'est grâce à leur connaissance de l'hérésie religieuse sous toutes ses formes et parce qu'ils bénéficient d'un réseau d'informations international que des prêtres catholiques ont pu lancer l'affaire et mettre le pied à l'étrier à des laïcs, en leur livrant, clé en main, une petite machine de guerre contre les nouveaux hérétiques. Il suffisait sim-

[40] *Regards sur les mouvements anti-sectes,* Massimo Introvigne.

plement de recycler le mécanisme des persécutions sous une forme assimilable par la culture moderne. Bien sûr, on ne parle plus de lutte contre les « hérésies » dans les termes de la théologie, mais on utilise le jargon médicalisé de la psychiatrie. La sorcière moderne ne jette plus des sorts mais s'est transformée en gourou qui lave le cerveau de ses disciples. Les inquisiteurs n'utilisent plus le langage de la démonologie, cette science des exorcistes chargés de lutter contre les démons. L'idéologie psy, freudienne et psychiatrique, propose les nouvelles techniques et les concepts de la normalisation mentale. Le prêtre cache sa soutane noire sous une blouse blanche. Il faut dire qu'au fur et à mesure que diminuait l'influence officielle de l'Église, une autre forme d'inquisition prenait sa place dans la lutte contre la liberté de conscience : l'inquisition athée et ses différents visages. En France, l'inquisition athée est une réaction à l'inquisition catholique dont elle a repris, en les adaptant, les méthodes de terreur.

L'inquisition athée

Depuis la Révolution, qui marque, en partie, la fin du monopole catholique, il existe un fil rouge de l'inquisition athée et antireligieuse dont les méthodes s'inspirent, en les modernisant, des anciennes persécutions de l'Église contre les hérétiques. Les différentes étapes de l'inquisition athée sont les suivantes : d'abord « l'inquisition révolutionnaire » de la Terreur. Puis les persécutions laïques fondées sur le courant antireligieux du début du siècle qui va inspirer le régime communiste et ses techniques totalitaires. Les Américains vont s'inspirer des recherches menées par les régimes totalitaires pour mettre au point les techniques de *deprogramming*, véritable inquisition psychiatrique exportée en Europe par les antisectes. Les lois démocratiques faisant momentanément obstacle à ces techniques, une autre forme d'inquisition, de type médiatique, va utiliser les technologies modernes de la communication de masse pour mettre en place une normalisation des mentalités et des comportements. Quelles sont les cibles de la nouvelle inquisition ? Les groupes qualifiés de « sectes », dont beaucoup s'inspirent d'une attitude gnostique que les persécutions catholiques avaient justement tenté d'éradiquer… La boucle est bouclée ! La prochaine étape qui se prépare dès aujourd'hui est la « cyber-inquisition » : la mise en fichiers des hérétiques qui n'acceptent pas la pensée unique de l'économisme.

La République : une religion civile

Sur le plan culturel et institutionnel, la France a longtemps été un monopole catholique. Cette hégémonie a suscité, en réaction, le modèle républicain, qui n'est, au fond, comme l'ont remarqué de nombreux observateurs, qu'un catholicisme civil, évidé de son aspect religieux. Pierre NORA a démontré que la République est une *« ... véritable religion civile qui s'est dotée d'un panthéon, d'un martyrologue, d'une hagiographie, d'une liturgie, qui a inventé ses mythes, ses rites, dressé ses autels, construit ses temples et multiplié ses supports – statues, fresques, plaques de rues, manuels scolaires – en un spectacle éducatif permanent*[41]. »

Cette religion civile mettra en place des techniques de persécution inspirées plus ou moins consciemment de son modèle catholique. Durant la Révolution, cette période qu'on a appelée la Terreur, n'a rien à envier en cruauté à l'inquisition catholique. C'est en 1793, durant la Terreur, que fut votée la « Loi des suspects ». Désignés tout d'abord en 1791 par l'Assemblée législative, les premiers suspects furent les prêtres qui n'avaient pas prêté le « serment civique » puis, petit à petit, des couches de plus en plus larges de la population dont on déduisait, au vu de leur comportement et de leurs relations, qu'ils ne soutenaient pas le nouveau régime ou dont celui-ci désirait se débarrasser. Le 17 septembre 1793, la Convention vota à l'unanimité cette « Loi des suspects » : on lista près de 500 000 « notoirement suspects » et 300 000 « simplement suspects » qui furent donc privés de leur liberté, soit pour leurs opinions, soit pour de simples règlements de compte. Nombre de ces suspects finirent, bien sûr, sous la guillotine, la plupart sans jugement. Les autres furent exilés ou persécutés. René REMOND, politologue et académicien, fait le parallèle avec la situation actuelle : *« Une liste des sectes présumées dangereuses a été dressée. Elle est*

[41] *Lieux de mémoire,* Gallimard.

aléatoire, souvent arbitraire, et elle s'apparente à une loi des suspects[42]. »

Les persécutions laïques

La Terreur est le baptême de sang de cette religion civile qu'est la République comme la persécution contre les hérétiques fut celui de l'église catholique. Entre religion civile et religion chrétienne, représentant les « deux France », il y eut, durant les XIXe et XXe siècles, rivalités et luttes d'influence. Les territoires traditionnels de l'hérésie furent des hauts lieux du socialisme naissant et de l'anticléricalisme militant. Les héritiers des cathares voulaient ainsi, plus ou moins consciemment, venger leurs aïeux. Les instituteurs, qualifiés de hussards noirs de la République, furent les missionnaires de cette religion civile. L'éducation obligatoire avait pour but de transmettre l'idéologie républicaine en réduisant l'influence de l'Église. Sous couvert de laïcité eurent lieu de nombreuses persécutions antireligieuses. Jean BAUBEROT du CNRS parle de *« nettes atteintes à la liberté de conscience jusqu'en 1904, qui se traduit par l'exil hors de France de plusieurs dizaines de milliers de congrégationnistes… Clôture, obéissance passive, ascétisme sexuel (et rumeurs de débauche), vœux de pauvreté individuelle permettant une richesse et une puissance indues : la similitude des accusations portées contre les congrégations avec celles qui visent aujourd'hui les "sectes" (et la globalisation opérée dans les deux cas) est frappante… et a déjà été notée par certains historiens*[43]. »

D'autres auteurs font le lien entre les persécutions religieuses de la fin du siècle dernier et l'actuelle chasse aux sectes qui en est l'héritière : *« En 1903, plus de 10 000 écoles de prêtres, de frères ou de religieuses avaient été supprimées, avec la dispersion ou l'expulsion des religieux enseignants. Entre 1904 et 1911 ont encore été fermées 1 843 écoles. Plus de 600 personnes furent condamnées pour ne pas avoir respecté les lois de persécution et les biens des congrégations dissoutes furent confisqués. Des centai-*

---

[42] *Ouest-France,* 12 avril 1999.

[43] *Sectes et Démocratie,* Champion et Cohen.

nes de magistrats et de militaires démissionnèrent pour ne pas avoir à appliquer des lois iniques. De nombreux professeurs catholiques abandonnèrent leur travail pour la même raison... En rattachant ainsi la campagne anti-secte à l'anticléricalisme de la fin du siècle dernier et du début de celui-ci, le député socialiste Alain VIVIEN *ne laisse aucun doute sur le véritable objectif du mouvement anti-secte. Il s'agit d'éliminer non seulement ce qu'on appelle les sectes mais aussi la religion elle-même*[44]. »

Curieusement, l'ancêtre intellectuel de VIVIEN s'appelait VIVIANI. Député socialiste comme lui, il prononce en 1906 un discours lyrique affiché dans les lieux publics qui explique les véritables enjeux des socialistes dans le combat laïque : *« Tous ensemble, par nos pères, par nos aînés, par nous-mêmes, nous nous sommes attachés dans le passé à une œuvre d'irréligion. Nous avons arraché les consciences humaines à la croyance. Lorsqu'un misérable, fatigué du poids des jours, ployait les genoux, nous l'avons relevé, nous lui avons dit que derrière les nuages il n'y avait que des chimères. Ensemble et d'un geste magnifique, nous avons éteint dans le ciel des lumières qu'on ne rallumera plus. »* Sous le masque de VIVIEN, on entend la voix de VIVIANI, comme sous la dialectique subtile concernant un « nouveau visage de la laïcité » on trouve toujours la même œuvre d'irréligion : une volonté d'éteindre les lumières qui brillent, non seulement dans le ciel, mais dans l'âme de tout être humain. Les militants antireligieux contemporains mettent de nouvelles paroles sur une musique ancienne. Nous avons entendu, lors d'une tenue ouverte au Grand Orient de France, un orateur ouvrir la séance par ces mots : *« Toutes les révélations spirituelles de l'humanité ne nous ont pas donné la lumière électrique qui nous éclaire ce soir. »* Telle est la religion du progrès : scientiste et athée.

L'inquisition totalitaire

Le socialisme révolutionnaire et antireligieux du début du siècle va inspirer la révolution communiste russe qui se servira de la Révolution française et notamment de la Terreur comme modèles pour promouvoir la dictature du prolétariat. Dans leur optique

[44] *L'inquisition athée et psychiatrique*, Soliméo.

matérialiste, le but des marxistes est clairement d'éradiquer toute trace de religiosité. Ce faisant, ils ont érigé en nouveau dogme la philosophie de MARX, le gourou qui disait : *« L'abolition de la religion en tant que bonheur illusoire du peuple, c'est l'exigence de son bonheur véritable. »* Mais on sait ce qu'il en est de vouloir faire le bonheur du peuple sans lui demander son avis. Point n'est besoin de nous étendre ici sur l'abjection d'un régime qui, en brisant l'âme d'un peuple, l'a conduit à la ruine économique et morale. Les tenants de la police politique communiste se sont inspirés des méthodes de l'Inquisition : massacres, délation, tortures, procès truqué, faux témoignages, juridiction et lois d'exception... Les hérétiques furent qualifiés de « révisionnistes » de « déviationnistes », de « trotskistes » avant d'être exécutés. On ne tuait plus au nom de Dieu et de l'Église mais au nom de la Science et du Parti. L'émergence en Europe du fascisme et du nazisme fut une réaction à cette barbarie dont ils reprirent les méthodes, comme, à un tout autre niveau, les révolutionnaires français reprirent celles de l'Inquisition. Communiste ou fasciste, le XXe siècle inventait le totalitarisme, c'est-à-dire l'emprise d'un parti, d'une idéologie et d'un régime sur l'ensemble de la population.

Comme celle de l'Inquisition, la dynamique d'emprise totalitaire est un moteur à trois temps dont le carburant est la peur. Premier temps : déclencher la peur en flattant les instincts primaires du cerveau reptilien ; deuxième temps : canaliser la peur sur un bouc émissaire innocent mais minoritaire ; troisième temps : exploiter la peur en se présentant comme l'homme, le parti, la religion ou l'idéologie providentiels.

Nous n'entrerons pas ici dans le débat actuel concernant la similitude ou les différences entre régimes totalitaires. Nous cherchons simplement à mettre en évidence l'enracinement historique et idéologique des discriminations qui resurgissent actuellement, sous un nouveau visage, au sein de la société française. Selon LEWIS : *« La visée finale des anti-sectes est évidemment un état totalitaire dans lequel les valeurs officielles sont répandues et pas les autres. »* Le 4 janvier 1994, dans un jugement concernant les Témoins de Jéhovah, la cour d'appel de Nancy a regretté que *« ... des groupes de pression qualifient de secte tout groupe minoritaire au sein d'une religion ou d'une philosophie, fassent admettre comme un principe que toute secte est condamnable et en fassent tirer une conclusion d'interdiction ou d'opprobre. Une telle démarche conduirait, consciemment ou non, au totalitarisme en menaçant la liberté de conscience d'une minorité.* »

Étudier les stratégies totalitaires permet donc de mieux comprendre les dessous idéologiques des campagnes anti-sectes qui fonctionnent sur le même modèle, celui du « moteur trois temps ». Dans une civilisation anxiogène comme la nôtre, déclencher la peur n'est pas très difficile. Dans un premier temps, via le lynchage médiatique, on sème la confusion entre groupes criminels et minorités spirituelles. Tout chef spirituel sera évalué comme un Charles MANSON en puissance et on imputera à certains mouvements, sans aucune autre preuve que la rumeur, les pratiques et les théories les plus scandaleuses pour faire crier vengeance au cerveau reptilien. Selon OLIVER, un spécialiste américain des nouvelles religions : « *Des groupes anti-sectes se sont fait une spécialité dans le commerce de la peur. Et cette commercialisation de la terreur est source de revenus importants qui permettent de maintenir ces groupes en action.* » Deuxièmement on canalise donc la peur sur un certain nombre de groupes que l'on prend pour cible. Troisièmement on exploite la peur en se présentant comme une machine de guerre contre des sectes criminelles et on se proclame protecteur de l'ordre républicain. Le tour est joué et c'est un tour de cochon.

On a connu cela avec les campagnes antisémites chez les nazis, les campagnes contre les ennemis de classe et les dissidents chez les communistes. Les techniques des régimes totalitaires reposent sur l'endoctrinement des jeunes et l'encadrement idéologique de la population, sur la surveillance systématique des comportements privés grâce à la délation, sur la persécution des opposants. Les premières cibles sont souvent les minorités spirituelles, qui sont des repères de personnes de conviction. Selon le sociologue Régis DERICQUEBOURG : « *La lutte que l'État français a engagée contre ces mouvements cautionne les procédés les plus sordides et les plus fascisants. Elle installe en France les conditions d'un ordre totalitaire. Elle habitue les Français à la légitimité de la délation, à la publication de listes au détriment de la justice. Elle reproduit les premiers temps de la solution finale pour les sectes du régime nazi (qui avait déjà établi une liste des sectes). On y retrouve les dénonciations, les licenciements pour cause d'appartenance religieuse* ».

Comble de la manipulation : les campagnes anti-sectes font passer les minorités spirituelles pour des groupes totalitaires. Ce n'est pas un hasard si on retrouve dans le rapport VIVIEN une proposition de mise sous tutelle des membres des minorités spirituelles inspirée d'une loi mussolinienne dite du *plagio,* prévoyant que quiconque *« ... soumet une personne à son propre pouvoir de façon à la placer totalement dans un état de suggestion, serait condamné à une peine de cinq à quinze ans de réclusion criminelle. »* Il s'agissait ni plus ni moins, pour le chef fasciste italien, de poursuivre tous les antifascistes récalcitrants...

Lors des campagnes antisémites et anti-sectes, les articles de presse reprennent mot à mot les mêmes phrases en développant les mêmes arguments. La même iconographie reprend image par image les mêmes symboles. C'est proprement sidérant. On présente la carte d'implantation des Juifs comme on le fait de celle des sectes. Le discours est le suivant : *« Les juifs se camouflent et les sectes avancent masquées. Les uns et les autres sont partout : ils infiltrent tous les rouages de la société telles les tentacules de la pieuvre ou la toile d'une araignée géante. Il faut mettre un terme à l'invasion juive et à celle des sectes qui sont une menace pour la jeunesse. Les uns et les autres n'en veulent qu'à l'argent des Français. Le juif ne peut s'empêcher d'être immoral et le gourou lubrique. Bien sûr, les juifs, comme les sectes, et les sorcières d'ailleurs, se livrent à des rituels où des enfants sont assassinés... »* Dans *Le Juif schizoïde,* éd. Fayolle, LEFORT explique que les Juifs sont atteints de schizophrénie dans 64,7 % des cas et le docteur CLARCK, théoricien de la psychiatrie anti-secte, estime qu'environ 58 % des adeptes sont des personnalités schizoïdes.

Les démocrates candides trouveront sans doute qu'il est abusif de faire un parallèle entre antisémitisme et antisectarisme, mais il est juste de dire que si les conséquences de ces deux idéologies sont incomparables, les techniques de désinformation utilisées sont du même ordre. Sous des masques idéologiques différents, les mêmes techniques sont au service du même processus d'exclusion : *« Il en va des sectes comme de la question juive selon SARTRE : ce sont les autres qui créent le phénomène*[45]*. »* Ce n'est pas un hasard si, der-

[45] *Idem,* Thierry Pfister.

nièrement, on a pu lire en France, sur une salle de culte jéhoviste : *« Jéhovah = Juif = même combat. »* Que les démocrates prêts à lapider les gourous s'informent avant de hurler avec la meute des inquisiteurs. Au début, personne ne voit ce qui s'approche. Les nazis ont insinué, sans trop en rajouter : *« Il y a des voleurs parmi les juifs »* puis, après une phase de décantation, ils ont fini par dire : *« Tous les juifs sont des voleurs. »* Les Allemands étaient perplexes car l'antisémitisme n'était pas majoritaire dans ces années-là. Puis, la propagande est devenue systématique dans les journaux, les écoles et les cinémas. Mais comme cela ne rend pas criminel un peuple habitué à vivre en bon voisinage avec les juifs depuis des générations, les nazis ont avancé l'idée qu'il serait préférable pour les deux communautés de vivre séparément. Une fois les juifs bouclés dans les ghettos, la propagande nazie eut les coudées franches pour insinuer que ces quartiers étaient des poches d'insalubrité et qu'il serait « plus humain » d'envoyer les populations juives à la campagne. Les convois commencèrent donc à partir sous les yeux de la population qui ne pouvait imaginer la destination du voyage. Un matraquage intense est nécessaire pour persuader l'opinion de l'inacceptable. À celui qui détient le pouvoir médiatique tout est possible.

Nous savons qu'en faisant le parallèle entre régime totalitaire et campagne anti-sectes, nous risquons d'ulcérer certains démocrates convaincus qu'aucun rapport n'existe entre ces phénomènes. Toutes proportions gardées, les mêmes belles âmes ne croyaient pas non plus les premiers dissidents russes : indignée, toute l'*intelligentsia* de gauche fondit sur ces témoins pour les accuser d'anticommunisme primaire. Selon eux l'idéal communiste ne pouvait avoir accouché d'une telle monstruosité, comme aujourd'hui l'idéal laïque serait incapable d'un tel aveuglement. Aujourd'hui la pensée officielle fustige ceux qui osent dire que sous la bannière de la laïcité se réalise en fait un combat antireligieux. Selon le spécialiste des religions, Pierre BARRUCAND : *« La virulence des attaques contre une minorité paraît toujours abusive et inacceptable... après coup. Sur le moment très peu de gens échappent à l'intoxication de la peur engendrée par la propagande de quelques individus habités par une haine quasi pathologique et qui se nourrissent les uns les autres d'une idéologie de l'exclusion. »* Dans quelques années, quand les Français se réveilleront du délire anti-secte, ils chercheront des responsables et la machine médiatico-judiciaire jettera dans sa machine à lyncher deux ou trois noms pendant que tous les autres se rangeront du côté du manche en disant *« on ne pouvait pas savoir… »*

Le bouc émissaire

La quête d'une victime expiatoire est une profonde dynamique sociale : la paille dans l'œil des minorités permet à l'ensemble de la société de ne pas voir la poutre qui l'aveugle. Le bouc émissaire est le miroir sur lequel vous projetez tout ce que vous refusez chez vous. Que ce soit au niveau de l'argent, du pouvoir ou du sexe, tous les stéréotypes sectaires reposent sur cette stratégie du miroir : on accuse les minorités spirituelles des problèmes qui rongent la société en profondeur et qu'elle ne veut ni ne peut résoudre. Au cœur de toutes les persécutions, la désignation et le sacrifice d'un bouc émissaire permet ainsi d'exorciser les problèmes de la collectivité.

L'œuvre de René Girard est une réflexion sur le rôle fondateur de ce mécanisme sacrificiel de persécution. Selon lui, *« ...l'appétit persécuteur se polarise volontiers sur les minorités religieuses, surtout en temps de crise. »* La société a toujours entretenu une certaine ambivalence à l'égard de la spiritualité, c'est-à-dire des aspirations supérieures de l'individu. Ceux qui cherchent à développer cet aspect élevé d'eux-mêmes se heurtent à une résistance et à l'hostilité de l'environnement. Aujourd'hui, on va qualifier les boucs émissaires de « sectes ». La collectivité projette sur ces minorités tous les problèmes qui hantent l'imaginaire collectif. Devant la perte des repères et la décomposition des institutions, les gouvernants doivent désigner à la vindicte populaire une victime chargée d'expier tous les maux de la société. Plus les sociétés s'éloignent d'un ordre transcendant qui unifie les individus dans une adhésion aux mêmes valeurs supérieures et plus elles ont besoin de susciter un ennemi extérieur pour retrouver une cohérence. Au-delà de cette fonction évidente d'exorcisme, la répression contre « les sectes » a une fonction d'exemplarité : elle veut dissuader les masses de s'écarter du moule majoritaire.

Les groupuscules « anti-sectes » ne sont que l'expression contemporaine d'un obscurantisme qui a toujours existé. Ils ne font, somme toute, que recycler la même propagande qui a servi depuis le combat contre les gnostiques jusqu'aux pogroms et la Shoah. Le professeur COX a déterminé quatre thèmes récurrents dans les persécutions des religions minoritaires : la subversion de l'ordre social, la dissimulation, le mauvais œil et sa version moderne de lavage de cerveau, les déviations sexuelles.

Prenons le stéréotype des déviations sexuelles comme exemple pour montrer comment les inquisiteurs modernes projettent sur les minorités spirituelles des fantasmes sans rapport avec la réalité. Pour discréditer les minorités, on a, de tout temps, utilisé les accusations d'orgies sexuelles, de pédophilie, d'inceste, de magie noire, de meurtre rituel et même de cannibalisme. Selon Mircea ELIADE : *« De telles incriminations, devenues lieux communs, étaient reprises contre tous individus ou groupes accusés d'hérésie... Aucun chercheur ne saurait souscrire à ces accusations qui englobaient indistinctement les sorciers, les réformateurs et les mouvements – hérétiques – médiévaux, aussi bien que les premiers chrétiens et les diverses sectes. »* En faisant des sectes des lieux de débauche, les inquisiteurs modernes exploitent le filon sexuel comme l'ont fait leurs prédécesseurs. Voici leur définition du mot sexe, extraite du *Dico des sectes* écrit par le CCMM : *« Autorisé, justifié, encouragé jusqu'à la prostitution, comme moyen de prosélytisme, le sexe est au centre de maints discours sectaires et le lieu d'assouvissement des perversions du gourou. »*

Il est vrai que, sur des milliers de groupes, une poignée de leaders ont pu profiter de leur pouvoir pour dépasser les limites de la morale et de la loi. Dans une atmosphère de sexualité exacerbée qui a conduit à des déviances, il y eut, au début des années 80, plusieurs plaintes d'attentats à la pudeur sur mineurs contre les Enfants de Dieu et Moïse DAVID. Ce dernier a été reconnu coupable de tels agissements par les adeptes eux-mêmes, qui ont fait leur autocritique. Dans des conditions sur lesquelles on peut s'interroger, Gilbert BOURDIN du Mandarom avait été mis en examen pour des affaires de mœurs. Celle qui l'accusait a changé plusieurs fois d'avis et cet homme est mort en 1998 avant d'avoir été jugé. En ce qui concerne les membres des mouvements spirituels, on ne peut rien généraliser : ce n'est pas parce que certains se livrent à une pratique délictueuse que le mouvement auquel ils appartiennent doit être condamné. Est-ce parce qu'un certain nombre de prêtres sont coupables de pédophilie qu'on doit en rendre l'Église responsable ?

Dans l'ensemble, la plupart des organisations spirituelles et religieuses que nous avons rencontrées sont plutôt rigides en ce qui concerne la morale sexuelle. Ces constatations effectuées sur le terrain sont confirmées par Anne MORELLI[46] : *« Le puritanisme est davantage en vogue aujourd'hui dans la plupart des sectes que ne l'était le «*peace and love*» autrefois. Bien sûr, on trouvera encore l'un ou l'autre groupe de défoulement thérapeutique pas trop regardant sur la morale conjugale ou de classiques attirances et adultères par-ci par-là. Mais d'après mes expériences de 90 groupes que nous avons suivis, on n'en trouve pas davantage sans doute que dans n'importe quelle paroisse ou section du parti socialiste. »* Nous affirmons pour notre part qu'il y a, en proportion, infiniment moins de problèmes de mœurs dans les minorités spirituelles que dans l'ensemble de la société ou dans les religions institutionnelles. Selon Carine HUTSEBAUT[47], criminologue belge, qui prépare une étude pour le ministère français de la Justice, 25 % du nombre total d'enfants européens subissent des abus sexuels. L'Europe compte 86 000 pédosexuels qui font chacun 120 à 200 victimes au cours de leur vie.

Pour 1996, la police française recense 11 500 victimes sexuelles mineures. Il y aurait, en France, 50 000 enfants maltraités, dont 80 % de moins de trois ans. Environ 700 meurent chaque année de mauvais traitements. L'écrasante majorité de la violence sur enfants est vécue à l'intérieur des familles alors que moins de 40 % des abus sexuels incestueux sont révélés et que quatre millions de femmes sont battues... Un quart des femmes en Europe sont victimes de violences selon la ministre allemande de la Condition féminine. En France, une ligne téléphonique pour les enfants victimes de violences familiales recueille 700 appels par jour. Cette poussée de violence peut se comprendre, entre autres, par le rôle des médias puisqu'une étude d'universitaires américains explique qu'un jeune téléspectateur américain a ingurgité à 16 ans, 33 000

---

[46] *Idem.*

[47] *in L'Ogre intérieur,* de Christiane Olivier, Fayard.

meurtres issus de 200 000 bagarres, scènes de tortures, de ménage, de viol ou d'inceste.

Certains prêtres catholiques qui brandissent l'épouvantail sectaire feraient bien de balayer devant, mais aussi derrière leur porte : le célibat des prêtres est à l'origine de nombreux désordres sociaux. Selon Anne MORELLI : *« On sait que nombre de ces hommes, énervés par le célibat forcé, se livrent à la pédophilie. La répression sévère de la sexualité ouvre en effet la porte ouverte à toutes les pathologies. Des églises catholiques réalistes, comme les églises américaines et canadiennes, ont d'ailleurs prévu des fonds spéciaux pour indemniser les victimes de prêtres pédophiles, prêtres qui seraient à 20 % poussés à cette tendance*[48]*. »* En 1988, aux États-Unis, des procès étaient en cours contre des prêtres pédophiles dans 188 diocèses alors qu'un millier de plaintes étaient déposées au Canada par les membres des communautés indigènes victimes d'abus sexuels dans des écoles catholiques. On a ouvert en Belgique une ligne téléphonique pour les victimes des prêtres pédophiles. Certains murmurent que c'est pour étouffer les affaires... Wim C., l'une des victimes d'un prêtre belge, le père Joris HORVAT, reconnu coupable de pédophilie par la Justice mais non condamné, s'est fait lui-même justice en tuant à coups de pied son bourreau alors qu'il disait la messe. En deux ans, aux Pays-Bas, 79 ecclésiastiques ont été dénoncés sur une ligne similaire. Bien sûr, dans notre hypocrite hexagone, tout ceci n'existe pas, ni les prêtres pédophiles, ni les victimes... Mais quel scandale si un millième de ces actes répréhensibles s'effectuait au sein d'une « secte » ! Ce bilan terrible du dysfonctionnement social n'empêche aucunement les officines anti-sectes d'accuser les minorités spirituelles de toutes les perversions que la société refuse d'assumer. Selon le principe du miroir, chaque accusation contre un bouc émissaire exprime la problématique particulière de son persécuteur. Les accusations concernant la violence sexuelle proviennent souvent de milieux cléricaux et d'associations familiales : on vient de voir ce qu'il faut penser de la responsabilité du clergé et des familles en ce domaine. Les accusations concernant l'argent proviennent le plus souvent de réseaux politiciens corrompus. Les accusations concernant la manipulation sont relayées par

---

[48] *Idem.*

des médias dont la désinformation représente trop souvent le fond de commerce. Les accusations concernant l'infiltration de l'État proviennent de réseaux discrets, implantés au cœur du pouvoir et organisés en lobby pour défendre leur position. Nous pourrions ainsi énumérer les divers griefs qui amènent à persécuter un innocent et nous nous apercevrions que, la plupart du temps, ils expriment une culpabilité de la part de l'inquisiteur. En étudiant l'histoire, nous sommes étonnés de voir comment des innocents ont pu être persécutés pour des raisons qui apparaissent complètement absurdes aujourd'hui mais qui correspondaient à l'époque à un indispensable exorcisme collectif. Alors qu'aujourd'hui les mêmes mécanismes sont à l'œuvre sous nos yeux la société n'a pas le recul nécessaire pour comprendre ce processus de catharsis sociale.

L'inquisition psychiatrique

On constatera que, au fur et à mesure que les sociétés perdent leurs repères religieux, les prêtres sont remplacés par une nouvelle caste de clercs chargés de l'autorité, de l'élaboration des normes sociales et de leur contrôle. Les cadres du parti unique ont été les nouveaux prêtres des messianismes politiques. Ceux-ci ayant tourné au désastre, ce sont les techniciens qui se sont peu à peu emparés du pouvoir sur la base d'un modèle technocratique de l'homme et de l'univers. C'est ainsi qu'on est progressivement passé d'une inquisition religieuse à une inquisition idéologique de type totalitaire puis aux techniques actuelles, psychiatriques et médiatiques.

Les régimes totalitaires ont utilisé les progrès scientifiques et les nouvelles techniques pour augmenter leur contrôle sur les masses. Les nazis étaient passés maîtres dans la mise en scène de grands rituels manipulateurs alors que les communistes réalisaient des études sur la guerre psychologique ainsi que sur le contrôle mental des individus et des foules. C'est dans ce cadre que les Russes ont systématiquement utilisé l'arme psychiatrique comme instrument de répression politique. Tout opposant était identifié à un dangereux *« schizophrène avec syndrome paranoïaque exprimé dans des discours idéologiques »*. Suite à l'endoctrinement intensif des prisonniers de guerre américains en Corée et en Chine, un petit nombre d'entre eux était revenu avec des convictions communistes. Les

Américains ont cru que les communistes avaient découvert une méthode de « lavage de cerveau » qui permettait un retournement idéologique. Alors, avec une centaine de psychiatres, la CIA mit en place des programmes pour étudier les techniques de contrôle mental afin d'en faire une arme de guerre au service d'objectifs de défense et de renseignements. Les services secrets ont inventé une nouvelle science, la psychopolémologie, qui étudie les possibilités de contrôle des populations pouvant être utilisé lors de conflits armés. C'est en ce sens que de nombreux services secrets se sont intéressés par la suite à l'étude des dynamiques de groupe et des transformations comportementales qui pouvaient exister au sein des minorités spirituelles.

Les psychiatres qui sont à l'origine des recherches sur le « lavage de cerveau » avaient une conception très simpliste et très mécaniste de la psyché humaine, qu'ils réduisent à un ensemble de fonctionnements cérébraux. Selon cette conception, toute information est inscrite dans le cerveau humain comme sur une bande magnétique qu'il suffirait d'effacer en utilisant massivement électrochocs et neuroleptiques avant de réinscrire les informations voulues. C'est ainsi que furent expérimentées des combinaisons de drogues hyperpuissantes, d'hypnose et d'électrochocs. Il s'agissait de rattraper le retard présumé sur les Russes et si possible de les devancer dans les techniques de déstabilisation et de programmation psychologiques.

La CIA finança massivement le projet connu sous le nom de « MK Ultra », qui devait permettre de percer le mystère de la manipulation mentale. Le docteur CAMERON, directeur de l'*Allan Memorial Institute* à Montréal, centre d'enseignement psychiatrique le plus réputé d'Amérique du Nord, fut désigné pour diriger ce projet. Connu pour ses méthodes dures, c'était un fervent adepte de la lobotomie et des expérimentations sur le LSD 25 et, dans certains cas, des électrochocs à haute intensité. Sous ses ordres, une patiente en subit plus de 1 000 en un an. C'est dans le cadre du programme MK Ultra que CAMERON enregistrait les confessions de ses patients et sélectionnait ce qui lui paraissait être l'origine d'une faille comportementale chez le malade. Puis, il le coiffait d'un casque et obligeait le patient à écouter jusqu'à 18 heures par jour sa propre voix qui débitait inlassablement sa confession afin de le reprogrammer correctement. Le livre de Gordon THOMAS intitulé *Enquête sur les manipulations mentales* rend compte du calvaire enduré par des centaines de patients qui furent transformés en cobayes involontaires dans le cadre des recherches militaires sur le contrôle mental. De nombreuses victimes furent détruites à jamais par ces expériences. Le docteur Ewen CAMERON jouissait d'une réputation internationale qui l'amena au poste de président de l'association mondiale de psychiatrie. Ceci n'empêcha pourtant pas le gouvernement américain de verser, en 1988, 750 000 dollars de dommages et intérêts aux ex-patients qui portèrent plainte contre lui. Le plus étrange est que le docteur CAMERON, père du programme MK Ultra, avait participé à l'élaboration du Code de Nuremberg, après la Seconde guerre mondiale, qui mettait hors la loi toute forme de mauvais traitement médicalisé !

C'est, nous le verrons, dans le cadre du programme MK Ultra que furent expérimentées des techniques de contrôle mental dans la communauté du Temple du Peuple au Guyana. Il se trouve par ailleurs que des émules du docteur CAMERON sont à l'origine de mouvements anti-sectes aux États-Unis. Parmi ceux-ci, Louis WEST fut membre du bureau de l'AFF – *American Family Foundation* –, chargée de lutter contre les mouvements minoritaires en développant des recherches psychiatriques sur les modifications du comportement. Le but des anti-sectes et du docteur WEST était de faire adopter une nouvelle législation permettant aux professionnels de la santé mentale de traiter les membres des minorités religieuses. La proposition de WEST prévoit donc que toute personne ayant fait l'objet de persuasion de la part d'une minorité spirituelle puisse être mise sous une tutelle provisoire par décision d'un juge sur demande d'un parent, d'un ami, etc. Cette même proposition de mise sous tutelle avait été reprise dans le rapport VIVIEN. Pour WEST, l'adhésion aux groupes minoritaires serait une « névrose traumatique » et, pour CLARK, autre psychiatre ayant collaboré aux programmes de la CIA, les effets de la conversion religieuse seraient *« … comparables aux troubles provoqués par l'épilepsie du lobe temporal »*. Puisque la Science vous le dit, vous n'avez qu'à le croire…

Les arguments de certains psychiatres qui animent en France la campagne anti-sectes depuis vingt ans ne sont idéologiquement pas si éloignés des théories de CLARK, par exemple quand le docteur

ABGRALL établit ce diagnostic au sujet d'un membre d'une minorité spirituelle : *« Cette jeune fille présentait un délire mystique doublé d'un sentiment de communication avec l'au-delà et avec le cosmique*[49]*. »*

Tout ceci a un petit air de déjà vu et se situe dans la droite ligne du docteur William SARGANT qui inventa le terme « lavage de cerveau » et déclarait en 1953: *« Si les traitements modernes avaient existé, Loyola et saint François d'Assise auraient poursuivi leur carrière militaire. Peut-être, plus tôt, Jésus-Christ serait simplement retourné à son métier de charpentier. »* Dans une étude diffusée par l'Adfi, CLARK affirme que les sectes provoquent des lésions cérébrales : *« Il faut dire que s'il y a une schizophrénie évidente et classique chez la plupart des convertis, leur état mental ne réagit pas aux médicaments anti-psychotiques. Ce n'est pas par ces méthodes que le psychologue peut rétablir un processus de pensée normale. »* En France, l'arme psychiatrique tient également une place importante dans l'arsenal anti-secte. Les « experts » reconnus par les autorités administratives en matière de nouveaux mouvements religieux sont psychiatres et criminologues. Ils se vantent publiquement de tout ignorer de la psychologie religieuse et transpersonnelle. Ces psychiatres sont souvent des militants anti-sectes qui pensent d'autant plus que les adeptes sont manipulés qu'il leur paraît inconcevable de vivre une expérience transcendante et d'adhérer de son plein gré à une communauté spirituelle.

Hier on se demandait comment on pouvait être Persan. Aujourd'hui, les idéologues anti-sectes affirment qu'on ne peut pas adhérer à des idées aussi étranges si on ne vous a pas lavé le cerveau. Toutes sortes d'arguments ont été avancés à l'encontre des « sectes » pour « expliquer » les raisons qui conduisent des personnes à entrer et à demeurer dans un de ces groupes. Parmi ces arguments, celui du « lavage de cerveau » ou de « manipulation mentale » permet de faire table rase de toutes les motivations exprimées par les membres jugés irresponsables parce qu'on leur aurait vidé la cervelle. Mais la théorie du lavage de cerveau a été complètement invalidée par les fédérations de psychologues et de sociologues américains, qui l'ont condamnée comme fantaisiste et ne correspondant à aucun critère scientifique. Après de longues

---

[49] *La Mécanique des sectes,* Abgrall.

investigations, on a conclu que foi, croyances et conversions n'avaient rien à voir avec des techniques de lavage de cerveau. Mais ce concept est encore très présent dans l'argumentaire des antisectes et le lavage de cerveau est la métaphore centrale de cet imaginaire paranoïaque.

Il faut dire que les groupes spirituels constituent une grande concurrence pour des psychiatres censés trouver les remèdes au mal de vivre des citoyens. Ces mouvements proposent des alternatives qui remettent le pouvoir psy en question de manière très radicale. Il faut savoir que la France est le pays qui consomme, de très loin, le plus de psychotropes et que la misère psychique est à l'origine d'un très gros business. Plus d'une femme sur cinq souffre d'un trouble psychique (insomnie, anxiété ou déprime) contre un homme sur dix. En France, 13 % de la population (sept ou huit millions de personnes de tous âges, y compris des nourrissons) consomment quotidiennement et à long terme des psychotropes. Selon l'OMS, la France compte parmi les pays les plus concernés par les problèmes de dépression avec quelque 16 % de la population touchée contre 9 % en Allemagne et 5 % aux États-Unis... La France est le quatrième pays industrialisé, derrière les Pays Baltes, la Russie et la Hongrie en ce qui concerne le taux de suicide.

Nos enquêtes prouvent que les membres des minorités spirituelles échappent aux antidépresseurs et aux autres drogues. Ils sont généralement en meilleure santé que la moyenne de la population dans la mesure où ils échappent au conformisme de la consommation pharmaceutique de masse. Ceci explique pourquoi l'industrie pharmaceutique a déclaré la guerre à des minorités qui représentent un danger pour son commerce. Il est évident que nombre de troubles psychiques sont les conséquences d'une crise d'identité dont la source est la perte de repères spirituels qui seuls pourraient donner un vrai sens à la vie. La psychiatrie réduit l'élément spirituel à une dimension psychophysiologique traitée à coup de médications chimiques...

L'idéologie psy

Nombreux sont ceux qui vivent de la misère psychique des autres. Les combattants les plus acharnés des minorités spirituelles se trouvent dans les sphères psy (psychothérapie, psychiatrie, psychanalyse) qui, majoritairement, ne reconnaissent pas à l'être humain une dimension surconsciente. Ce qui fait dire à une psychologue liée à la lutte anti-secte : *« Un membre d'une secte n'est pas une personne authentique* ! »

Deux visions antagonistes s'affrontent : la tradition spirituelle et l'idéologie psy, une idéologie athée du psychisme. La spiritualité, quelle qu'elle soit, propose une vision globale de l'être humain qui intègre la dimension divine en l'homme, alors que l'idéologie psy est une approche mécaniste qui dénie toute transcendance. Un véritable fossé culturel sépare ces deux conceptions du monde. FREUD est un des pères fondateurs de cette idéologie, qui réduit le spirituel au psychique et le psychique au pathologique. Dans sa conception enthousiasmante de l'humanité, la guérison consiste à transformer *«la misère hystérique en malheur banal »*. Dans son livre *L'avenir d'une illusion* datant de 1928, FREUD écrit : *« La religion serait la névrose obsessionnelle universelle de l'humanité. »* Plus loin, on trouve : *« Nous n'avons pas à nous étonner outre mesure de la faiblesse intellectuelle de quiconque est une fois parvenu à accepter sans critiques toutes les absurdités que toutes les doctrines religieuses comportent et à fermer les yeux devant les contradictions qu'elles impliquent. »* On peut comprendre alors que bon nombre de psys cherchent, dans leur lutte anti-sectes, à combattre bien autre chose que les soi-disant manipulations dues à des pratiques « cultuelles » ou religieuses, mais bien le sentiment religieux lui-même considéré comme l'« opium des névrosés ».

Et, dans ce combat, l'arme de la maladie mentale est terrible. Comme l'explique Stephen CHOROVER, professeur au *Massachusetts Institute of Technology* : *« Quand le concept de maladie mentale est appliqué au comportement, ce même comportement devient invalide. Vous et moi, nous pouvons ou non être capables de défendre notre comportement de façon adéquate et efficace. Il est possible de prouver que nous sommes en faute mais au moins nous avons la possibilité de défendre notre comportement. Mais supposer que quelqu'un est fou, c'est lui enlever le droit de défense que nous avons tous en tant que citoyens. Le concept d'invalidité est un instrument terriblement puissant qui peut être utilisé aussi contre les dissidents. Car, si un dissident est présenté efficacement comme étant fou, il s'ensuit que lui prêter attention n'a aucun sens. Du point de vue politique, l'invalidation du comportement politique d'un dissident «prouvant» que ce comportement est le fruit d'une maladie mentale est beaucoup plus efficace que la mort de ce dissident. Le tuer en ferait un martyr, le traiter de fou rend suspect tout ce qu'il dit et toute personne désireuse de suivre son exemple. »* Les Soviétiques des années-goulag l'avaient bien compris. Et de nos jours, les mouvements anti-sectes appliquent ce concept aux individus et aux groupes qu'ils veulent neutraliser. À partir de là, les psychiatres au service de la lutte anti-sectes servent de caution morale pour permettre aux parents de se décharger de toute responsabilité : *« L'utilisation faite par le mouvement anti-sectes de la figure de rhétorique du lavage de cerveau, équivaut à utiliser la science sociale comme prétexte au contrôle social. En acceptant cette métaphore, les parents cherchent à cacher la nature du conflit de valeurs entre leurs enfants et eux. "Nos enfants semblent rejeter nos valeurs uniquement parce qu'ils ont été mentalement déséquilibrés par des hommes mauvais." De cette façon, les parents peuvent s'absoudre de toute responsabilité pour la défection de leurs enfants. Plus encore, en utilisant le style scientifico-social pour expliquer le comportement déviationniste de leurs enfants, ils espèrent réussir, avec l'aide d'institutions (tribunaux et psychiatres) auxquelles ils cèdent leur autorité parentale, à ramener à eux les enfants qui les ont abandonnés, eux et leur monde[50]. »*

Le « deprogramming »

Les parents qui constituent le noyau fondateur de la ligue anti-secte s'inscrivent complètement dans ce schéma psychologique de déresponsabilisation. Aussi la psychiatrie se penchera-t-elle sur le berceau de l'Adfi. Le docteur CHAMPOLLION fut aidé dans la création de l'Adfi par le docteur BADICHE, membre du *Groupe d'études et de recherche appliquée en psychiatrie* constitué par le professeur PICHOT, ancien président de l'Association mondiale de psychiatrie comme le docteur CAMERON. Les travaux du professeur PICHOT consistaient à élaborer une modélisation informatique du diagnostic psychiatrique. Parmi les critères retenus pour effectuer cette modélisation figuraient l'origine ethnique et l'attitude religieuse des patients. Leur degré de croyance ou d'athéisme apparaissait comme

[50] *New Religions,* Anthony Dick et Thomas Robbins.

un critère d'antécédent psychiatrique. Ceci peut expliquer pourquoi, au début des années 70 et au mépris de la loi, les militants de l'Adfi importent les techniques de *deprogramming*, mises au point aux États-Unis, par l'intermédiaire des associations anti-sectes. Qu'est-ce que cette méthode de *deprogramming* qui s'inspire des théories sur le lavage de cerveau des années 50 ?

La recette est simple : vous kidnappez le membre d'une minorité spirituelle et vous le soumettez à une « déprogrammation » pour qu'il renie ses croyances. La victime de la déprogrammation est coupée de tout contact avec l'extérieur. On dévalorise la croyance de la victime en piétinant l'image de son maître ou de son dieu, en crachant dessus ou en déchirant ses écrits, en infligeant à la victime des sévices psychologiques, physiques parfois sexuels qui en ont conduit plus d'une à l'hôpital psychiatrique ou au suicide. Selon CLARK : *« La méthode que l'on a appelée le "deprogramming" obtient généralement, si elle est bien faite, un succès relativement rapide. »* Les techniques de deprogramming furent, bien sûr, condamnées à de nombreuses reprises par les tribunaux américains, ce qui n'empêcha pas nos inquisiteurs français de les utiliser.

Ces techniques de *deprogramming* retrouvaient curieusement, d'une manière artisanale, celles, industrielles, de l'Inquisition. Ce n'est d'ailleurs pas un hasard. *« Dans une étude au titre significatif,* Déprogrammation : le nouvel exorcisme, *les sociologues américains SHUPE, SPIELMAN et STIGALL montrent comment le mouvement anti-secte cherche à donner à cette déprogrammation les caractéristiques de l'exorcisme catholique dans une version laïque et athée : la déprogrammation serait censée libérer les personnes de la possession résultant du lavage de cerveau. La déprogrammation consisterait à exorciser les personnes pour les libérer du démon de la secte introduit en eux par le lavage de cerveau. L'initiateur de ce nouvel exorcisme, Ted PATRICK, définit ses objectifs dans les termes suivants : "Le but du deprogramming est de rendre à la société les nouveaux convertis à des groupes religieux non orthodoxes, en les détournant de leurs nouvelles croyances."*[51]. »

L'inquisition psychiatrique est donc une modernisation des vieilles techniques ecclésiastiques. Le dogme psychiatrique tend peu

[51] *La nouvelle inquisition athée et psychiatrique*, G. et L. Solimeo.

à peu à remplacer la religion, puis l'idéologie dans le rôle de normalisation sociale. Il est d'ailleurs remarquable que les systèmes totalitaires, spécialisés dans les techniques de contrôle social, aient utilisé la psychiatrie dans la lutte contre les dissidents et les minorités spirituelles. La fonction de normalisation sociale, qui est celle de la psychiatrie, consiste à conformer l'individu aux normes majoritaires en le castrant bien souvent de sa richesse subjective et spirituelle. Un certain nombre de personnes ayant vécu de fortes expériences transcendantes ont été traitées par électrochocs ou psychotropes. Et ceci jusqu'au jour où, en lisant des témoignages de personnes ayant vécu des expériences similaires, elles ont compris que les frontières de la norme sont souvent destinées à neutraliser toute originalité créatrice et toute inspiration transcendante.

Chapitre 7

L'inquisition médiatique

Le journaliste,
un sous-officier de gendarmerie abruti
qui tire sur tout ce qui bouge !
Jean Edern HALLIER

Il semble que, devant un certain nombre de scandales et de procès générés par les techniques de *deprogramming*, les officines anti-sectes se sont plutôt orientées vers une stratégie d'inquisition médiatique qui s'inspire du modèle maccarthyste. Mme OVIGNEUR ne s'est pas contentée de ses expériences de *deprogramming*. Elle fut aussi l'héroïne du premier grand reportage télévisé sur les sectes en France dans le magazine Envoyé Spécial. On y mettait en scène le combat titanesque d'un gang de bigotes nordistes contre un ogre sectaire d'autant plus dangereux qu'il était invisible... Cette mutation de la mamie déprogrammeuse en star d'inquisitcom exprime bien la nouvelle stratégie anti-secte : devant les problèmes juridiques rencontrés par le *deprogramming*, la stratégie de lynchage médiatique fut jugée plus productive.

En fait, le lynchage médiatique n'est rien d'autre qu'un *deprogramming* de masse qui consiste à susciter la peur, à dénigrer les leaders, à diaboliser les groupes et à ridiculiser leurs doctrines à partir des techniques de désinformation moderne fondées sur l'amalgame et l'exploitation du sensationnel. Pour être efficace, la propagande ne doit pas s'encombrer de subtilités, ni permettre la réflexion. Elle doit s'adresser au plus grand nombre en jouant sur la gamme réduite des instincts de base et des émotions passionnelles. Il est très important pour les inquisiteurs de dramatiser le phénomène d'expansion des minorités spirituelles. On a donc avancé l'idée que l'atomisation de la vie spirituelle mettrait la société en péril. Ne pouvant appuyer cette idée sur des faits et des études sérieuses, on a diabolisé quelques groupes sur la base d'accusations portées par des témoins pour le moins suspects. Il est évident que, si les inquisiteurs du passé avaient connu la télévision, ils auraient utilisé les bûchers médiatiques contre les cathares et autres hérétiques. De même que les psychiatres américains s'inspirèrent des techniques de contrôle mental expérimentées par les régimes totalitaires, MC CARTHY, fondateur de l'inquisition médiatique, recycla les méthodes de propagande mises au point par ces mêmes régimes en les adaptant à un espace politique qui se voulait démocratique.

Le modèle maccarthyste

Dans la revue *Panoramique*, consacrée au lynchage médiatique, Jean-Paul GABILLIET analyse ce que fut le maccarthysme : *« L'anticommunisme fonctionna rapidement comme la religion civile de l'Amérique, renforcée par les tensions internationales et la pression psychologique collective instaurée par la peur de l'arme nucléaire. C'est pourquoi les persécutions de la chasse aux sorcières ne déclenchèrent jamais aucune protestation publique de grande ampleur*[52]*... »*

À la tête de la croisade anticommuniste, le sénateur MC CARTHY déclencha une chasse aux sorcières qui fit des milliers de victimes. L'historienne Ellen SCHREKER étudia la mécanique inquisitoriale des commissions d'enquêtes parlementaires qui eurent un rôle important. Elle mit en évidence *« ...la "procédure en deux temps" qui permettait à la collectivité d'exclure des boucs émissaires tout en diluant la responsabilité des uns et des autres, à l'image de l'inquisition qui brûlait les "sorcières" pour la plus grande gloire de l'Église. Au cours de la première étape, la phase d'"identification", étaient mises en lumière les activités "subversives" passées et présentes des témoins ; la fiabilité des enquêtes réalisées à cette occasion était très variable, car elles reposaient souvent, sous le sceau prestigieux du FBI et d'autres agences fédérales ou celui, bien moins prestigieux, d'enquêteurs privés ou de «témoins professionnels» (d'anciens communistes qui monnayaient ainsi leur repentir, voire étaient payés pour donner des noms qui leur avaient été communiqués par le FBI), sur des ramassis de rumeurs, de vieilles coupures de presse ou d'annonces*

---

[52] « Ce que fut le maccarthysme », *in Le Lynchage médiatique,* Jean-Paul GABILLIET.

de meeting. C'est dans la deuxième étape, la phase de "sanction", que le pouvoir dévastateur des médias s'exerçait sur les suspects. »

Le maccarthysme légitima le critère de « culpabilité par association » pour accuser tous ceux qui étaient liés à un groupe considéré comme subversif. C'est ainsi que furent progressivement dénoncés comme hérétiques tous les réformistes, progressistes et même militants antifascistes. Des listes noires empêchaient certains artistes de Hollywood de travailler et des consultants privés tenaient à jour la liste de ceux qui étaient de « vrais américains » comme on parlait des « vrais français » dans la campagne antisémite vingt ans plus tôt sous Vichy. Maccarthystes et antisémites utilisent les mêmes méthodes pour discréditer leurs adversaires : liste noire, délation, campagnes de presse sordides, dénonciations, culpabilité par association, témoins professionnels, exclusion de l'administration… L'histoire est vraiment un éternel recommencement : ceux qui sont bien informés sur la chasse aux sectes y retrouveront toutes les recettes mises en œuvre par les inquisiteurs modernes, commission parlementaire comprise… Devant la similarité des méthodes entre antisémitisme, maccarthysme et antisectarisme, certains soupçonnent les animateurs de la campagne antisecte de s'être largement inspirés de leur modèle américain. *« MC CARTHY éleva la nuisance au rang de grand art parce qu'il maîtrisait naturellement l'arsenal rhétorique des démagogues. Mais il savait surtout détourner à son profit les mécanismes de la presse. »* Sa qualité de sénateur lui permettait effectivement de faire passer pour des faits n'importe quels rumeur, préjugé ou opinion. *« D'où un flot de déclarations abracadabrantes que les journalistes reproduisaient en première page par attrait mécanique du sensationnel et parce qu'à leur avis, toute déclaration d'un sénateur méritait d'être rapportée, quel qu'en fût le contenu... Ainsi se propageait le venin d'une désinformation destinée à saper la légitimité de l'administration démocrate[53]. »*

MC CARTHY faisait ses conférences de presse juste à l'heure du bouclage, de sorte que les journalistes n'avaient pas le temps de vérifier ses dires. Les gros titres sortaient le lendemain dans la presse. Il était trop tard, le mal était fait. En suivant la même logique aujourd'hui, des hommes politiques français profitent de leur immu-

[53] *Idem*, Jean-Paul GABILLIET.

nité pour faire des déclarations tout aussi délirantes. Jacques GUYARD, le rapporteur de la commission sur les sectes avoue : *« L'avantage de parler en tant que parlementaire, c'est, vous le savez, que l'on ne peut pas être poursuivi pour l'émission de ses opinions quand on parle en tant que parlementaire*[54]*. »* Voilà au moins qui a le mérite de la franchise. Parlementaires, diffamez en toute quiétude, la loi vous protège…

Guyana : un assassinat de masse

En France, c'est durant l'automne 1978, suite à ce qu'on a appelé le suicide collectif du Guyana où 909 adeptes de Jim JONES trouvèrent la mort, qu'eut lieu la première opération de lynchage médiatique à grande échelle contre les « sectes ». Les inquisiteurs surfèrent sur la vague d'une hystérie médiatique pour faire l'amalgame entre un certain nombre de groupes spirituels ou alternatifs et le Temple du Peuple de Jim JONES. Un article paru en septembre 1986, dans le magazine *Grands Reportages*, rend compte des coulisses de ce fameux suicide collectif du Guyana, qui n'est rien d'autre qu'un véritable « assassinat de masse » réalisé pour garder « top secret » le programme MK Ultra des services américains sur le contrôle mental : *« D'après la plainte déposée par les enfants du sénateur RYAN (assassiné sur place) et qui aux États-Unis explosa comme une bombe, le rôle de la CIA dans cette affaire fut double. Ce document judiciaire révèle en premier lieu que non seulement les agents de la CIA s'étaient infiltrés parmi les colons du Temple du Peuple, mais que l'un d'eux était le bras droit de Jim JONES. Il révèle en second lieu que les services secrets utilisaient ces malheureux comme cobayes involontaires d'expériences illégales de contrôle mental menées dans le cadre du programme "MK Ultra" et qui comporte entre autres conditionnements divers, lavages de cerveaux, expérimentations de drogues hallucinogènes (dont des quantités massives ont en effet été découvertes dans les locaux de Jonestown après le drame)... S'il (Jim JONES) tenta de mettre en œuvre son conditionnement de suicide collectif, on sait maintenant qu'il échoua. L'atroce cérémonie fut en partie enregistrée et le moins que l'on puisse dire est que les " suicidés " n'étaient pas*

[54] *Sectes, Mensonges et Idéaux*, Luca et Lenoir.

tous consentants... On sait encore que la plupart d'entre eux ne se sont pas empoisonnés en buvant bon gré mal gré au chaudron satanique, mais qu'ils ont été piqués à l'aide d'une seringue à l'épaule ou au bras (700 corps portaient la marque), que cela s'est fait sous la menace des armes et que beaucoup sont morts par balles... Qui ose encore parler de suicide massif au Guyana ? » L'épouvantail du Guyana que l'on a tant de fois ressorti de son placard pour affoler les populations et les monter contre les « sectes », ne serait en fait qu'une grande manipulation dénoncée par les enfants du député RYAN. *« Fait intéressant, Patricia RYAN, la fille de Léo RYAN, et militante anti-secte depuis le début des années 80, a abandonné le point de vue anti-sectes dans l'affaire Jonestown et a accusé le gouvernement des États-Unis (dans une action qu'elle a lancée contre la CIA) d'être responsable de la mort de son père*[55]*. »*

Issus de recherches personnelles, des services de l'État et d'agences gouvernementales, de nombreux documents sur l'affaire du Guyana, restent inaccessibles pour des raisons de sécurité nationale... Ce qu'on fait passer pour un «suicide collectif» est du pain béni pour l'inquisition moderne, qui canalise la psychose collective déclenchée par ce massacre contre tout ce qui, ressemblant peu ou prou à un groupe organisé, pouvait servir de bouc émissaire. Cette flambée d'intolérance fit brusquement prendre conscience à de nombreux groupes minoritaires, parfois marginaux que, dorénavant, ils étaient considérés comme des sectes dangereuses, voire criminelles. C'est à cette époque que les officines anti-sectes peaufinèrent leur technique de « médiabolisation » en montant à la hâte des dossiers sur la base de délations, de rumeurs non vérifiées, de témoignages de troisième main et de propos sensationnalistes.

La chute d'IKOR

L'un des premiers techniciens de la « médiabolisation » fut l'écrivain Roger IKOR, ancien lauréat du prix Goncourt qui fonda le Centre contre les manipulations mentales en 1981 à la suite du suicide par pendaison de son fils Vincent lors d'un retour au domicile paternel à l'âge de 21 ans. Roger IKOR rend responsable de cette mort une « secte macrobiotique » qui, curieusement, n'existe pas.

---

[55] *Historique des associations anti-sectes aux États-Unis,* Gordon Melton.

IKOR a été le secrétaire général de ce groupe d'athées militants qui s'appelle l'*Union rationaliste*. La distance entre raison et rationalisme ressemble à celle qui sépare foi et fanatisme. Pour IKOR et les siens, l'homme et l'univers sont des machines sans âme et l'aspiration de l'esprit à des valeurs transcendantes relève tout simplement de la maladie mentale. Jeune homme idéaliste épris d'absolu, Vincent IKOR s'opposait au matérialisme d'un père qui ne voulait pas entendre parler de spiritualité et raillait ses idées généreuses. Une faillite éducative et une totale absence de communication entre le père et son fils sont à l'origine du déséquilibre psychologique qui causa le suicide de Vincent. Celui-ci indique dans ses notes, parfois écrites « après une défonce », qu'il était toxicomane. Il souffrait d'anorexie entrecoupée de crises de boulimie : à 21 ans, il pesait 42 kg. Roger IKOR mit cette dénutrition sur le compte du régime macrobiotique en oubliant de préciser que, à la fin de son service militaire, bien avant tout contact avec la macrobiotique, Vincent ne pesait que 46 kg pour 1,76 m. S'enfoncer dans l'anorexie était pour Vincent IKOR un appel au secours que son père n'a pas entendu. Voici d'ailleurs comment, dans les notes manuscrites de Vincent IKOR, le fils juge le père : *« Je suis né le 12 avril 1959... père écrivain, bourgeois, constipé, paranoïaque et mégalomane, asexué et impuissant, et de ma mère, alcoolique hystérique, dépressive, délirante et morte présentement des suites de son alcoolisme... Dernier rejeton d'une famille de cinq garçons, j'ai grandi dans une atmosphère lourde de drame étouffé et de drame réel... la cellule familiale bourgeoise type, avec tout le reniement de l'amour et de la sexualité, de la valeur de chacun au profit de l'impuissance paternelle qu'elle implique. Tout acte un tant soit peu réel, créatif et vivant se devait d'être clandestin [...] Le père est présent. Son immense orgueil, de même que son énorme ventre, par sa cupidité, arrivait à posséder la vie d'un innocent égaré sur le chemin de la tendresse. Il possédait et détruisait tout ce que l'enfant avait de plus cher. Le père, après avoir tué la mère, infligeait une vie de petit bourgeois à son fils qui n'en voulait pas. Lui est toute la formidable puissance, lui sait, lui règne, lui est sage et gras et fuyant pendant qu'une planète délire. Il a imposé sa destruction. »* Roger IKOR hurla sans aucune pudeur qu'une « secte » macrobiotique avait tué son fils, alors que, de toute évidence, il fut le principal responsable du déséquilibre psychique de son enfant et de sa fin tragique. Le père ne semble s'être intéressé à son fils qu'après sa mort, sur laquelle il a fondé une deuxième carrière, celle de pourfendeur de toutes les croyances. Ne désirant pas se mêler aux catholiques de l'Adfi, Roger IKOR crée donc le CCMM et écrit en 80 *Je porte plainte,* un réquisitoire contre la liberté de conscience. Les imprécations d'IKOR expriment une anti-spiritualité militante dont les arguments violemment antireligieux ressemblent étonnamment à ceux des bolcheviques. Le nom même de Centre contre les manipulations mentales exprime bien qu'IKOR se situe dans l'idéologie de normalisation mentale fondée sur l'inquisition athée et psychiatrique. Le goulag psychiatrique n'est pas loin...

Le délire de persécution d'IKOR suscita, en réponse, un ouvrage de Jean-Pierre WAQUET intitulé *C'est la faute à Arsène*[56]. Voici comment WAQUET interpelle IKOR : « *Certes, vous "portez" une plainte déchirante et le premier mouvement consisterait à respecter votre douleur en se taisant. Voire à admettre qu'elle vous égare. Mais votre cri n'est pas seulement un cri. C'est un acte d'accusation construit, une diatribe articulée. C'est aussi l'expression de vos préjugés, parfois de votre ignorance. Et c'est encore l'appel non déguisé à l'intolérance, à la répression... Vous montrez de façon éclatante, dans votre centaine de pages, comment on peut devenir à la fois pitoyable et dangereux. Et où peuvent mener, chez des parents, le refus du dialogue, la bonne conscience, le maintien des idées reçues, le manque d'imagination : à des ruptures de plus en plus béantes, de plus en plus irrémédiables avec ses enfants, que l'on voudrait modeler et non laisser choisir.* »

La démarche de Roger IKOR résume d'une manière exemplaire celle de nombreux militants anti-sectes : dans la très grande majorité des cas, des familles se lancent dans la lutte anti-secte pour fuir leur responsabilité vis-à-vis d'un échec relationnel. Plutôt que de se remettre en question, ils se déchargent de leur culpabilité sur une « secte » plus ou moins imaginaire. Nous avons dans nos dossiers des dizaines d'exemples de ce type. Roger IKOR va même jusqu'à inventer une « secte macrobiotique » qui n'existe pas pour se déculpabiliser d'un suicide dont il est manifestement le principal responsable selon les propos mêmes de Vincent : « *Ta présence est un assassinat, car la destruction en toi, par toi, pour toi, mais qui*

[56] *Les Lettres Libres 83.*

n'est pas de toi, déchaîne le tourbillon de l'autodestruction suicidaire qui m'habite... Mais la folie est là, pour toi qui ne comprends pas, et tu as tout le loisir de critiquer avec mes armes et de juger du beau cadavre que je ferai. » Toute la problématique sectaire figure dans ce qui ressemble à une tragédie moderne : un fils qui a une faim spirituelle et auquel le père ne donne que les cailloux d'une culture matérialiste, sans vie ni souffle. Devant le suicide de son fils et face à une culpabilité qui le mine, le père cherche un bouc émissaire et s'invente une secte qui n'existe pas. Tout est résumé dans cet exemple : le manque d'amour, de communication et de nourriture spirituelle chez le fils, puis la culpabilité, la violence contre un bouc émissaire et le délire de persécution chez le père.

Dans ce cas exemplaire, la « secte » est d'autant plus un fantasme que Vincent n'a jamais appartenu à aucun groupe et qu'il s'est contenté de suivre le régime macrobiotique comme l'ont fait à cette époque des centaines de milliers de personnes. Tous ceux qui adoptent un régime diététique sont-ils sous l'emprise d'une secte ? Dans les années 70, le régime macrobiotique eut son heure de gloire grâce à John LENNON qui en faisait la publicité. Dans la foulée des hippies, de nombreux cadres branchés adoptèrent ce régime en assurant que cela leur donnait une plus grande efficacité. Même le jeûne n'est pas dangereux s'il est effectué sous suivi médical et dans de bonnes conditions psychologiques, comme l'ont démontré des sportifs américains qui ont jeûné plusieurs semaines tout en continuant l'entraînement. Vingt ans après, à l'heure où la diététique et le régime végétarien rencontrent un succès de plus en plus important, on mesure bien l'énormité des propos d'IKOR aussi bien sur la diététique que sur le reste. Il n'y a pas plus de secte macrobiotique aujourd'hui que de sorcières hier. Le seul coupable du suicide de son fils, s'il existe, c'est Roger IKOR, avec toute l'incompréhension dont il a fait preuve et le mépris pour la quête intérieure de son enfant. Issu du mensonge qu'IKOR se fit à lui-même, le CCMM diffuse une idéologie de discrimination pernicieuse envers tous ceux qui n'acceptent pas le matérialisme dominant. Sa réputation d'écrivain et ses relations dans le monde politique ont fait de Roger IKOR l'un des principaux inspirateurs d'une campagne antireligieuse, qui a donné tous ses fruits vingt ans plus tard. Ce militant matérialiste et athée est un modèle pour Alain VIVIEN, qui va s'inspirer de son exemple et de ses propos en le remplaçant à la tête du CCMM.

La médiabolisation

Le cas IKOR comme celui du Guyana sont de bonnes illustrations d'une stratégie de diabolisation écrite par les officines anti-sectes et mise en scène par les médias. Cette stratégie de médiabolisation s'est développée en une vingtaine d'années à travers quatre phases tactiques : la rumeur, la désinformation systématique, le lynchage médiatique et l'officialisation de la répression.

Première phase : la rumeur

Nous avons vu comment la rumeur est alimentée par une campagne de délation organisée. Dès qu'un groupe propose une approche différente de l'être humain et de la vie, on projette sur lui tous les fantasmes qui travaillent l'imaginaire collectif : sexe, argent, pouvoir, manipulation. Tout ceci sera plaqué avec virulence et de manière fantasmagorique sur tous les groupes sans distinction. Sans aucun lien avec la réalité, la rumeur enfle d'une manière démesurée et introduit dans les consciences des accusations non vérifiées qui sont ensuite impossibles à contredire. Plus la rumeur est fausse et plus elle devient effrayante.

Deuxième phase : la désinformation systématique

Sur la base d'un cocktail explosif où se mélangent rumeurs et délations, les inquisiteurs établissent des dossiers et rapportent des faits distordus à partir d'incidents dérisoires. Quand les journalistes veulent traiter un problème concernant les « sectes », ils viennent puiser dans ces dossiers, repris mot à mot, sur le ton le plus sérieux du monde. Cela leur fait gagner du temps et leur évite tout effort intellectuel. Selon le sociologue Roland J. CAMPICHE qui a étudié le problème : *« Le mouvement anti-secte fournit les journalistes en matériau qui ne nécessite pas beaucoup d'adaptations pour être facilement ingéré par un public qui n'a pas beaucoup de goût pour la religion*[57]*. »*

---

[57] *Sectes et Démocratie,* Champion et Cohen.

Les associations anti-sectes se serviront ensuite de cette référence médiatique pour conforter leur discours. Le label « vu à la télé » sert de certificat d'authenticité. Et, passant de salles de rédaction en émissions de télévision, ce qu'il faut bien appeler des *conneries monumentales* paraîtront dans des livres pour échouer dans les commissions parlementaires et sur le bureau des ministres. Ne disposant pas d'autres sources d'informations, les responsables politiques vont prendre ces élucubrations comme argent comptant. À quoi bon vérifier les faits lorsqu'il s'agit de combattre l'irrationnel ? Va-t-on traiter l'irrationnel avec la raison ? Il vient très rarement à l'idée d'un journaliste ou d'un auteur de recouper ou de vérifier ces fausses informations, reprises de livres en articles, d'articles en émissions. Tous obéissent à la même logique médiatique résumée ainsi par HEARST, le magnat de la presse américaine : *« Ne permettez jamais que la vérité vous gâche une belle histoire. »* La peur fait vendre et n'importe quel pigiste inculte, sans emploi et sans culture, se fera passer pour justicier en écrivant son livre sur les sectes. Certains cherchent à exploiter un filon juteux et profitable en recopiant sans sourciller d'invraisemblables stupidités avec l'*imprimatur* des nouveaux censeurs. Dans ces articles comme dans ces livres, on retrouve les mêmes erreurs dans les dates et dans les faits, à la virgule près, avec le même souci de scandaliser plutôt que d'informer, avec l'intention de stigmatiser plutôt que de comprendre. Jean Edern HALLIER fustigeait *« ...les journalistes, pareils aux poulets d'usine qui absorbent leurs propres déjections, comme ils n'en finissent pas de réingurgiter leurs propres clichés »*. Nombre de groupes ayant fait l'objet d'articles de presse ou d'émissions télévisées n'ont la plupart du temps jamais rencontré l'ombre d'un journaliste. Quand ils l'ont fait, c'est à peu près toujours pour se retrouver, en finale, roulés dans la farine. Droit de réponse et déontologie sont absents des dictionnaires utilisés par les spécialistes de la désinformation. *Parano* ? Jean-François REVEL qui, entre autres, dirigea l'*Express,* fait ce croquis d'un milieu qu'il connaît parfaitement : *« Je n'ai jamais vu aucune profession, pas même la politique, plus aveugle devant l'écart quotidien qui sépare sa pratique de ses principes, plus mal renseignée sur elle-même et, à la fois, plus incurieuse et plus dissimulatrice de son propre fonctionnement. »*

Troisième phase : le lynchage médiatique

En voix *off*, la plupart des journalistes qui connaissent le dossier admettent que le délire anti-secte relève du coup monté et a pour but d'enfumer l'opinion. L'un d'entre eux nous a dit : *« On ne pourra pas redresser la vérité en ce qui concerne le problème des sectes parce que c'est une mode qui profite à tout le monde. C'est payant à tous les coups. Cela fait vendre des journaux, et ça dope l'audimat. On ne peut parler des sectes que sous un angle négatif. Il est absolument interdit d'indiquer ce qu'il pourrait y avoir de positif dans ces organisations. »* En 1952, en plein maccarthysme, Robert CARR écrivait : *« La presse est ce qu'elle est, et quand une société insiste pour chasser les sorcières... il est judicieux de penser que la presse emboîtera le pas et donnera à lire aux gens ce qu'ils semblent vouloir lire. »* Les médias traitent l'information d'une manière émotionnelle, superficielle et sensationnelle, alors que l'étude des minorités spirituelles demande de la culture, de la réflexion, et de l'expérience. Dans ce contexte, les médias sont incapables de rendre compte de la réalité complexe attachée à l'expérience spirituelle : *« L'intérêt premier des médias réside dans la dramatisation des faits – comme s'ils tenaient là un bon feuilleton policier ! La question du sens... intéresserait d'autant moins les médias qu'ils manifestent un déficit patent de culture religieuse ; cela les conduit à ne voir dans les groupes sectaires que croyances farfelues et comportements anormaux et frauduleux. Au niveau individuel, tout est présenté comme " comportement anormal " et soumission à un gourou et, au niveau collectif, comme blanchiment d'argent, trafic d'armes ou d'influence[58]. »*

Comme tous les démagogues, la stratégie des inquisiteurs est de flatter le cerveau reptilien où se nichent les instincts les plus archaïques. Pour cela, il faut créer des montages médiatiques qui vont déclencher les émotions les plus primaires : peur, haine, jalousie, vengeance... Cette stratégie s'appuie sur trois principes : dramatiser d'abord, puis dramatiser et enfin dramatiser pour réaliser un réflexe conditionné de répulsion fondé sur l'amalgame entre groupe spirituel et secte puis entre secte et crime. C'est un condi-

[58] *Sectes et Démocratie,* Champion et Cohen.

tionnement de type pavlovien. Les reportages montreront donc toujours les mêmes images de l'iconographie anti-secte chargées de criminaliser les minorités spirituelles à travers une série de clichés : cadavres des drames du Guyana et de Jonestown, mariages collectifs, gourous avec sceptre ou menottes, selon les cas, adeptes chantant dans les rues ou faisant du porte-à-porte… Pour le téléspectateur moyen qui n'a jamais été au contact direct d'une minorité spirituelle et dont la culture religieuse se limite dans le meilleur des cas au catéchisme de son enfance, voilà à quoi se réduit la formidable multiplicité des nouveaux courants spirituels…

Quatrième phase : la légitimation officielle

La dernière phase tactique est celle qui conduit à la légitimation officielle du discours anti-secte. De la masse des ragots accumulés on va extraire le nectar de la vérité définitive. Légitimer un discours, c'est trouver des relais et des porte-parole officiels qui donneront une autorité institutionnelle à un discours fanatique. On sait que les voix n'ont pas manqué dans le monde de la science, de la justice, du journalisme, de la religion et de la politique pour justifier la croisade antisémite du régime de Vichy. La haine pathologique du juif servait la carrière de l'antisémite. Il en est de même pour la croisade anti-secte : les institutions fournissent leur lot d'inquisiteurs officiels portés par la peur panique de cette transcendance qu'ils nomment « l'irrationnel ».

Il n'est qu'à jeter un coup d'œil dans le rétroviseur de l'histoire pour voir comment les tenants de l'institution ont très souvent été le bras armé des préjugés majoritaires. Ce ne serait, hélas, pas la première fois que des clercs ont ainsi été enrôlés – souvent en toute bonne foi – au service d'un terrorisme intellectuel qui s'est presque toujours transformé, par la suite, en violence sociale et physique. Qu'ils aient été procureurs staliniens, cadres politiques du parti unique, théologiens de l'inquisition, journalistes antisémites ou psychiatres diagnostiquant une schizophrénie chez les dissidents, tous se sont inscrits dans une même logique d'intolérance. C'est ainsi que prospèrent les « spécialistes auto-proclamés de la nouvelle inquisition » : avocats ambitieux, psychiatres ô combien experts en « manipulation mentale », politiciens en quête de virginité et de notoriété, pigistes au chômage, bigotes fanatisées, curés roublards, journalistes excités qui jouent aux justiciers. Chacun se présentera comme une autorité en matière de secte puisqu'en ce domaine le niveau de compétence est proportionnel aux préjugés et à l'inculture. En l'absence de diplômes et d'expérience, une ménagère militante sera hissée au rang de Jeanne d'Arc.

L'enchaînement de ces différents rouages crée un effet d'entraînement mécanique qui peut broyer groupes et individus en position de faiblesse dans la mesure où ils n'ont pas accès à un droit de réponse. C'est le point fort du système : interdire le débat.

Chapitre 8

La mafia des inquisiteurs

La démocratie n'est pas le pouvoir
donné au peuple pour le peuple,
mais le pouvoir donné au peuple sur le peuple.
FICHTE

Au début des années 80, les deux grandes organisations anti-sectes – l'une catholique et l'autre athée – se livrent à une surenchère alarmiste contre le péril des nouvelles hérésies. Il s'agit de protéger la France et les jeunes du plus grand fléau des temps modernes : les avatars du régime macrobiotique. Pour parvenir à ses fins, la nouvelle inquisition va matraquer l'opinion de messages délirants sur le péril des sectes. Il faut faire peur à tout prix. C'est ainsi qu'IKOR alerta l'opinion contre toutes les idées venues d'Orient, mêlant dans une même éructation indécente la philosophie orientale, les hippies, l'occultisme et toutes les croyances religieuses. Écoutons le fondateur du CCMM : *« Si nous nous écoutions, nous mettrions un terme à toutes ces billevesées, celles des sectes, mais aussi celles des grandes religions. On peut difficilement demander à la loi de trancher toutes les têtes de l'hydre ; ce serait pourtant la seule manière d'empêcher qu'une seule repousse*[59]. *» « Il n'y a pas, entre une secte et une religion, une différence de nature, ou plutôt de principe ; il n'y a qu'une différence de degré et de dimensions. »* Déclarations qui inspirent l'action du successeur d'IKOR à la tête du CCMM, Alain VIVIEN, actuel responsable de la mission interministérielle contre les sectes. Dès leurs origines, les officines anti-sectes transportent un programme de discrimination qui mettra une vingtaine d'années à se développer dans l'opinion publique pour aboutir à la phase actuelle où l'État se dote de structures officielles pour réprimer la pluralité spirituelle. Pour paraphraser IKOR, on pourrait dire qu'entre une poignée de bourgeois qui créent les mouvements anti-sectes et la mission interministérielle, il n'y a pas une différence de nature mais

[59] *Cahiers rationalistes,* décembre 1980.

simplement de degré et de dimensions... Comme Staline est l'héritier de Lénine, VIVIEN, héritier d'IKOR, ne fait que jouer une partition écrite par son prédécesseur. Les militants de l'Union rationaliste ont préparé le terrain à certains de leurs amis maçons du Grand Orient qui mènent le même combat antireligieux. Ceci n'avait pas échappé à PAUWELS qui avait souligné que, pour celui qui sait lire, le rapport VIVIEN est *« inspiré par l'Union rationaliste qui n'a rien oublié ni rien appris depuis l'expulsion des congrégations... Le soulèvement de l'opinion contre les sectes a pour conséquence désirée de disqualifier toute attitude religieuse. Cela est évident, et d'ailleurs avoué. Il n'y a que les naïfs et une part de l'épiscopat pour s'y laisser piéger. »*

Comment donc le Grand Orient et d'autres obédiences sont-elles entrées dans le courant d'inquisition initié par les catholiques pour l'utiliser contre la religion ? La mort accidentelle d'un jeune homme n'étant pas une raison suffisante pour changer les lois de la République, les militants anti-sectes vont chercher à entraîner la classe politique dans la croisade de « purification éthique ». Ils sollicitent certains élus mais la plupart des représentants de la République demeurent réfractaires à cette remise en question de la liberté d'opinion. En effet, le caractère confidentiel du phénomène sectaire ne justifie pas à leurs yeux des mesures liberticides qu'on refuse de prendre pour des drames autrement plus importants.

Cependant, les militants athées du CCMM trouveront des interlocuteurs dans la mouvance socialo-communiste qui arrive au pouvoir en 1981. Il existe à gauche tout un courant républicain antireligieux qui rêve de pouvoir prendre sa revanche sur une Église qui représente l'adversaire idéologique. Entre laïques et clergé, révolutionnaires et catholiques, la haine est réciproque et la « guerre des deux France » est déclarée. Alors qu'il y a peu de temps encore l'église catholique excommuniait les francs-maçons, ceux-ci manifestaient contre la venue du pape en France. La franc-maçonnerie, qui cristallise cet esprit laïque et républicain, jouera un rôle important dans la conquête du pouvoir par la gauche. Elle fera de la lutte anti-secte un cheval de Troie avant d'en faire un cheval de bataille pour mener son combat contre les idées et les institutions religieuses. Sa stratégie : renvoyer dos à dos sectes et Église comme deux marques concurrentes du même opium du peuple. Il s'agit de faire l'amalgame entre dérives sectaires et religions institutionnelles qui représentent pour les républicains les deux faces d'une même monnaie de singe. La venue au pouvoir de la gauche en France avec la cérémonie laïque de MITTERRAND au Panthéon représente une victoire de la religion civile sur la religion chrétienne. Pour les militants républicains, il s'agit de profiter de cette victoire pour ancrer définitivement la religion civile dans la conscience nationale. Pour cela il est nécessaire de discréditer l'adversaire idéologique et de lutter contre l'hégémonie chrétienne. La lutte contre les sectes permettra de discréditer l'esprit religieux en réalisant l'amalgame et la confusion entre sectes criminelles, minorités spirituelles et religions institutionnelles.

Il est à noter qu'une certaine tradition laïque se transmet de génération en génération le gène de la liste noire. Après La Loi de suspects de 1793, l'Affaire des Fiches avait éclaté sous la troisième république parce que les francs-maçons listaient les officiers qui allaient à la messe. En 85 paraît le rapport VIVIEN qui stigmatise les minorités spirituelles et dix ans plus tard, le rapport GUYARD établit lui aussi une liste de 300.000 suspects sur des critères tout aussi douteux.

Une secte au cœur de la République

Derrière les grands discours sur le combat pour la laïcité, se trouvent des arrière-boutiques où se préparent d'autres cuisines que celle des anges. Dans un article publié par l'*Express*, Ghislaine OTTENHEIMER dresse un portrait peu flatteur des dérives maçonniques, bien plus réelles et importantes que les prétendues dérives sectaires : *« À entendre certains membres éminents de la haute administration, la franc-maçonnerie, qui, jadis, incarnait la lutte en faveur des droits de la personne contre toute forme de pouvoir absolu, s'est transformée en féodalité conservatrice... "Ils ont colonisé l'État", affirme un haut fonctionnaire... De nombreux hommes de pouvoir s'en servent pour conforter leur position, intriguer, placer des pions... »* Un journaliste a écrit qu'une « secte était au cœur de la République » en parlant de la Scientologie. Si le titre est exact, il semble s'appliquer à un autre mouvement... En

France, on dénombre près de 120 000 maçons dont 5 000 considérés comme très influents. Dans son livre *Guerres Secrètes à l'Élysée*, Paul Barril décrit « quatorze ans de coups tordus » menée par la « police politique » de MITTERRAND. Durant ces années, Paul BARRIL prend connaissance d'*« un annuaire maçonnique où le nom de Gilles MENAGE côtoie ceux de nombreux hauts fonctionnaires de police, d'officiers de gendarmerie et, surprise, de deux responsables de la "cellule" élyséenne... Gilles MENAGE, directeur de cabinet de MITTERRAND disposait à cette époque d'un total contrôle sur les services de sécurité français, à travers la D.S.T. et les R.G. à l'intérieur, et le DGSE à l'extérieur... Même au KGB sous ANDROPOV, même dans l'Irak de SADDAM HUSSEIN, une pareille concentration de pouvoirs n'existait pas. »*

Quand on recoupe les informations disponibles, on s'aperçoit que, derrière les affaires politico-financières des deux septennats de MITTERRAND se trouvent un certain nombre de réseaux maçons. Le pouvoir occulte de ces réseaux est mis en lumière par Thierry PFISTER un autre connaisseur des secrets de la République : *« Comment prétendre explorer complètement les deux principaux foyers de corruption apparus ces dernières années – les financements politiques occultes et les liquidations d'entreprise par les tribunaux de commerce – sans traiter des amitiés maçonniques ? Plusieurs filières de pots de vin sur les marchés publics, impliquant aussi bien des élus de gauche que de droite, ont été bâties par des "frères" et n'ont fonctionné que grâce à ces réseaux et aux confidences échangées sous les colonnes du temple ou après les tenues. Le puissant lobby mis en place par les mandataires de justice et les magistrats consulaires n'aurait pas réussi, depuis vingt ans, à museler la chancellerie et à faire avorter les rares velléités de réforme sans son étroite imbrication avec les mondes maçonniques. »* Sachant que les responsables de la plupart des grands scandales immobiliers, associations pseudo-humanitaires, instituts de lutte contre le cancer, appartenaient au même lobby, on n'est pas étonné de découvrir qui agite l'épouvantail des sectes sur le devant de la scène pendant que les affaires continuent en coulisse.

La liste des frères ayant eu affaire avec la justice est impressionnante : BOUCHERON, NUCCI, CROZEMARIE, SCHULLER, MEDECIN, MOUILLOT ; REYT et MONATE, gérants respectifs de la

SAGES et d'*URBA-GRACCO*, deux pompes à finances pour hommes politiques ; Jean-Claude MERY, mis en examen dans le cadre des fausses factures des HLM de Paris ; Alfred SIRVEN en fuite et Roland DUMAS, président du Conseil constitutionnel, mis en examen dans le dossier Elf. Roger-Patrice PELAT, ami intime de MITTERRAND et Max THERET condamné pour délit d'initié dans l'affaire Péchiney... Pour des dizaines d'autres, parfois moins connus, qui ne se sont pas fait prendre, les affaires continuent.

Une partie de la franc-maçonnerie a perdu le sens de l'initiation, de ses symboles et de sa vocation spirituelle. Elle entretient en son sein des clubs d'affairistes qui la vampirisent en abusant de la confiance de leurs frères. Devant cette décadence, la grande majorité des obédiences et des loges tente de réagir. De nombreux hommes lucides et honnêtes sont écœurés et révoltés à la fois par la « mainmise des vautours ». Certains maçons estiment indécent que la franc-maçonnerie, combattue par Vichy et dénoncée par l'Église comme société hérétique, se range au côté de la nouvelle inquisition. Ils pensent que les attaques contre les minorités spirituelles sont indignes de la fraternité maçonnique universelle et voient dans l'émergence des nouveaux courants spirituels un retour aux valeurs fondatrices de la maçonnerie.

Fils de militant socialiste et ancien professeur d'histoire dans un lycée, Alain VIVIEN doit sa carrière politique à son ambition et au réseau maçon ou plutôt à celui-ci au service de celle-là. Surfant sur la vague rose, il sera simultanément élu conseiller général de Seine-et-Marne, député de la circonscription de Melun, conseiller régional d'Île-de-France, maire de Combs-la-Ville, avant de devenir en 1991 secrétaire d'État aux affaires étrangères. Ce spécialiste de l'Afrique au sein du parti socialiste tisse son propre réseau, composé de dirigeants africains, souvent maçons eux-mêmes. Les journalistes SMITH et GLASER parlent, dans *Ces Messieurs Afrique,* du « village très fermé franco-africain » : *« Le goût du secret est l'âme du village. C'est sans aucun doute pour cette raison que la franc-maçonnerie, surtout depuis l'arrivée aux affaires des socialistes, occupe le centre des cercles du pouvoir entre Paris et les capitales africaines. »*

En faisant partie du petit cercle socialiste spécialisé dans les affaires africaines, VIVIEN côtoie Guy PENNE, Jean-Christophe

MITTERRAND, Yves CHALLIER, Christian NUCCI et François de GROSSOUVRE. Dans un article intitulé *« Un secrétaire d'État au-dessus de tout soupçon »,* Pascal TEISSERE a réalisé une enquête sur la carrière d'Alain VIVIEN, qui montre comment celui-ci a été concerné de près par des affaires brûlantes touchant la coopération africaine : Carrefour du Développement et l'ACPI, Association pour la Promotion Communale Internationale. Sans entrer dans une foule de détails qui nécessiteraient la rédaction d'un chapitre entier, nous reprenons ici quelques informations issues d'une enquête que M. VIVIEN n'a pas contredite.

NUCCI, CHALLIER, Guy PENNE, VIVIEN, REYT, fondateur de la SAGES et les autres acteurs du Carrefour du Développement, d'URBA, de la SAGES échangeaient leurs secrets – ô combien initiatiques ! – à l'abri de la loge Victor SHOELCHER, domiciliée au Grand Orient de France. Ici, l'expression « délit d'initié » est particulièrement éloquente. Les 30 % de commission sur les affaires d'URBA ? Les 50 % sur celles de la SAGES ? Le Fond d'Aide et de Coopération (FAC), véritable gouffre où l'argent des contribuables tombait directement dans la poche des élus ? VIA France et les programmes immobiliers de la Ville Nouvelle de Melun-Sénart ? La liste est si longue que les parlementaires, de droite comme ceux de gauche, ont préféré voter leur auto-amnistie. Pour ses amis politiques, VIVIEN participe en 1984, avec Yves CHALLIER, à une campagne de déstabilisation et d'intoxication contre M. BRESSANT, le dirigeant de la Fédération mondiale des villes jumelées. Selon Hubert HADDAD, fondateur de l'OFRES, M. VIVIEN profite de plusieurs voyages au soleil, tous frais payés par l'OFRES ! Cette société de régie publicitaire qui finançait le P.S. et s'occupait du Courrier de Melun du même VIVIEN.

Avec la venue au pouvoir du gouvernement socialiste en 1981, certains maçons se sont dit que le temps était venu de préparer des contre-feux. La technique du contre-feu permet de détourner l'attention en incriminant un bouc émissaire sans défense. Si on vous accuse, c'est la faute de votre chien qui a la rage et qu'il faut, bien sûr, faire piquer. Les sectes fourniront l'exutoire idéal. Cette stratégie est immédiatement adoptée et récupérée par l'ensemble de la classe politique, qui voit là le moyen de se refaire une virginité à moindres frais. Et depuis l'extrême droite jusqu'aux communistes, tout le monde va parier sur la diabolisation d'un ennemi virtuel qui rongerait les fondements de la République.

C'est la faute aux mystiques ! C'est la faute à la subversion de l'irrationnel qui menace la République et VIVIEN, le chevalier blanc comme neige, va arrêter les envahisseurs sectaires. Après sa position de missionnaire en Afrique, VIVIEN va coloniser et convertir au culte laïque ces nouvelles tribus modernes que sont les minorités spirituelles. C'est avec une certaine perfidie que le vertueux Roland DUMAS disait de son ex-collaborateur Alain VIVIEN « qu'il fait bien ce qu'on lui dit de faire ». C'est donc à cet expert en pratiques sectaires qu'on a commandé un rapport sur les sectes corrompues et liberticides. Et c'est lui qui, dorénavant, veut jouer le rôle du grand inquisiteur.

Le rapport VIVIEN

Commandé par MAUROY en 1982, rédigé en 1983, le rapport VIVIEN ne fut rendu public qu'en 1985... Comme Columbo, VIVIEN mènera seul son enquête et seul il désignera le coupable après avoir interrogé pas moins de 50 témoins, tous détracteurs des minorités spirituelles... Ce rapport reprenait la métaphore médicale de l'épidémie chère aux psychiatres américains : il proposait de lutter contre le fléau sectaire comme on le fait en matière d'alcoolisme. La religion est à consommer avec modération. Et d'ailleurs, la mission interministérielle de lutte contre les sectes ressemble fort, dans son fonctionnement et dans ses buts, à la mission interministérielle de lutte contre la drogue et la toxicomanie. Rien d'étonnant à cela chez ceux qui considèrent la religion comme l'opium du peuple. Le rapport VIVIEN préconisait, entre autres, l'instauration d'une structure gouvernementale animée par le lobby anti-secte. VIVIEN imaginait-il que, quinze ans plus tard, il présiderait la structure qu'il avait lui-même conçue ?

Parce qu'il entrait en contradiction avec le principe de laïcité et de neutralité de l'État en matière cultuelle, le rapport VIVIEN a été très contesté, notamment par la communauté protestante qui sait ce que persécution religieuse signifie. En octobre 1985, le pasteur Jacques MAURY, président de la Fédération protestante de France, déclare : *« Ce pays semble être entré dans une peur irrationnelle, destructrice et paralysante de toutes les différences. »*

Pour Jean SEGUY, maître de recherche au CNRS : « *Certaines propositions qu'il fait sont dangereuses.* » Pour Jean BAUBEROT, professeur à la section des Sciences religieuses de l'École pratique des Hautes Études : « *Opposer sectes à Églises, nouveaux mouvements religieux à anciens, c'est en revenir, de façon subtile à la distinction du XIX*[e] *siècle entre "cultes reconnus" et "cultes non reconnus". C'est créer, disons-le nettement, une législation comportant des aspects discriminatoires.* » L'impact du rapport VIVIEN est relativement nul. S'il satisfait les milieux anti-sectes qui y voient une reconnaissance officielle de leur stratégie de médiabolisation, il fait un « flop » dans l'opinion car aucun scandale ne vient le mettre en perspective. Les conditions sociales et politiques ne sont pas encore mûres pour une guerre totale contre les minorités spirituelles. Si François MITTERRAND s'est entouré d'une véritable « police politique » chargée d'épier ses adversaires, il est néanmoins attaché au respect de la liberté de conscience et le fait savoir à ses interlocuteurs. Les anti-sectes trépignent et piaffent en attendant la fin de son mandat et en espérant que son successeur sera plus conciliant. En poursuivant leur stratégie d'infiltration des services de l'État – Justice, Police, Éducation, Finances – les inquisiteurs fourbissent leurs armes. Grâce à leur pratique de la délation systématique, ils préparent les dossiers pour surfer sur la prochaine vague médiatique.

Les militants anti-sectes tissent le réseau de l'internationale délationniste qui se réunit régulièrement dans diverses capitales : Bonn, Barcelone, Paris. Dans ce marché aux rumeurs, on retrouve toujours la même faune interlope : intégristes fanatiques, déprogrammeurs professionnels et normalisateurs psychiatriques. En avril 1993, l'Adfi co-organisait à Barcelone une conférence internationale du lobby antireligieux où était présent, entre autres, le docteur Paul MARTIN. Pour la modique somme de 2 000 dollars par semaine, ce bon docteur proposait des « séjours de rééducation » dans sa clinique d'Albany dans l'Ohio. Les membres des minorités spirituelles peuvent ainsi corriger leurs pensées déviantes (*distorted thinking*) et leurs doctrines aberrantes (*aberational cultic doctrins*). Les lecteurs intéressés par ce nouveau service orweilien peuvent se renseigner auprès de leur agence de *deprogramming* la plus proche....

Massacres en série

Le 19 avril 1993, le FBI donnait l'assaut à la communauté de David KORESH à Waco, faisant 80 morts parmi lesquels au moins dix-sept enfants. Il est clair que ce drame a pour origine l'attitude des mouvements anti-sectes, notamment le CAN (*Cult Awareness Network*), qui n'a eu de cesse de mettre le feu aux poudres dans cette affaire. Déprogrammeur du CAN, la principale machine anti-secte des États-Unis, Rick ROSS a un passé de garde du corps et de délinquant. Il a suscité une campagne contre la communauté de David KORESH, qui entretenait des relations paisibles avec le voisinage depuis plus de 50 ans. Les davidiens étaient tout à fait intégrés à Waco où KORESH se promenait tous les jours pour aller boire le thé au pub avec les habitants qui l'appréciaient. À travers Rick ROSS, le CAN désinforma les services de police et suscita une stratégie de provocation et de harcèlement qui mit le feu aux poudres. Selon le *New York Times* : *« L'erreur de calcul du Président CLINTON a été pratiquement totale. L'affaire KORESH a été mal gérée du début à la fin. »* Dans un article intitulé *Une bavure nommée Waco,* David HEILBRONER confirme : *« L'affaire KORESH semble avoir fait l'objet de méthodes particulièrement grossières et inadaptées... Elle aurait été bien mieux résolue avec un peu de jugeote qu'avec des flingues*[60]. » Selon le *Washington Post* : *« Lors de la conférence de presse qui suivit le drame de Waco, le ministre de la Justice, Janet* RENO, *a dû s'expliquer sur la décision de donner l'assaut à la secte des davidiens. Or, qu'elle fut sa première réaction ? De dire qu'on l'avait informée de mauvais traitements sur des enfants chez les Davidiens. Elle est revenue sur ses propos par la suite. Mais sa première réaction en dit long. Face aux 85 morts dus à l'assaut, elle a invoqué le crime au goût du jour, l'accusation la plus explosive qu'elle pouvait porter sur le plan politique et psychologique : sévices à enfant. »* Beaucoup d'enquêteurs nient la thèse du suicide collectif, de nombreuses preuves à l'appui. Un documentaire américain, *Rules of Engagement*, disponible sur Internet, démonte le faux suicide collectif de Waco télécommandé par les anti-sectes. Ce film, plusieurs fois primé, propose des documents troublants, des témoignages, des vidéos et des enregistrements occultés par les mé-

---

[60] Playboy

dias. Voici ce qu'en dit un critique : *« Il semble que certaines autorités, à force de sombrer dans le manichéisme le plus pur, aient quitté les voies de la raison pour ne plus voir en la secte qu'un adversaire démoniaque. »* À Waco comme au Guyana, le fantasme du suicide collectif n'a servi qu'à alimenter la peur et la diabolisation des nouveaux mouvements religieux. De nombreux spécialistes pensent que les lobbies anti-sectes avaient intérêt à relancer la polémique dans une période où elle s'essoufflait. Le CAN n'a pu profiter de son méfait : condamné à cinq millions de dollars pour avoir participé à la déprogrammation d'un membre de l'Église Baptiste, il a déposé son bilan et sa faillite est maintenant définitive. Au vu de leurs excès, nous sommes assurés que le même sort attend les associations anti-sectes françaises.

En octobre 1994, 53 personnes appartenant à l'Ordre du Temple solaire sont brûlées en Suisse dans l'incendie d'un chalet. On retrouve, parmi les corps, les cadavres calcinés de Luc JOURET et de Jo di MAMBRO, les deux chefs de l'OTS. Un peu plus d'un an plus tard, en décembre 1995, on retrouve dans une forêt, à St-Pierre-de-Chérennes dans le Vercors, 16 corps calcinés et disposés en étoile. Les juges parlent de crime ésotérique. Mais les familles des victimes protestent, disant qu'on leur a dissimulé la vérité car elles affirment qu'il s'agit d'un massacre organisé par des gens extérieurs. Les juges français, eux, n'ont pas terminé leur instruction. Cette affaire est loin d'être éclaircie. De nombreuses questions restent en suspens et il est à craindre que les juges chargés de l'affaire ne puissent démêler tous les fils de l'enquête. Comme d'habitude, dans un premier temps, on a parlé de suicide collectif avant de s'apercevoir que les victimes avaient bel et bien été assassinées. Car on ne se suicide pas avec deux balles dans le dos et une dans la tête. Que s'est-il donc passé ? On pense que les suicidés du Vercors auraient été abattus par le policier Jean-Pierre LARDANCHET, lui même « suicidé ». Par qui ? Au-delà du fantasme du suicide collectif, quel pouvait être le vrai mobile de ce nouveau massacre ? JOURET et Di MAMBRO étaient très certainement liés à des réseaux de blanchiment d'argent et de récents articles ont montré que beaucoup d'intérêts occultes gravitaient autour des réseaux templiers : DGSE, CIA, SAC, Loge P2... Peut-être a-t-on voulu faire passer pour un suicide collectif l'élimination systématique de quelques témoins gênants. Selon maître Alain LECLERC, l'avocat des VUARNET : *« On n'a pas jugé utile de creuser l'aspect politique et financier de l'affaire. Pourquoi ? Est-ce que l'on veut nous cacher quelque chose ? » Le Figaro,* 08/12/98. Quant à maître Joëlle VERNAY : *« Les dernières expertises sur la crémation des corps montrent que les quantités de produits inflammables utilisées dans le Vercors et évaluées avec les restes des bidons retrouvés sur place sont nettement insuffisantes pour produire les effets constatés sur les victimes. » Ouest France,* 16/08/98. Les parties civiles souhaitent que de nouvelles investigations soient lancées. Laissons donc la Justice opérer, sans trop d'illusions cependant sur sa capacité à éclaircir une énigme qui ressemble beaucoup à une affaire d'État. Ce qui est sûr, c'est que, sans le massacre du Vercors, il aurait été impossible au lobby anti-sectes d'ouvrir, d'une façon aussi violente, une nouvelle saison de la chasse aux sectes en France.

Le rapport GUYARD

Par le plus grand des « hasards », le rapport GUYARD sort en janvier 1996, soit quelques jours après le massacre du Vercors, et bénéficie ainsi de cette formidable caisse de résonance médiatique qu'a été l'émotion considérable suscitée par cette affaire. Climat d'hystérie qui faisait titrer à certains journaux : « Sectes : la chasse est ouverte. » On donnait la liste des groupes avec leur situation géographique, comme au bon vieux temps où l'on dressait la carte d'implantation des Juifs en France. Des officiers des renseignements généraux ont témoigné que ce rapport est sorti dans la précipitation, à l'issue du massacre du Vercors, pour appuyer l'idée que les « sectes » mentionnées sur la liste noire étaient des minorités spirituelles potentiellement aussi dangereuses que l'Ordre du Temple solaire. À l'époque, les renseignements généraux s'intéressaient bien moins aux sectes qu'à la mouvance islamique. Dans son livre, *RG, la Machine à Scandales*, Patrick ROUGELET, ancien commissaire des renseignements généraux, explique les conditions dans lesquelles a été élaboré ce rapport, qui a servi de base au travail des députés : *« les R.G., sur la question, n'avaient pas grand-chose. En catastrophe, il a fallu fabriquer un «rapport». Un fonctionnaire s'est chargé de compiler les travaux faits par d'autres, notamment par les gendarmes... Le rapport des R.G. sur les sectes a ensuite inondé toutes les rédactions, comme un document de référence.* » Ce n'est pas injurier les gendarmes que de remarquer qu'ils ne sont sans doute pas les mieux placés en terme d'expertise des minorités spirituelles. Aucune investigation n'a donc été effectuée par les R.G., hormis la consignation de rumeurs et de ragots accumulés depuis quinze ans par l'Adfi, qui enregistre les « plaintes » de tous ceux qui cherchent à nuire à leur conjoint, leur voisin ou leur collègue. Les principales sources du rapport des renseignements généraux sont donc les dossiers des groupes anti-sectes, compilés par des fonctionnaires et finalement estampillés par l'Assemblée nationale comme un document officiel... En plus du fameux dossier des renseignements généraux dont on mesure la fiabilité, le rapport s'appuie, en tout et pour tout, sur 21 heures d'audition, à huis clos, de 20 personnes, qui sont le plus souvent les adversaires les plus acharnés des minorités spirituelles. La commission s'est réunie en assemblée plénière deux fois, soit 50 minutes au total.

Les méthodes expéditives des procès de l'Inquisition et du stalinisme ne sont pas loin. Drôle de procès, au cours duquel ont été surtout auditionnés des détracteurs qui ne représentent qu'une infime minorité des membres de ces associations. La nouvelle norme démocratique française voudrait-elle qu'un seul avis négatif l'emporte sur plusieurs milliers d'avis favorables ? L'imposture du rapport GEST-GUYARD saute aux yeux. Il semble que seuls quatre responsables et membres des organisations listées dans le rapport GUYARD ont été auditionnés. Aucun spécialiste sérieux n'a été entendu, si ce n'est les éternels experts auto-désignés du club sectophobe. Ce rapport ne s'appuie sur aucune étude de terrain, ni sur aucune enquête menée auprès des membres de ces associations. En finale, seulement sept députés ont voté ce rapport, sur une commission qui comportait 30 membres et une Assemblée nationale de plus de 600 députés. Donc, après avoir réglé le sort de centaines de milliers de personnes en quelques heures d'auditions, sept élus de la nation n'ayant jamais vu l'ombre d'une secte ont « démocratiquement » instauré la nouvelle liste officielle des suspects. Nous avons rencontré un officier des R.G. spécialisé sur la question des sectes. Il nous a affirmé que, selon lui, il n'y aurait pas plus de 20 groupes sectaires caractérisés, soit à peu près 10 % des 172 groupes de la liste noire. On peut se demander ce que font sur cette liste les 152 autres groupes.

La manipulation du vocabulaire est une des techniques de persécution les plus subtiles et les plus utilisées pour discréditer une minorité. Titré *Les sectes en France,* ce rapport a été réalisé sans que ses auteurs puissent s'accorder sur une définition du mot « secte ». On met à l'index près de 200 groupements en les désignant à la vindicte populaire sous un terme à connotation pour le moins péjorative, voire criminelle. C'est un peu comme si, dans un rapport officiel, on parlait pour désigner la communauté maghrébine de « Bougnoules », comme si on désignait les Juifs en tant que « Youpins » ou comme si, pour parler des médecins, on utilisait le terme de charlatans. Rapport officiel de l'Assemblée nationale : « Les Bougnoules en France » ou « Les Youpins en France ». Imaginons le scandale... Un rapport intitulé « Les sectes en France », qui désigne nombre de minorités spirituelles tout à fait respectables et officielles dans d'autres pays, laisse indifférente une population largement désinformée sur ce thème.

Le mot « secte » n'est pas neutre. Il a un impact psychologique extrêmement puissant sur l'inconscient du monde chrétien où ce terme, à forte résonance émotionnelle, est synonyme d'hérésie, de tortures, de sorcellerie, de bétail à bûcher. Chargé de tout un imaginaire de persécution, le mot secte, d'une manière inconsciente, crée l'effroi. Et d'ailleurs, la commission parlementaire a tellement bien compris l'usage qu'on pouvait faire de ce mot indéfinissable qu'elle « n'a retenu que le sens commun de ce terme », c'est-à-dire celui de lynchage. Traditionnellement, depuis 18 siècles, rejoindre une secte signifie risquer de finir dans un cachot ou sur un bûcher. C'est pourquoi l'usage abusif de ce mot discriminatoire par les représentants d'un État de droit frise l'ignominie. C'est exactement ce que dit la Commission des droits de l'homme des Nations Unies : *« Il apparaît que le terme de secte revêt une connotation péjorative... Ce type d'approche véhicule une logique d'amalgame, de discrimination et d'exclusion qu'il n'est pas facile de justifier et encore moins d'excuser, tant elle heurte la liberté religieuse. »*

Le rapport parlementaire qui exprime, à la virgule près, les thèses anti-sectes, a déclenché un tollé aussi bien chez les spécialistes qu'auprès de certaines autorités religieuses, de gouvernements étrangers et de plusieurs instances internationales. Tous ont condamné tant l'absence de méthode et les approximations fantaisistes que les conclusions du rapport GUYARD. Aussi bien la liste que le rapport constituent une somme d'inculture religieuse et spirituelle. On fait l'amalgame entre des organisations très différentes sur la base de critères dont aucun ne tient la route, comme l'ont démontré de nombreuses analyses critiques. On mélange pêle-mêle des groupes spirituels authentiques et des mouvements plus ou moins fantaisistes. Et on opère volontairement la confusion entre les grandes organisations internationales, les associations nationales et les petits réseaux d'une dizaine de personnes. Il semble que les deux tiers des membres du Congrès américain appartiennent à l'un ou l'autre des mouvements étiquetés comme sectes en France. Plusieurs mouvements de la liste noire sont considérés comme des religions officielles dans d'autres pays. C'est l'auberge espagnole où se tient le grand marché de l'hérésie et où l'on passe allégrement des ufologues aux évangélistes, des thérapeutes aux formateurs en passant par les adeptes de la messe en latin et les cercles d'études parapsychologiques.

La liste noire est un des meilleurs outils pour justifier l'amalgame, technique employée par tous les régimes totalitaires. Dans la paranoïa inquisitrice, toutes les minorités spirituelles se ressembleraient sur un point : ce sont des sectes criminelles. Cet amalgame s'explique quand on sait que les inquisiteurs n'ont aucune expérience de terrain. Pour nous, qui enquêtons sur le terrain, les choses apparaissent totalement différentes. Comme chaque être humain, chaque groupe est différent et possède une histoire particulière, des techniques, un enseignement, des buts qui en font, chaque fois, quelque chose d'unique. Une association évangélique, un groupe ufologique et un mouvement initiatique ne sont pas semblables. Mais la méthode des inquisiteurs est de plonger dans un magma informe des organisations qui n'ont rien de commun sur le plan des idées et des pratiques. Cette technique de l'amalgame vise à entretenir la confusion en rabaissant des organisations d'un très haut niveau au rang de groupes sans consistance bricolant avec quelques gadgets *New Age*. Les anti-sectes voudraient faire l'amalgame entre des groupes à visée terroriste comme *Aum* par exemple et des organisations authentiquement spirituelles comme la *Conscience de Krishna*, reconnue comme une religion officielle en Inde. La technique de l'amalgame est très efficace pour effrayer l'opinion : elle permet d'entretenir le fantasme d'un complot qui n'a rien de réel. On utilise l'image du poulpe tentaculaire à l'encontre des sectes, comme si tous les groupes participaient d'une entreprise commune de subversion. En l'absence de matraquage médiatique, cette propagande s'arrêterait immédiatement, car elle n'a pas d'ancrage dans la réalité des citoyens.

Très curieusement, on ne trouve dans la liste noire ni les satanistes, ni les confréries que l'on sait être les pépinières de terroristes fondamentalistes musulmans. Les réseaux mystiques et les petites églises chrétiennes sont sans doute plus subversifs que les satanistes et les terroristes !... Pas question de nommer les loges maçonniques, dont on connaît l'influence sur les pouvoirs économiques et politiques en place. On ne parle pas non plus de mouvements judaïques intégristes dans la mesure où l'on ne veut pas être accusé d'antisémitisme. Tout cela est pesé et très politiquement correct.

On ne trouve pas non plus l'AMORC, une association rosicrucienne internationale, dont l'ancien Grand Maître, Raymond BERNARD, fonda l'Ordre rénové du Temple d'où est issu l'Ordre du Temple Solaire. Et ceci alors même que cette commission parlementaire aurait été déclenchée suite au premier massacre de l'OTS. Serait-ce, comme le suggèrent certains, parce qu'un vaste réseau maçon et africain protège Raymond BERNARD ? Par contre, la Rose-Croix d'or, une association sans histoire, semble avoir servi de bouc émissaire rosicrucien. Ceci dit, nous pensons qu'aucun de ces deux mouvements ne mérite le qualificatif de sectaire[61], mais on s'étonne d'un choix aussi arbitraire qui obéit manifestement à d'autres critères que ceux qui sont officiellement avancés. Bien sûr, et comme toujours, les vraies sectes, qui sont les réseaux occultes du pouvoir, n'apparaissent pas dans la liste puisque ce sont justement eux qui l'ont dressée.

« Parmi les indices permettant de supposer l'éventuelle réalité de soupçons conduisant à qualifier de secte un mouvement se présentant comme religieux... » Issue du rapport GUYARD, cette phrase jésuitique exprime à elle seule l'embarras des rédacteurs. La réputation d'un groupe, comme celle d'un individu, peut-elle se

[61] N.B. Les députés finiront par stigmatiser l'AMORC en 1999.

jouer sur l'indice d'un éventuel soupçon ? Il faudrait raconter l'histoire de chacune des dizaines d'associations qui se sont retrouvées sur la liste noire sans aucune autre raison qu'une rumeur malveillante. Citons, à titre d'exemple, le cas du *Village du Verseau*, qui est, en tout et pour tout, constitué d'une caravane abandonnée sur un terrain au fond de la Bretagne. La propriétaire à la retraite se demande toujours pourquoi elle est listée dans les sectes !

Les médias ont parlé du cas de l'association *L'Arbre au milieu*, du psychothérapeute Bernard LEMPERT, qui s'est retrouvé sur la liste noire suite à un problème d'inceste dont était victime un de ses patients. Ayant dénoncé l'auteur de ces actes, Bernard LEMPERT a eu les associations anti-sectes à ses trousses. Ce cas ressemble à celui du docteur DIETRICH qui, lui, a été victime de plusieurs tentatives d'assassinat… L'Omnium des Libertés a constaté que certains utilisaient le lobby anti-secte pour dénoncer comme gourou ou sectes tous ceux qui s'attaquent aux réseaux de pédophiles… Cela confirme l'idée selon laquelle, derrière l'intox médiatique, cette campagne aurait pour but de faire oublier certains scandales liés, entre autres, aux mœurs et à la corruption. Sans préjuger de son innocence, on peut rappeler que M. GUYARD a été mis en examen en 1995 pour « trafic d'influence » dans l'affaire de la SAGES. Est-ce un hasard si ce député est le rapporteur de la commission parlementaire ? Pour parer à l'accusation de corruption généralisée, la classe politique agite, une fois de plus, l'épouvantail des sectes, ce qui lui permet, selon les termes du *Guardian* de « se revaloriser à moindres frais ». Ceci explique sans doute la manière pour le moins expéditive dont l'affaire fut traitée.

Le rapporteur lui-même a convenu que son travail comportait un certain nombre d'erreurs. « *Nous avons publié une liste avec les faiblesses inévitables qu'il y avait dedans, pour que, au moins, il y ait une référence*[62]. »

Parler de faiblesses inévitables relève d'un beau sens de la litote pour qualifier un travail bâclé, truffé d'approximations et de contre-vérités. Pour s'en persuader, il n'est qu'à lire *Pour en finir avec les sectes*, un livre qui propose de nombreuses analyses critiques du rapport, publiées par des spécialistes universitaires français et étrangers. Largement diffusé après plusieurs éditions, cet ouvrage

---

[62] *Sectes, Mensonges et Idéaux,* Luca et Lenoir.

démontre à l'évidence les nombreux errements des auteurs du rapport, dont la culture religieuse est inversement proportionnelle aux préjugés. Ce livre a, entre autres, le mérite de proposer de véritables études documentées sur certains des mouvements mis en cause dans le rapport parlementaire. Ce qui permet de saisir la différence énorme entre la réalité de ces mouvements et la caricature qu'en font les anti-sectes.

Vous avez dit réhabilitation ?

C'est avec une certaine candeur que la plupart des organisations listées dans le rapport parlementaire ont protesté de leur innocence, en demandant à ses auteurs, au Premier ministre, au ministre de l'Intérieur, au président de l'Assemblée nationale de leur fournir les raisons pour lesquelles elles étaient incriminées comme sectes potentiellement dangereuses. Dans la majorité des cas, ces mouvements ne reçurent aucune réponse... parce qu'en fait, il n'existait aucun motif à la présence de ces groupes sur la liste noire. Le président de la commission a répondu à l'Église évangélique de Besançon que la liste noire était fondée *« ...sur une analyse menée par la direction centrale des renseignements généraux sur la base de critères dont la commission a estimé qu'ils permettaient d'apprécier au mieux la dangerosité de certains mouvements à l'égard des individus et de la société. »* Grâce au témoignage de Patrick ROUGELET[63], nous savons ce qu'il en est de l'« analyse » menée par les renseignements généraux qui n'est en fait qu'une compilation de délations mensongères recueillies par les boutiques de la rumeur.

Une autre réponse a été que, la commission dissoute, le rapport ne pouvait être révisé. Pour rétablir son honneur, on ne pouvait pas se pourvoir en justice, compte tenu de l'immunité parlementaire. C'est un déni de justice extraordinaire puisque plusieurs centaines de milliers de citoyens jugés hérétiques par les représentants du peuple ne disposent d'aucun recours et d'aucune information concernant le motif de ce jugement. Nous avons demandé aux parlementaires s'il n'était pas possible de réviser le rapport selon des critères plus objectifs. Il faudrait interroger les membres des minorités spirituel-

[63] *R.G., la machine à scandales.*

les pour qu'au minimum ils puissent répondre aux accusations de leurs adversaires. Mais nous avons constaté que la classe politique n'était pas disposée à revoir ce rapport dans la mesure où, à l'heure actuelle, il est politiquement rentable de jeter la suspicion sur tout ce qui n'est pas conforme. Nous constatons que pas un seul élu n'a proposé une révision du rapport GUYARD sur une base démocratique qui intègre à ce travail les spécialistes de la question. Les politiques suivent avant tout une arithmétique électorale majoritaire qui dépend des rapports de force : aujourd'hui, dans les plateaux de la balance, les bénéfices qu'ils retirent de la chasse aux sectes est supérieur à la clarification objective de la question. Comme d'habitude, demain ils suivront l'opinion si celle-ci évolue. On peut leur rappeler, en attendant, que les minorités spirituelles expriment la recherche de nouvelles formes de lien social, de convivialité et de valeurs qu'ils auront à prendre en compte.

Ce rapport parlementaire, dont nous venons d'examiner les différents stades de « fabrication » et dont on a pu mesurer la nullité crasse, sert aujourd'hui de références à des journalistes qui le citent pour stigmatiser un mouvement listé mais aussi à des responsables administratifs ou à des élus politiques pour justifier des mesures discriminatoires envers telle ou telle minorité. Et ceci alors même que la République ne reconnaît pas la notion de secte, qui n'a aucune définition juridique. Quant aux inquisiteurs, trop contents de tenir leur liste officielle, ils la brandissent à tout bout de champ dans leurs actions de censure.

Le numéro de décembre 1998 de *Terre du Ciel*, journal de grande qualité connu des chercheurs spirituels, présente une mise au point d'Alain CHEVILLAT, son directeur, suite aux tentatives d'interdiction par l'Adfi du Xe forum de *Terre du Ciel*, dont le thème était « Voix de femmes » et avait pour invitée sœur Emmanuelle. Ce n'est pas la présence de cette dernière que contestait l'Adfi mais celle de Jayanti BEHN, l'une des responsables de l'association des Brahma KUMARIS dont le nom figure sur la liste noire du rapport GUYARD. L'affaire a été déclenchée par la représentante locale de l'Adfi de Chambéry, déjà à l'origine de dénonciations contre une psychanalyste jungienne accusée ni plus ni moins d'être une sorcière. Dans le cas du forum de *Terre du Ciel*, sœur Emmanuelle en personne est venue au secours de Jayanti BEHN en disant « …qu'on la laisse parler, on verra bien si elle est dans une secte en l'écoutant ». Alain CHEVILLAT a téléphoné à l'Adfi de Paris pour savoir ce qu'on reprochait aux Brahma KUMARIS, mais il a appris avec surprise que ceux-ci n'étaient pas classés « secte » avant le rapport parlementaire puisqu'il n'y avait rien contre eux. Il a alors consulté le livre du Centre Roger IKOR (CCMM), *Sectes, état d'urgence,* et a découvert que les accusations contre les KUMARIS pourraient aussi bien s'appliquer aux principes religieux en vigueur dans les communautés de toutes les traditions et notamment dans les monastères chrétiens. Cette anecdote a suscité chez Alain CHEVILLAT quelques réflexions dont il fait part dans son journal : *« Tous les censeurs ne fondaient leur indignation que sur le «rapport parlementaire sur les sectes» qu'ils brandissaient sans réfléchir davantage, comme on le faisait autrefois en Chine du petit livre rouge de Mao. Mais quelle crédibilité a ce rapport ? Quelle qualification ont ceux qui l'ont écrit ? Quelles vérités contient-il ? Quelles preuves donne-t-il ? À toutes ces questions, il n'y a qu'une réponse : aucune. Aucune preuve, aucune vérité, aucune crédibilité, aucune qualification. Ce rapport est un œuvre de censure intellectuelle. Il a été rédigé sans aucun débat contradictoire public et sans la culture et la rigueur nécessaires... Pour moi, l'important est que, au travers de cette histoire anecdotique, on peut mesurer l'ampleur de l'intolérance de notre société et le fanatisme de ceux qui se sont arrogé la mission de nous protéger. »* Tous les jours, des personnes sont persécutées parce qu'elles sont membres d'un groupe inscrit sur la liste noire du très officiel rapport GUYARD, dont nous affirmons qu'il est la honte de la République.

Chapitre 9

Une exception française

La France, État de droit, est bien le pays d'Europe
où il y a le plus d'État et le moins de droit.
F. LEOTARD

L'émergence de nombreuses minorités spirituelles représente l'un des signes – parmi tant d'autres – d'une révolution culturelle marquée par le retour du sacré et la contestation de la technocratie. La problématique sectaire ne peut être comprise en dehors du rapport de force qui existe entre les tenants d'une caste au pouvoir et les minorités novatrices porteuses de valeurs alternatives. La diabolisation des minorités spirituelles exprime un conflit de valeurs : d'un côté la modernité technocratique fondée sur une vision rationaliste et individualiste de l'être humain et de l'autre, une nouvelle mentalité qui prend en compte l'être humain dans sa globalité.

Les minorités spirituelles sont la partie émergée d'un mouvement de fond, celui d'une écologie spirituelle orientée vers le respect de la biodiversité naturelle et culturelle. Ce courant se reconnaît dans une philosophie du mieux-vivre où le qualitatif l'emporte sur la quantité. Il revendique d'autres manières de se nourrir, plus sainement, et de se soigner avec les médecines douces. Il accorde de l'importance à l'exploration de l'espace intérieur, au développement de l'intuition, de la créativité et de la communication au sein de tribus affinitaires. Cette culture en train de naître, surtout dans les pays anglo-saxons, dépasse les valeurs de la modernité – celles de l'individu et de la raison – en annonçant l'ère postmoderne fondée sur le retour aux sources de l'intériorité et de la communauté. Le problème n'est pas de s'en réjouir ou de s'en désoler mais de le constater comme on constate une évolution météorologique : l'air du temps est en train de changer. À chacun ensuite d'agir en fonction de cette évolution inéluctable. L'émergence irrépressible de ce nouveau courant fait apparaître tous les mécanismes de contrôle social qui sous-tendent la social-technocratie.

Jean HOUSTON[63] constate que : *« Lorsqu'une tradition, un système ou une institution est sur le point de mourir, ses tenants sont pris de frénésie, comme pour réfuter cette mort imminente. »*

D'après Marc LUYCKX, membre de la cellule prospective de la communauté européenne, on estime que : *« ...d'après les derniers sondages, près de 25 % des Américains suivent ce que l'on pourrait appeler un cheminement spirituel qui leur fait découvrir de nouvelles valeurs... Les citoyens n'en peuvent plus d'être découpés en morceaux. Ils réclament d'être considérés comme des êtres entiers avec un cœur, un esprit, un corps, une rationalité, des émotions. Dès que vous remettez les morceaux ensemble le monde se réenchante. »* Selon lui ce pourcentage de personnes serait le même en France : *« On peut sérieusement envisager que, bientôt, un tiers de la population sera ouverte au " nouveau paradigme ". Et là, tout peut basculer*[64]*. »*

C'est ainsi, par exemple, que Livia TURCO, ministre de la Solidarité Nationale en Italie, a fait voter une loi qui reconnaît d'une manière explicite les réalités de la recherche spirituelle. Dans quelques mois, le ministère italien de la solidarité sociale lancera une enquête nationale, confiée à des « organismes institutionnels de fiabilité maximum » pour comprendre un phénomène qui concerne 13.000 associations englobant 12 millions de personnes...

Alors qu'en Europe le catholicisme semble décliner, les minorités spirituelles recrutent essentiellement parmi les couches jeunes de la population qui sont précisément absentes dans le catholicisme. D'autre part, les membres des minorités spirituelles sont parmi les plus instruits et ont des activités professionnelles de niveau moyen ou moyen supérieur. Dans un article intitulé « Des sectes : de la rumeur aux valeurs », Lilian VOYE explique ce phénomène en faisant le parallèle entre les valeurs qui animent les minorités spirituelles et celles qui s'expriment dans les résultats des « enquêtes européennes sur les valeurs » réalisées dans la plupart des pays européens en 1980, 1990 et actuellement : *« De part et d'autre, on trouve une insistance claire et nette sur l'importance de l'autonomie individuelle et du développement personnel, de la réalisation*

[63] *La Psychologie sacrée.*

[64] *Nouvelles Clés,* novembre 1998.

de soi. Celle-ci est par ailleurs conçue comme devant concerner non seulement les aspects spirituels de la personne mais aussi sa dimension corporelle. Le corps trouvant ainsi une place positive que le christianisme lui a longtemps refusée. Cette réalisation de soi est considérée en outre comme étant un objectif à atteindre dès ici-bas... Chaque individu doit s'efforcer de tout mettre en œuvre pour développer au maximum ses potentialités. D'autre part, cet individu est regardé comme ayant d'autant plus de chances d'atteindre cet objectif qu'il s'inscrit dans des petits groupes... Aidé par ces groupes et loin d'être appelé à adhérer d'emblée à un projet construit en dehors de lui comme une totalité à prendre ou à laisser, l'individu va ainsi, et c'est un cinquième élément du parallèle, cheminer à son rythme, progresser par essais et erreurs et, de la sorte, auto-construire son devenir[65]*. ».* Parmi les autres motivations qui poussent les jeunes vers les minorités spirituelles, Liliane VOYE distingue une dimension internationale qui permet une ouverture sur d'autres cultures et la relativisation d'une Europe jugée trop matérialiste. Le travail de recréation des valeurs spirituelles s'effectue à travers des formes, des discours et des techniques nouvelles par des groupes de pointe qui sont des foyers d'activité intense où s'élaborent de nouvelles formes de culture.

Nous assistons au spectacle d'une civilisation à l'agonie et à l'émergence simultanée d'initiatives individuelles et collectives où s'expérimentent les valeurs du futur. Ce courant novateur se heurte à la pesanteur et à la résistance des pouvoirs et des savoirs en place, qui font tout pour freiner une évolution irréversible. Les élites moisies restent coincées dans un discours abstrait et technocratique qui n'éveille plus aucune résonance auprès des nouvelles générations. D'où cet écart faramineux entre la formidable vitalité de la société civile et une caste au pouvoir qui s'accroche à ses dogmes sclérosés. La guerre fait rage entre les tenants de la « pensée unique » et une nouvelle vision fondée sur une approche globale de l'être humain. Le sociologue MAFFESOLI parle du *« ...véritable décalage entre la «pensée unique» des élites, qui reste moderne et très rationaliste, et le vécu de la société, elle-même beaucoup plus ouverte aux influences extérieures... »* Le phénomène d'inquisition

[65] Site Cesnur Internet.

moderne doit être étudié pour ce qu'il est : une lutte entre une cléricature technocratique qui défend un système en déréliction et des minorités qui sont l'expression d'un vaste courant multiforme animant des styles de vie et de pensée novateurs.

La résurgence d'une spiritualité vivante est une réaction de survie contre la tyrannie d'une pensée arrogante et desséchée. Au raisonnement analytique, qui classe et qui découpe – avant de glacer et d'étouffer –, il faut ajouter un supplément d'âme : une résonance émotionnelle qui permette de comprendre les choses d'une manière intuitive. Ce que leurs détracteurs appellent les « sectes » ne sont rien d'autres que des tentatives, parfois maladroites, de réenchanter un monde sans souffle qui ne propose comme perspective que l'horizon barré de l'économisme.

Les mandarins du dogme laïque ou religieux – nous avons vu que c'est presque la même chose – paniquent dès qu'ils perçoivent, plus ou moins consciemment cette révolution des mentalités annonçant la fin de leur pouvoir. Pour des raisons historiques, ce grand courant de rénovation spirituelle est pris en tenaille entre le marteau des républicains athées et le goupillon des intégristes cléricaux. Enfermés dans une conception archaïque du monde, les clercs laïques et religieux sont effrayés par un monde en mutation constante et en complexité croissante. Ils projettent cette angoisse sur tous les modes de vie et de pensée non conformistes. Selon Gilles BOURDESSOULE[66] : « *On voit bien qu'il s'agit d'une lutte idéologique : un ordre social, moral, médical, "scientifique" – cartésien et matérialiste – contre l'émergence d'un autre mode de pensée, représenté avec plus ou moins de bonheur par les sectes... En gros cela pourrait se résumer à ceci : penser en dehors du cadre fixé par la société, l'Église et les médecins psychiatres doit être condamné, pour le bien même des victimes qui se sont laissé entraîner dans l'enfer des sectes, hypnotisées par une puissance diabolique.* »

---

[66] *Retrouver le divin en soi,* éd. Du Rocher.

Un scénario stéréotypé

La diabolisation des sectes consiste à projeter le scénario de la manipulation mentale indistinctement sur des groupes extrêmement divers. Des idées, des techniques, des programmes, des comportements radicalement différents les uns des autres vont être amalgamés. Que ce soit un groupe chrétien ou ufologique, un mouvement oriental ou une technique de développement personnel à l'américaine, on utilise toujours la même panoplie de notions simplistes. Ce scénario stéréotypé émerge déjà au début du siècle. En 1880, on accusait *l'Armée du Salut* des mêmes errements que les sectes. En étudiant le discours contre *l'Armée du Salut* et celui anti-secte actuel, Jean-François MAYER, dans son livre *Une honteuse exploitation des esprits et des porte-monnaie,* met en parallèle les arguments développés à un siècle d'intervalle et conclut à une similitude des accusations. Le scénario sectaire s'adapte à l'air du temps, évolue au même rythme que l'imaginaire social et se décline selon les cultures de chaque pays. Les principaux personnages et situations du scénario sectaire sont les suivants : le Gourou pervers et psychopathe, l'Adepte manipulé et le Groupe totalitaire ; le sexe comme outil de perversion, l'argent comme but suprême, le pouvoir pour imposer ses buts, la manipulation pour séduire, l'enfermement pour contraindre, l'endoctrinement pour dépersonnaliser et enfin le suicide collectif comme conséquence. D'après la propagande anti-secte, aucun mouvement spirituel n'échapperait à ces dérives. Chaque époque sécrète ses mythes de persécution. Le mythe du Juif exprimait la peur de la modernité, celui de la sorcière la peur de la féminité, de la sexualité et de la part instinctive de l'être humain. Le mythe de la secte, quant à lui, exprime à la fois la peur d'être manipulé ainsi que les rapports de répulsion et de fascination entre groupe et individu.

Le mythe sectaire

La réalité du phénomène sectaire ne réside pas dans les faits mais dans l'imaginaire. Ce qui frappe, c'est la distance phénoménale existant entre la réalité objective du problème et l'intensité des passions qu'il soulève. En France, tous les observateurs sérieux et indépendants sont d'accord au moins sur un point : la réalité quantitative des « sectes » est anecdotique et leur dangerosité potentielle très faible par rapport à l'urgence d'autres problèmes sociaux ou sanitaires. *« Ce danger relève largement de peurs et de fantasmes, c'est-à-dire d'un imaginaire où se jouent manifestement des choses qui restent à élucider*[67]*. »*

Qu'est-ce qui fait que les thèmes du stéréotype sectaire envahissent à ce point l'espace public, culturel et publicitaire ? La secte apparaît comme un mythe, c'est-à-dire une construction imaginaire qui va exprimer à la fois le rêve et le fantasme de l'inconscient collectif. L'esprit français, qui a été la matrice de la culture moderne, doit aujourd'hui en faire le deuil. Conséquence du « Siècle des Lumières », la Révolution française, fondée sur l'affirmation des droits de l'homme, a été le creuset de la modernité. Cette modernité est marquée par l'autonomie individuelle vis-à-vis de la société et par l'autonomie de la raison vis-à-vis du dogme religieux. La modernité reposait sur trois grands principes : l'esprit critique et scientifique, la primauté de l'individu et la croyance au progrès. Toutes les idéologies de notre siècle sont issues de cette modernité. Or, nous assistons à un phénomène que certains sociologues appellent la « saturation » et en conséquence le dépassement des valeurs de la modernité. Ce dépassement explique la résurgence de certaines valeurs traditionnelles : esprit communautaire, intuition, émotion, spiritualité… Selon le sociologue Michel MAFFESOLI, nous sommes arrivés au moment où *« …le sentiment et l'émotion se substituent aux idéaux de la raison et où à la logique de l'identité succède la logique de l'affect. Nous sommes entrés dans l'ère des "tribus", des réseaux, des petits groupes… »* Le courant post-moderne redonne au monde une âme, une espérance, un souffle créateur et esthétique, une vision au-delà de ces apparences dans lesquelles la modernité nous avait enfermés. Il s'agit de réenchanter le monde sans nier les acquis positifs de la modernité : autonomie personnelle, méthode scientifique, progrès technologique. La post-modernité est ce nouveau cycle de l'évolution humaine qui intègre le raisonnement logique et la résonance intuitive, les connaissances intellectuelles et émotionnelles. Ce nouveau courant explique l'intérêt des jeunes générations pour une science-fiction où la technologie futuriste fusionne avec la magie des grands mythes initiatiques

---

[67] *Sectes et Démocratie,* Champion et Cohen.

Comme une mère voit son enfant partir du foyer familial, c'est dans la souffrance que la France voit se transformer les conceptions modernes qu'elle a contribué à faire naître. Ce qui explique pourquoi ce pays est celui qui résiste le plus à l'émergence des courants post-modernes. Notre conscience collective est encore fortement imprégnée des valeurs dominantes de la modernité dont les élites de la social-technocratie sont les chiens de garde. Mais la contestation de l'arrogance technocratique, de la manipulation médiatique et de l'horreur économique sont les signes qu'un modèle de culture et de société est en train d'être remis en question pour laisser la place à des valeurs plus qualitatives.

Le mythe sectaire exprime le rapport contradictoire de fascination et de répulsion qui existe entre l'individu rationnel et le groupe émotionnel. Les valeurs fusionnelles du groupe sont figurées sous les traits diaboliques de la « Secte ». Ce n'est pas par hasard si le prototype du récit sectaire met en scène un individu qui perd ses références identitaires et se dépersonnalise jusqu'à se dissoudre dans la matrice d'une communauté. La secte est ce mythe qui exprime la contradiction de l'individu contemporain, tiraillé entre l'angoisse de dépersonnalisation et le besoin de fusion tribale.

Tous les spécialistes sont unanimes : la France est le pays développé où la chasse aux sectes est la plus virulente. Aucun autre pays moderne n'a osé dresser une liste noire des groupes hérétiques, aucun n'a créé un organisme d'État chargé de la chasse aux malpensants comme l'ont fait l'Irak de Saddam HUSSEIN ou l'Afghanistan des Talibans.

Cette psychose anti-secte peut aussi être comprise comme le symptôme d'une schizophrénie nationale dans un pays où sont nés à la fois l'inquisition et les droits de l'homme. Jean BAUBEROT explique cette situation : *« Le résultat de l'histoire spécifique de la liberté de conscience en France peut s'énoncer dans ce paradoxe : il existe en France un idéal éthique de la liberté de conscience, très fort, très exigeant ; cet idéal éthique quasi absolu informe la loi et la jurisprudence ; mais la culture française, marquée par des siècles de monolithisme religieux violent et un siècle et demi d'affrontement dualiste diabolisant, est fort peu acclimatée à la liberté de conscience. La mentalité dominante en France n'est pas spontanément pluraliste. Ce paradoxe a une cohérence interne : l'éthique et le juridique sont d'autant plus favorables à la liberté de conscience que le culturel et le mental y sont peu habitués. »* Peut-on comprendre l'âme française sans faire référence à une hégémonie religieuse millénaire et à la persécution du pluralisme qui en est la conséquence ? Qu'est-ce que le fameux humanisme français si ce n'est une réaction à ce pouvoir séculaire ? Pour fuir la réalité de cet absolutisme, les Français ont forgé l'idéal des droits de l'homme. Cette idéologie est d'autant plus universelle et généreuse qu'elle repose sur un profond déficit démocratique issu de siècles d'hégémonie catholique. Nous voici au cœur de la schizophrénie française : dans chaque Français se livre une lutte sans merci entre le combattant de la liberté et le collaborateur zélé du pouvoir en place. Les figures emblématiques de l'insolence française – ASTERIX, d'ARTAGNAN, de GAULLE et Cyrano de BERGERAC – se battent toujours contre le conformisme dominant.

Si le mythe sectaire résonne aussi fortement dans l'inconscient français, c'est que la France fonctionne selon un modèle sectaire : sous le dogme officiel des droits de l'homme se cachent les pratiques répressives et régressives qui infantilisent le citoyen et limitent insidieusement la liberté de conscience. Les adeptes-citoyens connaissent très bien les vrais gourous qui leur lavent le cerveau : une noblesse d'État et une cléricature technocratique qui confisquent le pouvoir à travers une multitude de réseaux d'influence. Jacques CHIRAC avait été élu président de la République en dénonçant cette véritable fracture sociale entre le peuple et les élites. On connaît le nom de ces réseaux qui tissent la trame du pouvoir en infiltrant discrètement les rouages de l'État : l'ENA, l'Inspection des finances, certaines loges de la franc-maçonnerie, la Fondation St-Simon, l'Opus Dei, la haute finance internationale, le corps des Mines, les polytechniciens, le réseau des politiciens affairistes et jusqu'à l'amicale des anciens trotskistes aux commandes de la presse, etc. Dans ce fantôme de démocratie qu'est devenue la société française, ce sont ces réseaux et d'autres – plus secrets – qui détiennent les vrais leviers de commande dans l'administration, la politique, l'économie, les médias et la culture. Ce sont ces réseaux qui désignent, d'une manière cynique, les boucs émissaires à sacrifier pour contenir la colère du peuple devant l'arrogance des élites.

Un leader politique disait récemment que beaucoup de Français expatriés et de retour dans l'hexagone après un séjour à l'étranger, avaient l'impression d'être pris sous la chape de plomb d'un conformisme qui paralyse l'initiative et asphyxie la créativité. On peut tenter de nier cette réalité en chantant les couplets de la France éternelle. Il n'en reste pas moins que, peu à peu, les innovateurs économiques, scientifiques, culturels et spirituels s'éloignent d'un pays où une pensée monolithique fait taire à la fois les différences et les initiatives novatrices. Chateaubriand disait que la malveillance et le dénigrement étaient deux caractéristiques de l'esprit français. Notre époque semble lui donner raison. Tous ceux qui sortent du rang – dans quelque domaine que ce soit – doivent affronter cet esprit de meute qu'est devenu l'esprit de la nation. Une certaine France rentière, enfoncée dans la déprime, vit sur son crédit économique et culturel. Apeurée devant l'avenir, réfugiée dans le passé, elle s'acharne à détruire les chances et les expressions qui lui permettraient de trouver un nouvel oxygène. La France est un des pays les plus centralisés au monde et son système bureaucratique empêche l'émergence de possibilités alternatives. Tout ce qui apparaît nouveau doit porter un label de conformité. De là une rigidité et une sclérose ressentie par tous nos amis étrangers, qui s'étonnent de voir combien les Français ont un problème avec la libre entreprise, l'initiative individuelle et toutes les formes d'expérimentation sociale qui ne peuvent être mises dans un moule. Comme le député François d'AUBERT[68], de nombreux observateurs considèrent que le *« modèle français reste désespérément étatiste, dirigiste et nombriliste... On ne passera pas en douceur d'une culture sclérosante, socialisante, sécurisante ...à une culture d'initiative, de liberté et de responsabilité : le passage nécessitera de profondes réformes internes... »* En France, celui qui entreprend une activité ou qui veut communiquer une idée non labellisée par le système rencontrera de nombreux obstacles sur son chemin. Il sera rejeté dans la marginalité quand ce n'est pas dans la dissidence, non pas parce qu'il le souhaite, mais parce qu'il n'a pas d'espace d'expression et d'expérimentation. Ce qui est valable pour un individu l'est d'autant plus pour un groupe alternatif ou une minorité spirituelle. Le contrôle absolu du pouvoir jacobin – héritier de

[68] *Figaro Magazine,* 28 février 1998.

l'hégémonie religieuse – sur les réseaux économiques, scientifiques, médiatiques et culturels, a pour conséquence que tout message qui ne s'inscrit pas dans ce cadre officiel est perçu comme plus ou moins déviant.

La République – jacobine et centralisée – est une forme de religion civile qui a remplacé l'Église. Le clergé laïc pratique le monothéisme à sa manière en adorant la déesse Raison, hors de laquelle il n'existe point de salut. De même que la gnose représentait l'hérésie suprême pour l'Église de Rome, aujourd'hui, sous prétexte de laïcité, la République combat la nouvelle hérésie de l'irrationnel. Ce faisant, elle rejette dans les limbes de l'irrationnel tout ce que son étroitesse d'esprit ne peut intégrer. Le schéma est simple : « l'irrationnel » est assimilé à la manipulation mentale qui mène au système totalitaire et à la dérive criminelle. En fait, derrière l'irrationnel, on range tout ce qui ne se réduit pas à la raison. On entretient la confusion entre superstition et spiritualité. Pour le Front Rationnel, les explorateurs des mondes invisibles doivent demeurer dans leur ghetto. Toutes les connaissances qui ne proviennent pas de la science occidentale des deux derniers siècles sont considérées comme absurdes. On appelle « paranormal » tout phénomène que le scientisme ne parvient pas à expliquer et « parascience » tout ce qui remet en question le rationalisme. En France, l'univers est unidimensionnel. Et si une armada d'ovnis est repérée au-dessus de la Belgique, ces intrus ne sont pas autorisés à passer la frontière française. Ni les nuages radioactifs, ni les réseaux de pédophiles ne passent les frontières du royaume de la désinformation.

Les autorités françaises, dépitées, se sont rendu compte qu'énormément de gens s'intéressaient à ce qui se passe de l'autre côté du miroir des apparences et à toutes les présences qui vibrent dans l'univers visible et invisible. Ils se passionnent pour la spiritualité, le paranormal, l'astrologie, l'ésotérisme, la télépathie, les sorties hors du corps, les perceptions extrasensorielles, la voyance, les anges, les ovnis…

Il n'est qu'à voir le succès rencontré par une série comme *X-Files* pour comprendre que les nouvelles générations ne sont pas satisfaites par l'idéologie scientiste qui castre les intuitions de l'âme et les inspirations de l'esprit. Tous le sentent : la vérité est ailleurs... Mais pour le scientisme dominant, l'esprit transcendant et l'imagination créatrice sont des obstacles à l'exercice de la rationalité. Ce qui explique pourquoi les tenants du matérialisme ont toujours persécuté les minorités spirituelles. Pour freiner le développement de pratiques et d'idées qui apparaissent folles aux membres du Front Rationnel, il faut donc les diaboliser. Comme on ne peut pas mettre tous les curieux et les intuitifs en prison, il faut trouver un moyen d'éviter une contamination de la population. Le mythe sectaire permet de stigmatiser toute pensée qui s'écarte de l'orthodoxie scientiste. Toute idée originale sera qualifiée de sectaire. À partir du moment où les « sectes » sont déclarées dangereuses, leurs idées sont jugées fausses et leurs centres d'intérêt débiles.

Le terrorisme intellectuel

Majoritairement, les intellectuels français sont sous la chape de plomb de la propagande anti-secte, ce qui n'est pas le cas dans d'autres cultures, notamment chez les Anglo-Saxons. Parce qu'ils pensent que la lumière de la raison est le point culminant de la conscience et le zénith de l'humanité, les élites culturelles s'enferment dans une certaine forme de terrorisme intellectuel caractéristique de la tradition française. Pour suivre la meute, il faut aujourd'hui être contre les « sectes ». Cette attitude s'explique par plusieurs raisons. La communauté des intellectuels français s'intéresse peu aux problèmes spirituels. Elle se méfie des « superstitions religieuses » et les « sectes » ne leur apparaissent que comme une formule aggravée de ces superstitions. Elle ne dispose pas d'autres sources d'information que celle des bidonneurs médiatiques. Dès qu'une personne s'affilie à un groupe spirituel ou suit les enseignements d'un instructeur, on estime qu'elle est privée de son autonomie. Or, il est frappant de constater que les cercles parisiens obéissent à la logique même qu'ils condamnent chez les autres : sous l'égide d'une autorité intellectuelle, ils se réunissent en chapelles et en clans féodaux qui se font la guerre en tissant leur réseau d'influence dans l'édition, l'université et les médias.

Dans leurs livres, leurs journaux et sur leurs écrans, les porte-parole de l'intelligence humaine, professeurs et leaders d'opinion pérorent sur l'intolérance, le racisme, le sexisme, le fascisme, le droit à la différence... Toutes ces bonnes consciences et ces bonnes volontés commémorent à coup de numéros spéciaux l'abolition de l'Édit de Nantes, la parution du *J'accuse* de ZOLA ou la Déclaration universelle des droits de l'homme. Le bruit de ces commémorations rend inaudibles les nouvelles formes d'intolérance qui se manifestent aujourd'hui. L'esprit d'inquisition prend toujours de nouveaux masques pour tromper la vigilance du bon sens : il change de cible, de discours, de technique, mais le ventre est toujours fécond d'où surgit la bête immonde. Ces messieurs encensent Voltaire, le combattant des libertés, mais qui, parmi eux, lutte aujourd'hui avec le même courage contre le fanatisme du clergé laïque ? Quand les sociologues des religions ont dénoncé le lobby anti-secte, qui a relayé leur colère ? Les modèles des intellectuels sont RIMBAUD, BAUDELAIRE, MALLARME, les Surréalistes – ces poètes voyants épris d'ésotérisme et de magie. Mais les maîtres penseurs d'aujourd'hui s'inquiètent dès lors que les modernes héritiers de ces poètes parlent le langage de l'invisible. Hier ZOLA écrivait *J'accuse*. Aujourd'hui, c'est « J'excuse » que murmurent les écrivains français devant une intolérance dénoncée par les instances européennes et internationales.

La seule vue d'un symbole ésotérique met en fureur les obsédés du complot fasciste. Pour eux, tout ce qui parle d'élévation spirituelle relèverait de l'élitisme de la race supérieure. Tout amateur d'ésotérisme devient un nazi en puissance. Du fait que certains mouvements plongent leurs racines dans des traditions pré-chrétiennes, tous les groupes qui se réfèrent à d'anciennes mythologies seraient des repères de l'extrême-droite.

La répression contre la liberté de conscience ne touche pas encore directement la communauté intellectuelle mais elle suscite un climat de lynchage qui risque de se retourner contre elle un jour, pas si lointain. La chasse aux sectes est un symptôme : aujourd'hui l'horreur est économique mais demain, si nous n'y prenons garde, l'exclusion sera idéologique et spirituelle.

Aujourd'hui, les groupes de presse, les médias audiovisuels et l'édition sont aux mains de quelques financiers et technocrates qui influencent l'opinion en fonction de leurs intérêts. Et cet intérêt est celui d'une normalisation des comportements au service d'une mondialisation de la société marchande. Bâillonner l'expression des différences est donc un des objectifs de ceux qui tiennent les leviers de commande. La lutte contre les minorités spirituelles n'est qu'une expérience de laboratoire faite sur une catégorie de la population. Demain, des pans entiers de nos libertés démocratiques peuvent être remis en question à travers la mécanique infernale d'une désinformation que personne ne pourra plus arrêter. C'est aujourd'hui qu'il faut réagir. Demain il sera trop tard. Rappelons-nous les leçons de l'histoire qu'on voudrait tant nous faire oublier...

TROISIÈME PARTIE

L'INDUSTRIE DU MENSONGE

Le mensonge est aux démocraties
ce que la violence est aux dictatures.

Denis ROBERT

Chapitre 10

Le grand bluff

La société est une merveilleuse machine
qui permet aux bonnes gens
d'être cruelles sans le savoir.
Alain, *Propos sur le bonheur*

En 1996, la montagne du rapport GUYARD a accouché d'une souris grise bureaucratique : l'observatoire interministériel sur les sectes. Autour du très aristocratique Antoine GUERRIER de DUMAST qui dirigea cet observatoire, on retrouvait la même équipe des « frères Ripolin » – BRARD, GUYARD, GEST, ABGRALL – dont le rôle est de lessiver les cerveaux pour mieux blanchir le monde politique. La mission de cet observatoire, former et informer, ne convient pas aux nouveaux croisés qui veulent, eux, déformer et désinformer. Une lutte de pouvoir s'engage entre GUERRIER de DUMAST, haut fonctionnaire soucieux de l'impartialité de l'État et les représentants du lobby anti-secte qui proposeront, dans le cadre de cet observatoire, une juridiction d'exception, un recensement et un fichage des adeptes, une réforme des associations de 1901, des contrôles financiers, psychologiques, scolaires ainsi que la création d'un organisme de surveillance… Le meilleur des mondes !

Les Marx Brothers – c'est aussi le nom qu'on leur donne pour leur style stalinien – vont se débarrasser de GUERRIER de DUMAST pour mettre en place leur machine de guerre : la mission interministérielle de lutte contre les sectes (MILS). Pour diriger cette mécanique, ils ont ressuscité un mort, Alain VIVIEN, qui avait disparu de la scène politique à la fin du gouvernement Cresson où il était le secrétaire d'État de Roland DUMAS. En février 1992, Pierre BEREGOVOY, nommé Premier ministre, annonce qu'il va entamer la lutte contre la corruption. Ne furent sélectionnés dans le nouveau gouvernement aux mains propres que des ministres qui ne traînaient pas de casseroles derrière eux. VIVIEN perd alors son portefeuille de secrétaire d'État.

Ex-secrétaire d'État, ex-maire, ex-député, ex-conseiller général, ex-conseiller régional, VIVIEN va donc se faire oublier quelque temps au Conseil d'État où il effectue la traversée d'un désert qu'il connaît bien, lui qui possède de solides amitiés en Libye et au Tchad… Durant cette traversée du désert, VIVIEN trouve l'oasis du Centre contre les manipulations mentales, créé par Roger IKOR, dont il devient le président après avoir chassé le psychiatre MONROY de son poste. Après quelques années d'oubli, il devient Monsieur Secte, le chevalier blanc chargé de bouter l'hérétique hors de France. Comme cet *apparatchik* de la maçonnerie internationale « fait bien ce qu'on lui dit de faire », il va mettre un zèle particulier à remplir sa mission.

Les experts en communication de Lionel JOSPIN savaient ce qu'ils faisaient en lançant le terme de majorité plurielle. La quête de pluralité et de diversité est une demande importante pour un peuple lassé par la morgue d'une caste technocratique qui voudrait imposer à tous une standardisation des modes de vie et de pensée. Mais comment se fait-il donc que le chef de la majorité plurielle soutienne une entreprise qui, sous couvert de lutte contre les sectes, vise justement à éradiquer la diversité des opinions et des croyances ? Alors que Lionel serait ouvert à la diversité, JOSPIN retrouverait le ton d'un socialisme sectaire et antireligieux pour débusquer les hérétiques ? Un Premier ministre protestant qui a pour fief électoral une terre cathare peut-il devenir le chef d'une croisade antireligieuse que n'aurait pas désapprouvé Simon de Montfort ?

Le premier numéro de l'éphémère quotidien *La République* lancé par Henri EMMANUELLI, ancien secrétaire général du parti socialiste, propose une enquête titrée : « Sectes, JOSPIN adopte la méthode forte ». Une litanie de clichés sur la République en danger permet de développer une thématique guerrière contre une partie de la population française. Les journalistes parlent d'un *« véritable arsenal »* de mesures contre les sectes, *« de groupe opérationnel, de sécurité publique, de coopération internationale ».* Alain VIVIEN est présenté comme *« un partisan d'une véritable répression policière »*… Rappelons-nous de la mise en garde de PAUWELS en 1985 à la sortie du rapport VIVIEN : *« Je me méfie moins des associations de cerveaux fêlés que d'un État socialiste qui prétend les réparer et envisage des organismes administratifs pour décider de l'intégrité mentale des citoyens. Or, c'est la conclusion du rapport de*

M. Alain VIVIEN, député de gauche. » VIVIEN avait imaginé ce fameux organisme administratif qui décide de l'intégrité mentale des citoyens et maintenant voilà qu'il le dirige. Il voit plus loin que les intégristes catholiques de l'Adfi en donnant à la nouvelle inquisition un aspect laïque et politiquement correct. Plus question de laisser croire qu'on s'attaque aux croyances religieuses hérétiques. Avec l'appui d'un ordre des médecins souvent inspiré par l'industrie pharmaceutique, on étendra donc le champ de la répression contre les médecines alternatives et tout ce qui relève du « développement personnel ». Un homme de gauche, grand prêtre de la religion républicaine, se doit de lutter contre le diable, c'est-à-dire le totalitarisme, sans prêter le flanc à l'accusation d'être un exterminateur des mauvais croyants. Du coup, VIVIEN identifie toutes les minorités spirituelles à des sectes, et toutes les sectes à des groupes totalitaires, c'est-à-dire, en fin de compte, à des groupes criminels. Ce glissement idéologique et sémantique est exactement celui de l'Inquisition : tous ceux qui ne sont pas catholiques sont des hérétiques et tous les hérétiques sont des suppôts de Satan coupables de sorcellerie.

Quelques mois seulement après la mise en place de la MILS, les méthodes de son président, Alain VIVIEN, sont d'ores et déjà publiquement remises en question par les membres mêmes de cette mission qui sont en grande majorité des militants « anti-sectes ». Selon le journal *La Croix* qui se fait écho de ces plaintes, Alain VIVIEN exerce un pouvoir personnel et n'a pas encore réuni les instances collégiales qu'il devrait diriger.

Que signifie ce goût du secret quand on dirige un organisme dont les activités touchent de si près aux libertés démocratiques ? Il semble qu'au débat public et contradictoire, M. VIVIEN préfère les intrigues de couloir et les stratégies opaques au sein de loges et de services plus ou moins secrets. Ce peu de goût pour la transparence et le débat public l'a conduit à nommer sa compagne, Patricia CAZANO, « directrice administrative » du CCMM. Patricia CAZANO suit, comme une ombre, la carrière de son compagnon. Elle fut son assistante parlementaire quand il était député. Jusqu'en septembre 92, elle est ensuite secrétaire à Via France, une société spécialisée dans l'aménagement urbain, mise en cause dans l'affaire « URBA ».

Quand M. VIVIEN débarque au CCMM, il emmène sans doute, comme à son habitude, sa compagne dans ses bagages. Depuis fin 98, date à laquelle M. VIVIEN quitte la présidence du CCMM pour celle de la MILS, Patricia CAZANO dirige de fait le CCMM. Suite à un appel au siège de cette association, nous apprenons que c'est elle qui, en l'absence d'un président, gère les dossiers. Elle intervient à plusieurs reprises dans la presse qui la présente parfois comme la présidente du CCMM. Elle déclare à *Femme Actuelle* : *« Nous portons les dossiers particulièrement lourds devant la Commission interministérielle. D'ici la fin de l'année, la loi nous autorisera à accompagner les familles devant les tribunaux où nous pourrons nous porter partie civile. »* Un représentant de l'État républicain peut-il ainsi mélanger impunément vie privée et fonction publique ?

Cette confusion des genres amène à se poser de très nombreuses questions sur notre démocratie. Il semble que, pour certains, l'inquisition moderne soit devenue un fond de commerce dont on puisse faire profiter ses proches. Suffit-il d'être à la fois la compagne et l'assistante d'un haut fonctionnaire pour diriger une association subventionnée par l'État, agrée par le ministère de la Jeunesse et des Sports ? Quel est le contrôle de l'État sur le fonctionnement d'une association comme le CCMM pressentie pour devenir auxiliaire de Justice au mépris des droits les plus élémentaires ? Qui contrôle l'utilisation des fonds publics et des subventions alloués tant à la MILS qu'au CCMM ? Dans tout autre démocratie que la France une telle situation de népotisme aurait déjà conduit à la démission immédiate des intéressés. Mais en France, la République est bon enfant et la noblesse d'État n'a cure de ces détails prosaïques... Par contre, aux États-Unis, où on ne plaisante pas avec les libertés démocratiques, la situation française apparaît comme ce qu'elle est : alarmante. Au début avril 99, Alain VIVIEN reçoit la visite de six enquêteurs américains du Bureau des Droits de l'homme du Département d'État américain. Ces enquêteurs interrogent le président de la MILS sur les actions du gouvernement français vis-à-vis des minorités religieuses. Un mois plus tard, ces enquêteurs remettent un rapport incendiaire d'une soixantaine de pages à Bill CLINTON. Ils rendent compte des persécutions contre les minorités spirituelles et réclament des mesures de rétorsion contre la France. *Le Figaro* du 11 juin 99 se fait l'écho de cette affaire : *« À en croire un rapport du Département d'État américain, la France serait engagée dans un combat sans merci contre la liberté religieuse. Publié le 17 mai sur le site officiel du gouvernement, ce rapport accessible via Internet*[69]*, critique le* ***" système français de discrimination légale contre les nouvelles religions minoritaires "****»... Les auteurs de ce texte suggèrent au gouvernement américain de faire pression pour que la France, mais aussi l'Allemagne ou l'Autriche modifient leurs lois. Ce document pourrait être sans conséquence s'il n'était l'œuvre d'un comité du Département d'État et si les États-Unis n'avaient adopté une loi spécifiant leur politique étrangère face aux libertés religieuses. Voté en janvier 98, cette législation autorise le chef de la Maison-Blanche à prendre des sanctions économiques et à ordonner un embargo militaire, financier ou technologique contre les pays qui ne respecteraient pas l'idée que la première puissance mondiale se fait de la liberté religieuse... Alain VIVIEN vient d'alerter Lionel JOSPIN, par courrier, sur les accusations portées par les États-Unis à l'encontre de la Justice française.*

Lors de la dernière conférence de l'OSCE à Vienne, M. BARTHELEMY, secrétaire général de la mission interministérielle de lutte contre les sectes, a pris la parole. Selon le Cesnur : *« M. BARTHELEMY a mentionné que la liberté religieuse est protégée au même titre que la "liberté des consciences" et qu'il peut y avoir conflit entre les deux. Plusieurs spécialistes ont noté que cet argument qui avait été utilisé en France au XIXe siècle pour dissoudre des congrégations religieuses catholiques refait surface aujourd'hui... En conversant avec des journalistes italiens et d'autres pays, le Dr Massimo INTROVIGNE a indiqué que, bien mieux que n'aurait pu le faire n'importe quelle analyse d'un chercheur ou universitaire, le discours, extraordinaire dans son genre, de M. BARTHELEMY a montré à tout le monde l'intolérance des milieux de la MILS qui, non seulement substituent à la discussion et au dialogue une attitude "complotiste" paranoïaque (tous ceux qui critiquent la MILS sont des agents de la Scientologie ou des sectes) mais proposent comme position officielle de la France en matière de liberté religieuse des notions hostiles à la religion en*

---

[69] www.stage.gov/www/global/human-rights/990517-report/

général qui remontent à l'anticléricalisme du XIXe siècle. » En appelant au souvenir de Vichy, les maçons du Grand Orient se plaignent des mesures de discrimination du gouvernement anglais contre les francs-maçons alors qu'un des leurs, le frère VIVIEN, met en place une politique de discrimination bien plus répressive contre les minorités spirituelles.

La contamination

Dans un premier temps, la grande majorité des membres des groupes spirituels se considérait elle-même comme anti-secte. Ils durent déchanter quand ils se sont aperçus que tous les groupes étaient systématiquement visés. Pour se défendre et pour comprendre, ils rencontrèrent des membres d'autres groupes, étiquetés sectaires depuis de nombreuses années. Ils s'aperçurent de la manipulation et purent en analyser les différents rouages. Certains s'engagèrent ainsi dans le combat pour la liberté de conscience.

D'autres personnes ne se sentaient toujours pas concernées par la croisade des inquisiteurs : les membres des religions institutionnelles, les thérapeutes, les éditeurs et journalistes engagés dans le renouveau spirituel, les praticiens des médecines douces... Aujourd'hui, tous doivent déchanter car les uns et les autres sont directement visés par des campagnes ciblées contre les techniques de développement personnel, contre les médecines douces, contre telle confession religieuse.

Le CCMM a dressé le catalogue des pratiques pouvant tomber sous le coup de délit de secte. Il s'agit de la plupart des méthodes thérapeutiques non conventionnelles comme la naturopathie, le jeûne, la sophrologie, la méditation et les techniques issues du Nouvel-Âge. D'ores et déjà, on vient d'interdire un certain nombre des médicaments homéopathiques, demain on s'attaquera à d'autres approches alternatives. Rendant compte dans *Nouvelles Clés* du nouveau pamphlet du docteur ABGRALL concernant les médecines douces, Sylvain MICHELET se demande si le fait de s'occuper des sectes l'autorise à se comporter de manière fanatique : *« C'est la question que se sont posée beaucoup de gens à l'annonce de la nouvelle croisade du psychiatre : la dénonciation, dans un pamphlet lapidaire et furieux, de toutes les médecines alternatives, de l'homéopathie à l'acupuncture et de l'ostéopathie à l'ayurvéda... Certaines déclarations du Dr ABGRALL sont terrifiantes ; par exemple, ayant amalgamé en une soupe infâme toutes les théories non officielles, il se demande si on ne pourrait pas éduquer les enfants dès la maternelle, de telle sorte que soit éradiqué en eux à jamais le désir de faire appel à ces charlataneries magiques... »*

Quand certaines minorités spirituelles qualifiaient de terrifiantes les propositions de ce même docteur en matière de spiritualité, beaucoup de personnes, qui ne connaissaient pas le problème, pensaient que ces groupes exagéraient. Là éclate au grand jour la supercherie dans la mesure où les problèmes médicaux concernent bien plus de monde. Suite à l'interdiction de nombreux médicaments homéopathiques, la coordination des médecins homéopathes français dénonce les atteintes au libre choix thérapeutique : *« Une volonté insidieuse visant à supprimer la liberté du choix thérapeutique se fait jour dans notre pays, bafouant entre autres les 30 à 40 % de français qui se soignent par l'homéopathie et les calomniant d'appartenir à des sectes. »*

Les psychothérapeutes sont aussi victimes de cette campagne. C. ALLAIS, docteur en psychologie, fait part de ses préoccupations quant à l'amalgame entre sectes, développement personnel et psychothérapie : *« De par sa fonction, le psychothérapeute se retrouve souvent au centre de dissensions familiales ou conjugales. Son rôle est d'aider son patient à s'autonomiser, ce qui peut déranger un entourage captateur qui sent que son "objet" lui échappe. Ce phénomène a toujours existé. Mais confronté à cette situation, l'entourage tend aujourd'hui à invoquer la manipulation mentale. Quand un conjoint ou un parent s'inquiète de la sorte, presque toujours il s'adresse à un organisme anti-secte. Malheureusement ces demandes sont comptabilisées par ces organismes et vont servir ultérieurement comme preuve qu'il y a bien des soupçons sur tel ou tel thérapeute[70]... »* De plus en plus de personnes instables, déséquilibrées ou malades mentalement utilisent les stéréotypes sectaires comme supports de leur délire : *« En état de crise, ils vont souvent accuser leurs thérapeutes, et même des thérapeutes qui ne travaillent pas directement avec eux, de faire partie des sectes...*

---

[70] *Psychologies*, janvier 1998.

L'ensemble de la situation actuelle est très décourageant et exercer dans ces conditions nous stresse considérablement[71]. »

Dans ce climat de chasse aux sorcières, toute technique de thérapie ou de développement personnel peut être assimilée à une manipulation mentale. Thérapeute et formateur, Alain MOENAERT[72] analyse cet amalgame : « *Le battage médiatique et une certaine agitation politique ont concouru à entretenir un climat de peur – basé sur des amalgames approximatifs et des généralisations abusives vis-à-vis de mouvements utilisant des techniques de modification mentale. Dans ce climat ressemblant parfois à une chasse aux sorcières, chaque mouvement alternatif devient une secte, chaque secte une secte dangereuse et l'on amalgame technique de changement thérapeutique avec lavage de cerveau.* »

L'Adfi a également identifié les domaines à risque comme les cours de yoga, la thérapie familiale, les conférences sur les ovnis et les sujets ésotériques… mais aussi des commerces sensibles comme les librairies spirituelles, les restaurants végétariens et les magasins de diététique.

Comme le fait AURORE dans le bulletin de l'Omnium de mars 1998, de nombreuses voix s'élèvent pour crier au feu et au fou : « *Tout cela fait partie d'un programme de destruction concernant les minorités spirituelles. La grande secte de la pensée unique est à l'œuvre, éliminant progressivement de plus en plus de libertés. Bientôt, si nous ne faisons rien, nous craindrons d'aller consulter un homéopathe, de rentrer dans un magasin diététique, de suivre un cours de yoga et nous devrons vivre clandestinement notre végétarisme, notre écologisme ou nos différentes aspirations spirituelles. Il faudra se conformer aux normes établies, vous faire vacciner, manger et penser comme tout le monde et être un bon catholique.* »

Les bons catholiques eux-mêmes sont victimes de ce climat puisque des communautés religieuses et des prêtres sont harcelés à cause de leur foi ou de leur pratique. Parmi les membres de

---

[71] *Psychologies*, janvier 1998.

[72] *Ressources*, septembre 1996.

l'Omnium, nous avons des prêtres accusés d'animer des groupes de prières. Si... si !

Déjà des catholiques, des protestants, des bouddhistes, des musulmans s'inquiètent du courant antireligieux déguisé sous le costume de la chasse aux sectes. Le père VERNETTE, délégué de l'épiscopat pour les sectes et les nouvelles religions, réagit à la création de la mission interministérielle en s'étonnant que *« ...sur un problème de société aussi important... les représentants des grandes familles de pensée et des grandes religions n'aient jamais été consultés. »*

Après avoir été proche de l'Adfi, le père VERNETTE s'est désolidarisé publiquement de cette officine, mais le piège se referme, un peu tard peut-être, sur ceux qui sont en train de récolter le résultat des graines d'inquisition qu'ils ont eux-mêmes semées il y a vingt ans. À trop jouer avec le feu, on finit parfois sur le bûcher. Pourquoi les « Frères Ripolin » inviteraient-ils les représentants des religions puisqu'elles sont justement la cible cachée derrière le leurre sectaire ? VIVIEN suit la stratégie de son gourou IKOR : attaquer les sectes pour viser les religions..., après l'exercice, voilà les grandes manœuvres.

Pour répondre à la demande des familles, le Centre culturel franco-musulman de Montreuil propose, à la rentrée scolaire 1997, des cours gratuits de soutien scolaire. Jean Pierre BRARD, membre de la MILS et maire de Montreuil, combat cette initiative en évoquant dans une lettre sa vigilance face à *« toute dérive fondamentaliste, dont la capacité à se saisir de la croyance religieuse comme d'une arme meurtrière n'est plus à démontrer »*. Amalgame, procès d'intention et discours classique de la part d'un militant antireligieux. Le problème est que ces militants possèdent dorénavant, avec la MILS, un outil de répression étatique au service de leur idéologie antireligieuse. Dans la revue *Islam de France (mai 1998)*, le responsable du centre répond au maire : *« Je considère que ces propos sont de nature à semer le trouble dans la conscience du public et constituent précisément une incitation à la haine et au racisme religieux islamophobe. Pour cela je me réserve le droit de porter plainte contre vous, pour abus d'autorité, discrimination, diffamation à l'égard de ma personne et du groupe religieux auquel j'appartiens... »*

Cyber-inquisition : la puce à l'oreille

Les religions institutionnelles sont quand même un gros morceau à avaler pour les croisés de la social-technocratie. Ils sont donc en train de nous inventer une cyber-censure avec la création d'un super-fichier informatique regroupant la plupart des informations administratives, fiscales et policières. Effrayés, des membres de la commission informatique et libertés (CNIL) ont exprimé leurs craintes. Il faut noter la résistance de Louise CADOUX, vice-présidente de la CNIL qui a dénoncé ce type de pratique qui *« permet de faire des sélections très fines de la population pour le meilleur et pour le pire aussi. »* Pour le meilleur des mondes sans doute, si l'on sait que l'amendement liberticide déposé par le député BRARD a été voté sans l'avis de la CNIL. L'usage de l'informatisation systématique à des fins policières paraît si dangereux qu'il a donné lieu à une levée de boucliers chez les syndicalistes CGT et CFDT des Impôts, de l'INSEE et d'autres organisations publiques ainsi que chez plusieurs juristes dont maître JAULIN, membre de la CNIL pour lequel : *« Il s'agit du traitement informatique le plus liberticide que j'ai eu à connaître. »* Selon Maître LECLERC, président de la Ligue des droits de l'homme : *« Imaginez un instrument de cette force aux mains des gens moins bien intentionnés. »* Nous l'imaginons d'autant mieux que ceux qui sont à l'origine de ce fichier ont imaginé l'usage qu'ils pourraient en faire dans leur croisade idéologico-policière.

De nombreux indices qui convergent et se recoupent devraient nous mettre la puce à l'oreille ! Et si le cyber-totalitarisme commençait dès aujourd'hui par la mise en fiches des opinions et la mise en cause des libertés individuelles ? Avec les progrès technologiques, l'inquisition est en 3D : discrimination, désinformation, diabolisation. À l'heure où la mondialisation en cours a besoin de consommateurs ciblés et passifs, on assiste donc à une vaste entreprise de normalisation, marginalisant tous les styles de vie et de pensée qui ne cadrent pas avec les dogmes de la social-technocratie. Le label de Normalité est donné à celui qui suit le modèle édicté par les lois du marché... Tous ceux qui sentent en eux l'appel d'une transcendance et d'un idéal qui dépassent ces normes économiques, tous ceux qui n'acceptent pas de réduire l'expérience humaine aux profils psychologiques définis par les publicitaires vont se heurter aux tenants de la pensée unique. Le principal obstacle à cette entreprise de normalisation est la liberté de conscience. Aussi, la stratégie des normalisateurs sera de s'attaquer à cette liberté fondamentale en diabolisant certaines minorités pour justifier une restriction progressive des possibilités et des choix offerts à chacun.

Le normalisateur fera donc la chasse à l'hérétique, terme dont l'étymologie signifie simplement « celui qui choisit ». Selon le danger qu'il représente pour le système, l'hérétique sera d'abord marginalisé. S'il résiste, il sera ensuite persécuté. S'il persiste, on le sacrifiera sur l'autel médiatico-judiciaire au nom du conformisme majoritaire. Les minorités spirituelles représentent une cible prioritaire pour ceux qui cherchent à éradiquer la liberté de conscience : ces foyers de résistance sont effectivement des lieux d'échange et de convivialité qui permettent à l'individu d'éveiller sa sensibilité et d'accéder à des informations qui le rendent plus conscient, autonome et responsable. Les minorités spirituelles dérangent dans la mesure où ce sont des laboratoires où peuvent se vivre et s'expérimenter d'autres valeurs, plus qualitatives. On y apprend la solidarité et la coopération là où le système prêche l'individualisme et la compétition. Là où l'hypnose des techniques modernes de communication nous impose ses images violentes et spectaculaires, on y apprend à développer la subtilité de ses perceptions internes. Là où l'idéologie dominante ne prend en compte que les valeurs marchandes, on fonde les échanges sur des valeurs humaines et spirituelles.

Pour atteindre la conscience d'un peuple ou celle d'un individu, on commence toujours par viser ses libertés d'opinion et d'association. Toute organisation et toute initiative qui développent cette liberté de conscience seront violemment combattues par les tenants de la normalisation. À notre époque, l'idéologie dominante n'est plus une tyrannie sanguinaire de type religieux ou idéologique. Comme nombre d'observateurs éclairés l'ont remarqué, nous vivons dans ce qu'on peut appeler une démocratie formelle qui conserve toutes les apparences de la démocratie mais qui en a perdu l'âme et l'esprit : hommes et nations sont peu à peu dépossédés de leur souveraineté au profit d'une technostructure financière multinationale qui utilise la puissance médiatique pour endormir les masses et les contrôler. Le romancier Russell BANKS analyse cette nouvelle forme de totalitarisme : *« La fin des idéologies s'est traduite aux États-Unis par l'évolution insidieuse d'une forme de totalitarisme : un processus anonyme, sans brutalité apparente, selon lequel les valeurs marchandes ont pris le pas sur les relations humaines, où la rupture avec le passé et le système de consommation immédiate revêtent un aspect totalitaire*[73]. » Raoul VANEIGEM fait le même constat : *« Le totalitarisme économique n'a plus besoin d'hommes politiques ni d'idéologies. Il lui suffit de fonctionnaires qui gèrent mondialement la dette publique et la faillite des États nationaux. Les Führer, leaders et autres chefs charismatiques n'ont pas résisté aux critères de rentabilité selon lesquels un patron vaut moins qu'un directeur du marketing, lequel n'arrive pas à la cheville d'un spéculateur avisé. L'économie totalitaire ne prive pas le peuple de ses libertés, elle prive seulement la liberté de sa substance vivante. Elle en fait une liberté marchande qui s'achète, se vend, s'échange*[74]. »

Nous quittons l'ère industrielle qui était celle des grandes idéologies pour entrer dans l'ère informationnelle : le cybertotalitarisme vise à coloniser les consciences plutôt que les pays et à s'approprier les richesses symboliques pour mieux faire main basse sur les richesses économiques. Le futurologue Thierry GAUDIN annonce : *« Le "prêt-à-penser" étouffe la pensée et la nouveauté est traitée comme une déviance. Le nouveau territoire n'est plus ou plus seulement la terre comme au Moyen Âge, ou le capital comme au temps de l'industrie lourde, c'est le mental humain dans lequel on s'implante comme en terrain conquis. [...] Et les mangeurs d'âme espèrent bien qu'après deux générations, seuls quelques sauvages irréductibles résisteront encore. Après quoi leurs enfants finiront bien, croient-ils, par avoir, comme les autres, le cerveau laminé par le conformisme ambiant. »* Hier, la lutte contre les sectes et les minorités spirituelles, aujourd'hui, la croisade contre le libre choix thérapeutique et religieux, demain, la restriction des libertés d'expression et d'association, après-demain, le fichage informatique des dissidents et l'apparition d'une «technorma-

[73] *Le Monde,* 23 février 1998.

[74] *Nous qui désirons sans fin,* Gallimard.

lisation» à grande échelle... Ce n'est pas le scénario d'un film de science-fiction mais une réalité effrayante qui se construit tous les jours sous nos regards passifs.

Corruption

Aujourd'hui, en France, une centaine d'hommes politiques de toutes tendances sont mis en examen pour emplois fictifs, financements occultes, trafic d'influences, concussion, corruption passive, utilisation de fonds destinés à des associations à but non lucratif, etc. Le dernier rapport de *Transparency International*, organisation non gouvernementale chargée de lutter contre la corruption, classe la France en vingtième position, juste après certains pays africains, dans le domaine de la corruption. Dans une interview à *Libération*, Jean-Pierre FRANÇOIS, que la rumeur surnomme le banquier de MITTERRAND, dit, après avoir côtoyé la classe politique, tout le bien qu'il en pense : *« Les hommes politiques ? Des marionnettes au bout d'une ficelle, manipulées par les groupes industriels et financiers. La France est une république bananière. Une campagne législative coûte au minimum cinq millions de francs. Pas un homme politique sur 50 ne les possède. »*

Puisque la classe politique s'est auto-absoute sans confession pour l'éternité républicaine, il faut en déduire que s'il y a encore de la corruption en France, ce ne peut être que le fait des « sectes ». Le 9 janvier 1999, le député GUYARD démissionne de sa fonction de maire d'Évry en Essonne, jugée selon lui, « incompatible avec le travail d'un député actif ». Serait-ce que trop de députés-maires sont inactifs ou que le juge d'Huy a pris au sérieux la déposition de la secrétaire de GUYARD qui aurait bénéficié d'un emploi fictif ? Alors que son dossier était transmis au Parquet d'Évry et renvoyé en correctionnelle, Jacques GUYARD tentait, une fois de plus, de faire diversion en créant une « commission d'enquête sur la situation financière, patrimoniale et fiscale des sectes ».

C'est ainsi que les associations listées sur le rapport parlementaire reçurent une lettre signée par Jacques GUYARD, président de cette commission, ainsi que par Jean-Pierre BRARD, le rapporteur. Cette lettre présentait un « Questionnaire à l'attention des associations » de 30 pages, destiné à tout connaître de la situation financière et patrimoniale des minorités spirituelles. Le résultat de cette commission d'enquête est connu d'avance : accusés donc coupables ! Beaucoup de groupes ont déjà subi le « contrôle fiscal secticide ». Traquer le moindre denier du culte permettra d'affirmer que les sectes rançonnent les citoyens. Car, en France, une église minoritaire ne reçoit pas de dons, elle « extorque les économies des victimes des fausses croyances hétérodoxes ». Des politiciens aux abois vont comptabiliser les sous de la quête.

Avec leur nouveau rapport sur « l'argent des sectes », les députés GUYARD et BRARD viennent d'inventer le « délit de patrimoine ». Cela devrait inquiéter les Français qui ont du bien sous le soleil, car une organisation de mille membres ne peut plus posséder un immeuble, sans tomber sous le coup de patrimoine exhorbitant. Or, si on fait le calcul, les associations fichées comme richissimes n'ont reçu de leurs membres que des sommes dérisoires. En leur faisant approuver un rapport aussi grotesque, BRARD et GUYARD prennent-ils leurs collègues de l'Assemblée nationale pour des imbéciles ? Ils nous présentent un tableau des délits commis par les sectes qui se voudrait accablant mais où ne figurent, pour l'essentiel, que des redressements fiscaux d'une banalité affligeante et des infractions aux règles de l'urbanisme. Depuis quand ces problèmes relèvent-ils de la criminalité ? Depuis quand un retard de TVA mérite-t-il d'être répertorié comme un crime dans un rapport de la République ?

De plus, un membre d'une organisation religieuse minoritaire qui est patron de sa propre entreprise, se voit accusé d'être une « filiale de secte ». Selon ce raisonnement tous les patrons catholiques de France travailleraient directement pour le Vatican !

Ainsi sont tombées dans le fourre-tout sectaire des dizaines d'entreprises allant de l'agriculture biologique aux cliniques pour handicapés dirigées par des anthroposophes.

Le rapport BRARD-GUYARD sur « l'argent des sectes » est un tissu de mensonges où l'on constate que les chiffres ont été grossis démesurément tout en mettant à l'actif des associations des biens inexistants ou qu'elles ne possèdent plus. Certains mouvements ont décidé de porter plainte, car s'il leur était impossible de repousser l'accusation de « sectarisme » pour le moins insaisissable du précédent rapport de 96, il s'agit cette fois de faits et de chiffres. La transparence est une exigence, elle l'est d'autant plus pour ceux qui doivent montrer l'exemple.

Mais ce n'est pas une secte qui incita le secrétaire d'État Alain VIVIEN à se délester de ses mandats de député, de conseiller régional et de maire de Combs. Mais ce n'est pas une secte qui a mis en examen J. GUYARD pour trafic d'influence. Idem pour le camarade BRARD mis en examen pour concussion et qu'on soupçonne d'abuser du droit de préemption. L'Omnium tient à disposition de tous citoyens curieux de l'usage de l'argent public les nombreux articles parus dans la presse sur ces affaires. Ragots de journalistes ? Peut-être. En tout cas, aujourd'hui, c'est la Justice qui cherche à faire la clarté sur ces trafics. Est-ce un hasard si, au moment où il est mis en examen pour concussion, BRARD, maire de Montreuil, déclenche la riposte avec GUYARD, l'ex-maire d'Ivry – lui-même mis en examen –, en lançant une enquête opportuniste sur le financement des sectes... Sans doute les députés auraient pu choisir comme président et rapporteur des personnalités moins « marquées » pour lancer leur campagne de blanchiment. Suite à la publication du huitième rapport de la commission pour la transparence financière de la vie politique, on pouvait lire dans l'éditorial du *Monde* du 6 avril 1999 : *« "Il ne peut y avoir de République vivante lorsque tous les actes des autorités publiques ayant une implication financière donnent lieu à une suspicion généralisée", soulignait en 1994 le groupe de travail présidé par M. SEGUIN. Une fois le principe reconnu, encore faudrait-il se donner les moyens de le faire respecter. Et, en l'espèce, d'éviter que les nouvelles règles de moralisation de la vie publique soient sournoisement contournées et rendues rapidement obsolètes par l'attitude de certains élus. »* Dans un numéro consacré aux « vrais revenus des hommes politiques », le mensuel *Capital* montrait, avec plusieurs exemples à l'appui, que la multiplication des structures locales favorise les pratiques douteuses[75]. Mars 1999. Même si l'opinion publique est désinformée, le bon sens populaire sent intuitivement qu'on essaye de lui faire prendre les enfants du bon dieu pour des canards sauvages qui servent de cibles aux chasseurs de sectes pendant qu'œuvrent, derrière les fourrés et en toute discrétion, les braconniers de la République.

---

[75] *Capital,* mars 1999.

Parano

On peut s'interroger sur la façon dont le lobby anti-secte arrive encore à vendre, clés en main, son programme d'apartheid idéologique à des décideurs politiques dont la plupart sont sincèrement attachés à la liberté de conscience. Bien sûr et comme toujours, il s'agit de faire peur. Dans un premier temps, on a présenté les « sectes » comme des laboratoires où s'expérimentent des techniques de manipulation mentale. Cela a marché jusqu'au jour où les autorités scientifiques dans le domaine de la psychologie, de la psychiatrie et de la sociologie ont affirmé que le lavage de cerveau et la manipulation mentale étaient de joyeux bobards qui modernisaient les croyances maléfiques dans le mauvais œil. Devant ce mauvais point de la communauté scientifique, les anti-sectes ont adouci leur langage. Entre l'inquisition *hard* et la persécution *soft*, on trouve la même différence qu'entre les films pornos et les films érotiques : on garde les mêmes positions en cachant ce qui peut choquer. On a donc changé de terminologie en gardant toujours les mêmes arguments. Manipulation mentale a remplacé lavage de cerveau. Persuasion coercitive a remplacé manipulation mentale. Demain, captation de consentement remplacera persuasion coercitive. Mais si les noms des acteurs changent, le scénario reste le même : les « sectes » seraient des lieux où s'exercerait une manipulation psychologique fondée sur un scénario en trois actes : premièrement séduction, deuxièmement déstructuration, troisièmement restructuration selon les normes groupales. Beaucoup d'observateurs ont fait remarquer que ces trois phases correspondent à l'intégration d'un individu dans n'importe quel groupe : entreprise, parti, équipe sportive, armée, troupe. Plus l'engagement est fort dans un groupe et plus ces trois phases sont intenses.

Alors que le mythe sectaire tend à se banaliser, les inquisiteurs modernes cherchent à lui redonner une nouvelle dimension maléfique. Il s'agit pour eux de s'adapter à l'air du temps et aux thèmes porteurs de l'angoisse actuelle. La « secte » aujourd'hui n'est plus simplement présentée comme un danger pour la sphère privée de l'individu et de la famille mais comme l'élément d'un complot international. Les nouveaux gourous sont présentés comme des cadres de la *World Company*. Comme on agitait, durant le maccarthysme, le spectre de l'infiltration soviétique derrière tout démocrate, on agite l'épouvantail de l'infiltration américaine derrière tout groupe religieux minoritaire dont chaque membre devient un espion en puissance.

C'est d'ailleurs pourquoi, en France, les renseignements généraux chargés de surveiller les minorités religieuses n'ont plus l'exclusivité de ce travail. Les polices secrètes, et notamment la DGSE, surveillent elles aussi les activités de certains groupes considérés comme suspects. Des ingénieurs travaillant dans des secteurs sensibles sont mutés ou renvoyés pour cause d'appartenance à une religion minoritaire. Pour de prétendues raisons de sécurité, des sociétés sont inquiétées, voire liquidées si celui qui les dirige a le malheur d'être membre d'un groupe non conforme.

Comment en est-on arrivé là ? Depuis près de 20 ans, des services secrets, notamment la CIA, se sont rendu compte que certaines minorités religieuses pouvaient être des agents d'influence utiles à la politique étrangère de leur pays. Au début des années 80, sous le nom de « rapport Santa-Fé », circulait aux États-Unis, au sein de la direction du parti Républicain, un rapport confidentiel sur la politique étrangère des États-Unis. Ce rapport définissait l'activité religieuse comme une possibilité d'infiltration des États, particulièrement en Amérique latine. Certaines « sectes » ou minorités religieuses auraient été ainsi infiltrées voire créées dans ce but par des agents de la CIA. Selon ce rapport : *« Certaines sectes furent créées par des spécialistes de la guerre psychologique à qui on a confié le contrôle de l'espace politique et l'hégémonie des consciences. »* Ces opérations ne sont pas du goût des catholiques, qui perdent ainsi une partie de leurs troupes en Amérique du Sud. Le Centre d'information catholique de Mexico estime que, en l'an 2 000, 30 % de la population sera contrôlée par les États-Unis via des « sectes » qui sont, dans leur très grande majorité, des mouvements évangéliques. Cette concurrence déloyale oblige le pape à faire de fréquentes tournées en Amérique du Sud. La lutte entre catholiques et protestants ressemble un peu à celle existant entre Coca et Pepsi : tous les moyens sont bons. Ce modèle d'infiltration ayant été testé en Amérique du Sud, il aurait été exporté sur d'autres continents, notamment en Afrique et en Europe de l'Est. Les services secrets français s'intéressent de près aux « sectes » pour deux raisons. D'une part parce que certains groupes seraient susceptibles de représenter une tête de pont opérationnelle en France pour certaines « puissances étrangères » et notamment pour les intérêts américains ; d'autre part, parce que certains mouvements leur apparaissent comme les dépositaires de techniques secrètes de déstabilisation mentale… Selon l'idéologue de l'ennemi intérieur, le général MORIN : *« Sous le choc d'un cataclysme ou d'un conflit généralisé, les populations sont particulièrement déstabilisées. Des sectes peuvent alors entrer en scène et, grâce à leur cohésion, entraîner dans n'importe quelle dynamique le reste de la population. À ce titre, les sectes et leurs techniques de manipulation mentale ont un intérêt stratégique évident*[76]*.»*

Il existe, parmi les organisations à but spirituel, deux courants : une immense majorité de groupes essentiellement préoccupés par le développement de leurs activités dans la sphère spirituelle qui les concerne alors qu'une infime minorité aurait une stratégie d'expansion jusqu'au plan politique. On cite, par exemple, un mouvement comme la *Soka Gakkaï* qui, d'après ses adversaires, serait le vecteur de l'impérialisme japonais… Sans aucune preuve, ce groupe est soupçonné d'espionnage économique ainsi que d'infiltration du milieu scientifique. En France, ce problème d'infiltration des sectes relève principalement de la *parano* et de l'espionnite, une maladie répandue dans certains milieux. S'il était prouvé que certains groupes religieux se livraient à des activités subversives, il faudrait effectivement les dénoncer mais, jusqu'à présent, aucune preuve de tels agissements contre les intérêts nationaux n'a jamais, à notre connaissance, été retenue contre aucun de ces mouvements en France. Mais brandir cette menace de déstabilisation permet de mieux censurer la liberté de croyance et d'association.

La CIA a sans doute aidé l'expansion de l'Église de l'Unification dans la mesure où la croisade anticommuniste de MOON allait dans le sens de la politique américaine. Mais pourquoi s'en prendre au révérend MOON avec une telle virulence lorsqu'on sait que, dans les années 60, sous les administrations KENNEDY et JOHNSON, la CIA a financé le DALAÏ LAMA pour une somme annuelle de 180 000 dollars – près de un million de francs d'aujourd'hui – sans

[76] *La Mafia des Sectes.*

compter l'aide de 1,7 million de dollars par an pour les partisans tibétains. Et pourtant, qui viendrait prétendre que le Dalaï Lama est un agent à la solde des Américains ?

Le lobby anti-secte sait que les hommes politiques – de droite comme de gauche – sont sensibles au danger de l'infiltration étrangère et à la défense des intérêts nationaux. Cette alliance de certains services secrets avec quelques mouvements permet d'invoquer le grand complot des sectes qui infiltreraient l'État pour le déstabiliser au service de puissances étrangères. Ce faux complot des sectes est, en fait, une manœuvre d'intox destinée à promouvoir une campagne de discrimination.

Dans un article de presse sur les services de contre-espionnage français connus sous le nom de DST (direction de la surveillance du territoire) et intitulé « Une police politique au cœur de la République », le journaliste Thomas VALLIERES évoque *« ...les méthodes maccarthystes qui eurent longtemps cours à la DST »* Il parle ainsi de la DST : *« Elle passa son temps à établir des fiches concernant ceux ou celles qu'elle jugeait "politiquement incorrects"... Elle dressa des listes, établit des "synthèses" qu'elle n'hésita pas à faire circuler pour favoriser des pressions, exercer des chantages et surtout nourrir en préjugés et en ragots les différents ministères de l'Intérieur... En qualifiant HERNU d'"espion soviétique", et en reconnaissant que cette conviction se fondait sur des rumeurs et sur des articles de presse, le représentant de la DST révèle une conception particulièrement extensive et totalement idéologique du rôle de sa "centrale", qui consiste, normalement, non à désigner au pif des suspects mais à démasquer de véritables espions*[77]. »

Nous espérons que ces mauvaises habitudes maccarthystes ont disparu, d'autant plus qu'un officier de gendarmerie, le général MORIN, collabore sur le phénomène des « sectes » avec les services spéciaux et notamment avec la DGSE au sein de l'IHESI, l'Institut des Hautes Études de la Sécurité intérieure. Le général MORIN, qui rame à contre-courant de toute la communauté scientifique, est l'auteur de deux ouvrages, *Le Viol psychique* et *Sectarus : le violeur de conscience*. Il milite depuis de nombreuses années pour une proposition de loi qui ouvrirait un boulevard à la criminalisation des

---

[77] *Marianne,* 12 décembre 1998.

groupes spirituels. Selon lui : *« Tous ceux qui sont engagés dans des situations conflictuelles et qui utilisent des méthodes psychologiques permettant le contrôle mental de leurs adversaires font de la psychopolémologie. »* On mesure le flou de la définition qui ferait de tous les couples qui vivent des scènes de ménages des psychopolémologues en puissance. Ces méthodes *« ...seraient utilisées fréquemment par les services spéciaux de nombreux pays totalitaires et par certaines sectes politico-religieuses en Occident*[78]*. »* Le général MORIN cherche à introduire dans la loi française la notion de viol psychique, qu'il présente ainsi : *« Le viol psychique consiste dans le fait de provoquer par violence, manœuvre et tromperie, une asthénie pathologique combinée à des procédés de sophronisation pour inculquer une idéologie quelconque à une personne. »* Cette infraction serait considérée comme un crime et punie de la réclusion criminelle de cinq à dix ans d'emprisonnement, les juridictions compétentes étant saisies sur plainte des parents des victimes, ces dernières étant considérées comme incapables majeures. On imagine aisément les dérives qu'un tel projet de loi pourrait autoriser dans le contexte d'une croisade contre les mal-pensants... Cet officier de gendarmerie a dû prendre des cours du soir pour passer les diplômes de psychologie indispensables pour crédibiliser une thèse qui inquiète plus d'un spécialiste de la santé mentale, du droit et de la religion. Il ne suffit pas de s'approprier un vocabulaire technique pour rendre crédibles des affirmations qui relèvent plus du préjugé et de l'idéologie que de l'observation clinique. Sans rentrer dans un débat technique, on peut s'interroger, par exemple, comme l'ont fait certains, sur la complémentarité qui apparaît fantaisiste entre asthénie psychique et sophronisation... C'est là un débat de spécialistes dans lequel nous n'entrerons pas, mais nous avons vu, dans le cadre du programme MK Ultra, que l'alliance entre psychiatres et services secrets peut aboutir à de graves dérives. À l'heure où des syndicats de policiers et de magistrats dénoncent les *« officines barbouzardes qui gangrènent la gendarmerie »*, on peut se demander quel contrôle démocratique peut s'exercer sur une croisade qui utilise les services spéciaux sous prétexte de sécurité du territoire. Comment éviter la confusion entre les nécessités de la sécurité publique et les dérives d'une croisade idéologique ?

---

[78] *Sectarus.*

Pour MORIN, les adversaires de la France placeraient à des postes stratégiques des hommes aux cerveaux lavés. On ne reconnaît pas les envahisseurs au petit doigt mais à d'autres détails *« Si les intimes du manipulé le connaissent suffisamment bien pour savoir que ce qu'il dit ne correspond pas à ce qu'il devrait normalement dire, on peut supposer que... des manipulateurs le lui ont fait dire. »* Si l'amateur de PROUST se met à parler de l'Olympique de Marseille, attention, ce ne peut-être qu'un envahisseur. En tout cas, ce qui est sûr, c'est que s'il y a un mot introduit de manière subliminale dans toutes ces théories patapsychologiques, c'est le mot PARANO, qui résume cette tendance innée de l'être humain à trouver « normales » ses propres idées et anormales, pathologiques, voire parfois criminelles les idées du voisin selon qu'elles s'éloignent plus ou moins des siennes. Selon le juriste américain Léo PFEFFER : *« Si vous y croyez, c'est une religion, ou peut-être, la religion. Si elle vous est indifférente, c'est un culte mais si vous la craignez ou si vous la haïssez, alors elle devient une secte. »*

La fameuse dangerosité des sectes est bien souvent du *pipeau* sur lequel les inquisiteurs jouent le grand air de la mobilisation avec les thèmes porteurs de la *parano* et du complot. Voici ce qu'en dit un des meilleurs spécialistes universitaires, Régis DERIQUEBOURG : *« L'agitation anti-secte laisse perplexe sur la dangerosité des "sectes". En principe, quand un groupe est vraiment dangereux, ses ennemis se font discrets. A-t-on vu une association antimafieuse, antigang, antitrafiquante, antiproxénète faire des conférences sur ces milieux et dresser la liste des criminels de la ville ? Le sort des adhérents serait vite réglé. La mort d'une militante anti-secte du Nord montre qu'on peut s'attaquer à des groupes dits dangereux et mourir de maladie dans son lit.... »* Si certains membres du lobby anti-secte ont eu à subir des coups de téléphone anonymes et des menaces, il ne faut pas oublier qu'il arrive exactement la même chose aux leaders et à certains adhérents de minorités spirituelles qui collectionnent les menaces de toutes sortes contre eux-mêmes et leur famille. À qui profite ce climat de suspicion et de parano ? Certainement pas aux minorités spirituelles, dont les membres sont victimes de multiples violences physiques, sociales, économiques et psychologiques qui vont de la perte de l'emploi aux tentatives d'assassinat.

On peut imaginer que certaines officines barbouzardes jettent de l'huile sur le feu pour entretenir une atmosphère de haine envers certains mouvements qu'il faut à tout prix diaboliser. De telles manipulations ne seraient pas nouvelles dans l'histoire de la Cinquième République. L'incendie des paillotes corses vient récemment de nous en fournir l'exemple. Comme par hasard, certaines affaires se déroulent juste avant des campagnes de presse destinées à « sensibiliser » l'opinion publique sur la dangerosité supposée des sectes. C'est ainsi que, peu avant la création de la MILS et la nomination d'Alain VIVIEN à sa tête, il y eut toute une campagne de presse concernant un cambriolage à son domicile et un acte de vandalisme commis sur l'automobile de son amie... On peut aussi, par exemple, s'interroger sur la façon dont Paul ARIES, un politologue de la mouvance anti-secte a été harcelé durant son enquête sur la Scientologie. Lui qui, selon ses dires, a entretenu des « relations publiques cordiales » avec les responsables de ce mouvement se voit soudain maltraité : *« Des centaines d'appels anonymes, un poulet cloué sur ma porte, du vol de courrier, des filatures de motards donnant des coups de pieds contre ma voiture*[79] *... »* Plus tard, il est malmené par des hommes casqués qui lui dérobent sa serviette... Outre le fait que ces actions nécessitent une logistique importante, on ne voit pas quel serait l'intérêt des responsables de ce mouvement de mener une telle campagne d'intimidation. Dans le climat actuel de lynchage dont ils sont les victimes, il est fou d'imaginer qu'ils fassent pression de cette manière sur un membre de la mouvance anti-secte qui enquête sur eux. Ce serait une stratégie suicidaire : des manœuvres de ce type ont pour seul résultat de jeter le discrédit sur ce groupe. Comme par hasard, les plaintes déposées par M. Ariès n'ont pas abouti... Forts de notre indépendance et des contacts réguliers que nous entretenons avec les minorités spirituelles et leurs responsables, nous pensons, sans faire preuve d'angélisme et de naïveté puérile, qu'aucune d'entre elles ne mène en France une stratégie d'intimidation et de menace envers ses adversaires même s'il peut parfois exister des dérives individuelles.

À la peur de l'infiltration politique, vient s'ajouter la peur de l'invasion idéologique. La France se voulant à la pointe du combat contre l'impérialisme américain en Europe, il se trouve parmi nos

[79] *Le Monde,* 16 décembre 1998

« spécialistes » de la lutte anti-secte, quelques esprits, certainement très en avance sur les autres, pour affirmer que la bataille contre le libéralisme américain passe par la lutte anti-secte. La réalité, bien sûr, est tout autre, même si certains politiciens prennent ce prétexte pour justifier leurs campagnes d'intoxication.

« Les sectes représentent un danger planétaire », s'exclame Martine DAVID, députée P.S. du Rhône, et membre de la mission interministérielle. C'est avec naïveté qu'elle avoue que cette mission interministérielle s'était dotée de moyens financiers importants. Plus le danger est planétaire et plus les sous rentrent dans la caisse... Nous faisons confiance à Alain VIVIEN pour s'être donné les moyens de ses ambitions, qui sont énormes. L'investissement médiatique d'Alain VIVIEN témoigne de sa détermination à apparaître comme le Monsieur Secte de l'Union Européenne. Pas un journal de province n'a omis de se faire l'écho de ses appels à la purification culturelle, en présentant le portrait du grand inquisiteur brandissant le petit livre rouge du rapport parlementaire. Pris d'une sainte colère, il a même menacé de mettre les États-Unis au pas en déclarant que « la France avait pris de l'avance sur les autres nations grâce à sa tradition rationaliste » et « qu'il faudra bien que les États-Unis s'alignent » sur la croisade engagée par la patrie de la raison pure. Il a simplement oublié de préciser que les États-Unis étaient revenus du délire anti-secte depuis une dizaine d'années, suite aux scandales déclenchés par le nouveau maccarthysme contre les minorités spirituelles. Esprit laïque à la française contre hystérie religieuse à l'américaine ? Monsieur Secte contre Oncle Sam : le ring est planétaire, la croisade internationale et la *parano* intergalactique. Certains se rêvent Don QUICHOTTE et se réveillent TORQUEMADA. *« La dénonciation des "sectes" comme cheval de Troie de la culture américaine en France relève d'un nationalisme déjà employé dans la lutte contre les Témoins de Jéhovah en Allemagne*[80] *. »* En 1934, on parlait déjà de « conspiration judéo-maçonnique américaine pour détruire le peuple allemand ».

Dans une interview à *Valeurs mutualistes* de septembre 1998, Alain VIVIEN déclare au sujet des « sectes » : *« Si on y ajoute le fond culturel français, qui repose sur une bonne formation de l'esprit critique, on comprend pourquoi les Français se laissent*

---

[80] *in, La Situation...,* R. Dericquebourg.

moins duper que d'autres peuples par ce type de manipulation mentale » et, en regrettant que le Parlement européen ne suive pas la France dans ce combat, il ajoute: *« Cela s'explique par le fait que, sur le plan de la lutte contre les sectes, la France est en avance par rapport aux pays de culture anglo-saxonne. »* Il est vrai que l'inquisition est une spécialité française à l'égal du vin et du fromage. Voilà au moins un secteur où nous pouvons exporter un savoir-faire. Ces déclarations sont des pierres lancées dans le jardin du gouvernement américain, qui n'hésite pas à faire part de ses inquiétudes concernant la discrimination religieuse en France. Il existe, bien sûr, des oppositions culturelles importantes entre la France et les États-Unis, que Danièle HERVIEU-LEGER analyse bien dans un article intitulé « Prolifération américaine, sécheresse française[81]. » La France, nous l'avons vu, a été profondément marquée par le monopole d'une religion ainsi que par l'opposition entre camp catholique et camp laïque. Les États-Unis, eux, sont un pays où la religion joue encore un rôle important dans la vie publique : le président des États-Unis prête serment sur la Bible et plus de 90 % des Américains se déclarent croyants. Constituée d'une mosaïque de communautés spirituelles, la nation américaine a pour origine des émigrants qui ont fui les persécutions religieuses. Selon Jean SEGUY : *« Les premiers émigrants américains mettaient au-dessus de tout la liberté de "prophétiser", c'est-à-dire la liberté de se réunir, de prêcher, de prier ensemble, sans intervention de l'extérieur, et même d'aucune hiérarchie. »* L'appartenance à une communauté spirituelle, surtout dans sa version évangélique, fait partie intégrante de la vie américaine. Ce n'est pas pour rien si certains nouveaux groupes religieux ont eu les États-Unis pour berceau. De nombreux mouvements, considérés comme des religions aux États-Unis – parmi lesquelles notamment les Témoins de Jéhovah et l'Église de Scientologie – sont considérés comme des sectes dangereuses en France. La nation américaine ne semble pas traumatisée par la liberté de conscience qui règne en son sein. Bien au contraire, cette pluralité d'expression et d'appartenance est un des principaux vecteurs de la formidable vitalité de ce pays. Retrouvant les accents laïques du début du siècle et entonnant un discours que ne renieraient pas les ayatollahs, les socialistes français veulent donc se faire les

---

[81] *Sectes et démocratie.*

chantres d'une campagne antireligieuse qui prendrait pour cible, non plus une église catholique en perte d'influence, mais le grand Satan américain pourvoyeur de sectes infernales, c'est-à-dire, en fait, défenseur de la pluralité spirituelle. Les Américains, héritiers des minorités persécutées, devront-ils, une fois de plus, nous libérer de ce nouveau vichysme ?

Chapitre 11

Désinformation, mode d'emploi

Nous n'appelons cruauté que celle dont nous sommes victimes.
Celle que nous exerçons, nous la baptisons devoir, amour ou droit.
Tony DUVERT

Hollywood avait inventé l'industrie du rêve, aujourd'hui les médias inventent l'industrie du mensonge pour imposer une normalisation des idées et des comportements. Comment fonctionne l'industrie du mensonge ? La matière première, à l'entrée de la chaîne, est la délation et son cortège de rumeurs pour aboutir, à travers diverses opérations, à la fabrication d'un dogme officiel qui n'est rien d'autre que le point de vue d'un lobby dominant. Les deux histoires qui suivent illustrent bien deux des stades de fabrication de cette industrie du mensonge : le montage médiatique et le faux témoignage des repentis.

Montage Idiot Visuel

« *Je les regarde et je ne comprends pas qu'on ne les accepte pas.* » C'est par ces mots qu'un réalisateur de télévision signe le livre d'or de la communauté Horus le 13 juillet 1993. Deux ans plus tard, il vendra à France 2 un montage en défaveur d'Horus. Mais durant quatre ans – de 1991 jusqu'à la fin 1995 – le journaliste qui passe ses moments de détente dans la communauté n'a rien remarqué de suspect. Tout commence au guichet du Crédit Lyonnais de Valence où il rencontre Éliane, qui s'occupe de son compte bancaire. Elle est sympathisante de la communauté Horus où elle passe ses congés. Lui, marié et père de deux enfants, y retrouvera Éliane entre deux reportages. Chez Horus, les amis des amis sont les bienvenus et le réalisateur de télévision y coulera des moments de détente agréables durant plusieurs années.

Dès 1993, comme la communauté commence à encaisser des attaques, l'homme des médias se propose de faire un film promotionnel sur les activités d'Horus afin de contrer les rumeurs. Il inaugure le livre d'or d'Horus – une idée à lui – pour démontrer que le groupe ne présente aucune dérive. Il est aux premières loges pour écrire : *« ...qu'il les regarde et ne comprend pas qu'on ne les accepte pas car ce sont les petits enfants de la fin du siècle. »*

Durant l'été 1995, et peut-être avant, la femme du journaliste découvre l'idylle de son mari avec une adepte d'Horus. Elle dira son fait à Éliane qui lui répondra par courrier, ce qui laisse des traces. Notre réalisateur se fâche avec Éliane et fait profil bas. Il rumine et, cerné par le fisc – Éliane suit son dossier et l'aide à l'occasion –, il négocie au prix fort avec France 2 un reportage sulfureux sur la « secte ». Le créneau est devenu porteur et tous les coups sont permis. Il débarque à nouveau dans la communauté le 9 décembre 1995, la main sur le cœur et la caméra de l'autre. Éliane se laissera amadouer par le forcing affectif du réalisateur qui va convaincre ses amis de figurer dans un film qui témoignera de leur honorabilité. Comme il y a près de 600 000 F à la clé selon ses dires, il les supplie « à genoux » de le laisser filmer la vie quotidienne dans la ferme. Il promet de réaliser un reportage objectif sur *« des gens de 40 ans qui ont dit POUCE à la société »*. Il montrera pourquoi ces gens bien intégrés socialement et diplômés ont fait le pari de retourner à la terre. Mais, c'est un tout autre reportage qu'il doit livrer à France 2.

Il commence par filmer les chevaux et des scènes bucoliques pour mettre son petit monde en confiance. Il y a de belles images à faire dans les collines de la Drôme, mais cela est hors sujet pour un reportage croustillant sur les sectes. France 2 ne va pas payer près de 600 000 F pour de scènes de vie champêtre, car Horus, c'est avant tout des arbres fruitiers, des chèvres, la basse-cour, la fromagerie et le four à pain. C'est d'abord la tisane devant la télévision plutôt que les rituels templiers ou le délire millénariste. En dehors des fruits de taille étonnante, il n'y a rien à voir.

L'ami d'Horus va donc rivaliser d'invention pour montrer la communauté sous un éclairage glauque. N'a-t-il pas leur confiance et l'affection d'Éliane ? C'est le mois où le rapport parlementaire sur les sectes est prêt à paraître et, bien que probablement il l'ignore, on est à quinze jours du massacre du Vercors. Curieusement, son reportage sur Horus sera diffusé aussitôt après la tuerie, ce qui fera dire aux membres d'Horus qu'on a tenté de les éclabousser avec l'alerte rouge aux suicides collectifs. Quoi qu'il en soit, il est pressé de livrer son reportage à France 2. Mais comment transformer une communauté agraire de type écologique en une secte apocalyptique ? Plutôt que les chèvres et les arbres fruitiers, le réalisateur va s'intéresser aux enfants. Il leur propose : *« Si vous voulez passer à la télé, je vais vous filmer en train de couper du bois. »* Excités, les gosses s'exécutent sans se douter qu'ils apparaîtront à l'écran comme des pauvres petits exploités d'un autre âge. Ensuite, il les filme en train de jouer dans un champ en plaçant habilement sa caméra derrière une clôture barbelée. Voilà un effet de parcage d'enfants qui va émouvoir les innombrables naïfs qui ignorent les ficelles du métier. L'information virtuelle est arrivée. Il demandera également à ses copains de former une chaîne supposée montrer qu'ils travaillent en harmonie. Sans y voir malice, tout le monde se prête au jeu sous prétexte de dégager des matériaux sur un terrain. Il a dans l'idée que cette corvée peut rappeler le bagne. C'est ainsi qu'il va mettre en scène ses acteurs dociles et confiants. Mais, après le choc des images, il faut le poids des mots. Les membres de la communauté témoignent que leur copain leur a demandé de *« ...dire du mal du maire du village et de dénigrer l'éducation nationale »*. Ils refusent. En désespoir de cause, il bidouillera des bribes de conversations anodines décalées de leur contexte. L'effet est surprenant pour qui connaît le début et la fin des phrases découpées au scalpel.

Après de brèves séances de tournage réparties sur trois jours, l'ami de la famille disparaît et ce n'est que le 4 janvier 1996 que les membres d'Horus découvrent à la télévision comment ils ont été bernés. Le vaillant réalisateur sera présenté dans *Envoyé spécial* comme un rescapé ayant passé *« ...4 mois dans l'enfer d'une secte »*. Il a pourtant fréquenté Horus avec assiduité durant plusieurs années. Il déclarera même au *Dauphiné libéré* qu'il a eu plus peur à Horus que dans le Bronx ou en Yougoslavie. La bonne bouffe, la rigolade, la piscine et le reste..., est-ce l'enfer qu'il a connu dans les bras d'Éliane ?

Cette naissance d'une secte à la lumière cathodique n'est qu'une illustration de la capacité infinie de manipulation de l'image. Dans ce cas, le réalisateur a manipulé tout le monde, depuis sa maîtresse et ses amis jusqu'au public et la chaîne de télévision à laquelle il a facturé très cher un ersatz de reportage. Une universitaire nous a même demandé une copie de ce reportage pour illustrer un cours sur la désinformation. Nous pourrions produire de nombreux autres exemples de manipulations audiovisuelles réalisées par des pirates de l'information. Quand elle dégénère en spectacle, l'information est aux mains d'une véritable mafia qui opère par contrat sous la loi du silence. Dans une enquête sur les dérives des magazines d'information à la télévision, publiée dans *Libération* du 18/02/99 sous le titre « La désinformation spectacle », le rédacteur en chef d'une agence qui produit des reportages pour les télévisions dit : *« Si je parle, je suis mort professionnellement. »* On y apprend comment, sous la pression de l'audimat, les reportages trichent avec le réel pour suivre les impératifs du marketing en fabriquant des « bidonnages » et en recrutant de faux témoins.

Plusieurs livres récents ont démontré comment, peu à peu, le système médiatique est devenu ce haut-parleur qui distille aux ménagères et aux supporters les bonnes paroles du marché et la bonne conscience consensuelle. On tolère les idées religieuses, le dimanche matin, dans la mesure où elles n'engagent à rien. L'information sera traitée sous la forme d'une proclamation unilatérale qui alimente toujours le préjugé anti-secte. Dans un paysage médiatique de plus en plus lié aux impératifs économiques, la liberté de presse est formelle : journalistes et producteurs doivent se conformer à la dictature majoritaire de l'audience et de la pensée dominante sous peine d'être exclus du jeu. Ceux qui osent braver le discours dominant en allant sur le terrain risquent leur poste ou leur réputation. Des journalistes ont perdu leur travail suite à un article qui se voulait personnel sur tel ou tel mouvement.

Cette complicité médias-inquisition est le maillon essentiel de toute une chaîne de désinformation conduisant des rumeurs à devenir vérités officielles. Le rôle d'information des médias serait, normalement, de diffuser les analyses de ceux qui, sur le terrain, étudient le phénomène depuis des années. C'est ce qui se passe dans tous les domaines : politique, économique, sportif ou militaire… hormis celui de la spiritualité. Les médias occultent le rôle des spécialistes pour donner le monopole de la parole à des groupuscules plus ou moins fanatisés. Il est vrai que les anti-sectes fournissent des dossiers clés en main et un discours simpliste facilement exploitable. Les médias utilisent à fond les témoignages de repentis formatés par les groupes anti-sectes, qui leur apprennent à jouer à fond sur les cordes sensibles qui touchent l'opinion. Et peu importe si ce témoignage est un délire. Qui fera la différence ? Avec la complicité des médias, les officines intégristes ont mis en place une stratégie de communication qui repose avant tout sur une mise en scène de la victimisation : *« D'une façon générale, pour qu'une cause passe dans l'opinion publique, il faut apparaître comme un tyrannisé, imposer de soi une vision misérabiliste seule à même de vous gagner les sympathies : à ce titre, aucune formule n'est assez excessive, la montée verbale aux extrêmes est recommandée, le moindre tracas doit être élevé à la hauteur de l'outrage suprême*[79]*...* » Les officines anti-sectes sont des spécialistes de la propagande comme l'ont toujours été ceux dont la vocation est de faire avaler des couleuvres. Une de leurs principales activités réside dans l'intoxication continue d'une opinion publique qui n'a pas l'expérience d'un contact direct avec des minorités spirituelles. Ce cynisme dans le traitement de l'information explique la perte de crédit des journalistes dont Tony DUVERT disait : *« ...Aucun corps de métier ne pousse plus loin l'impudence dans l'autopropagande, la servilité dans la censure, l'aplomb dans le mensonge et l'effronterie dans l'ignorance. »*

Le montage audiovisuel est une illustration de ce mécanisme de propagande : un journaliste qui fait une émission sur un groupe spirituel cherche à filmer des plans scabreux. Imaginez, par exemple, un nain de jardin sur une pelouse. S'il s'agit d'un groupe spirituel, la caméra fera un gros plan sur le nain de jardin, et le commentaire expliquera qu'il s'agit d'un gnome chargé magnétiquement, faisant fonction de protecteur de l'environnement, et sur lequel les disciples se concentrent en envoyant des pensées positives. Autre exemple : la caméra filme une propriété dans la campagne française avec une maison tout à fait banale. Il n'y a rien de spectaculaire, mais on va chercher la faille. On fera le tour de la maison pour

[79] Pascal Bruckner, idem.

trouver une fenêtre murée. Et la télévision va restituer l'image de cette fenêtre murée en affirmant qu'il s'agit d'une secte très fermée. Si le jardin est trop modeste, on cherchera à le filmer en panoramique, à partir d'une propriété plus éloignée, pour démontrer que la « secte » dispose d'un parc splendide et doit donc bénéficier de moyens financiers considérables. C'est cela qu'on appelle un « montage » en termes de journalisme. Autrement dit, l'information ne s'adresse plus à des êtres pensants mais à des gogos qui ne demandent qu'à être confortés dans leurs préjugés de la plus grossière façon qui soit. Les minorités spirituelles ont subi tant de viols médiatiques qu'elles se méfient maintenant du journaliste comme du loup blanc et qu'elles ferment leur porte dans la mesure où elles savent que tout propos et toute image seront systématiquement déformés et réinterprétés dans une logique d'inquisition.

Profession : victime

Je souffre : certainement quelqu'un doit en être la cause,
ainsi raisonnent les brebis maladives.
NIETZSCHE

Parmi tous les cas d'apostats que nous connaissons, celui d'Isabelle SEBAGH, auteur de *L'Adepte,* nous paraît symptomatique et révélateur dans la mesure où il a été beaucoup médiatisé. Nous analyserons d'une manière plus détaillée ce cas exemplaire pour comprendre comment une communauté spirituelle de pointe s'est trouvée lynchée médiatiquement alors même que plusieurs créateurs ayant participé à cette équipe ont témoigné très positivement de leur expérience.

Aucune des associations liées au mouvement qu'Isabelle SEBAGH met en cause n'a fait l'objet de plaintes ou de poursuites judiciaires au cours de ses trente années d'existence. Or, près de douze ans après avoir quitté le mouvement qu'elle incrimine, cette personne décide de faire carrière sur l'instigation de l'Adfi qui lui met la plume à l'encrier en la médiatisant comme une « rescapée de l'enfer des sectes ».

Le programme de l'association Iso-Zen était celui d'une synthèse concernant tous les aspects de la nature humaine : le corps, la sensibilité, la connaissance tant scientifique que traditionnelle, la créativité et la spiritualité. Cette quête de totalité a conduit ce groupe à vivre de nombreuses expériences : constructions futuristes, spectacles, voyages, productions musicales, bandes dessinées, livres, etc. Suite à l'auto-dissolution d'Iso-Zen en 1978, plusieurs associations ont été créées pour explorer toutes ces facettes d'une même recherche.

La créativité de ce groupe constitue une cible pour les anti-sectes dans la mesure où il a inspiré de nombreux artistes et où il existe peu de mouvements d'origine française à se mettre sous la dent. Les anti-sectes avaient commencé à harceler ce groupe lors de l'affaire du Guyana, puis un étudiant en médecine chercha à le déstabiliser en suscitant les attaques médiatiques habituelles ; les anti-sectes essayèrent ensuite d'associer cette équipe au *Temple Solaire* en prenant prétexte d'une bande dessinée lue par des personnes appartenant à l'OTS ; vint ensuite l'arme du harcèlement fiscal. Tout ceci ne donnait rien. À l'Adfi, où l'on a figé l'image d'Iso-Zen aux rumeurs et aux clichés datant de trente ans, on comprend aussitôt le parti à tirer d'une repentie en recherche d'identité qui, comme Isabelle SEBAGH, a besoin d'argent et de reconnaissance sociale. Vu le nombre de personnes qu'elle remercie pour les coups de plume, on se doute bien qu'elle n'a pas écrit ce livre toute seule… Des passages entiers reprennent, presque mot à mot, les thèmes de l'Adfi et son livre est construit de façon à illustrer tous les stéréotypes du scénario sectaire. *L'Adepte* est un roman ciblé qui exploite les ficelles du marketing éditorial en jouant sur toute la gamme de l'émotionnel, du sensationnel et du scandaleux. Il est intéressant de constater que ce livre est sorti en avril 1996, juste après l'hystérie « anti-secte » qui avait suivi la tragédie de l'OTS. Personne n'avait voulu le publier avant : c'est ce qu'on appelle le sens de l'opportunisme éditorial…

Il est facile de profaner l'approche sacrée d'un mouvement spirituel en lui donnant un aspect folklorique ou déviant. Il est plus difficile de comprendre sa démarche de synthèse, sur laquelle se sont penchés avec intérêt auteurs et universitaires. Explorer toutes les facettes de la personnalité, c'est aussi, si l'on veut être honnête, aborder la sexualité comme le font depuis des millénaires toutes les grandes traditions, et notamment le tantrisme, qui enseignent la transmutation des énergies vitales. La maîtrise de cette transmutation des énergies permet d'éveiller les facultés supérieures de l'esprit. À partir de ces pratiques tantriques, Isabelle SEBAGH invente un scénario délirant, où elle devient une héroïne subissant des sévices directement sortis de son cerveau. Au vu de l'équilibre psychologique, de la maturité spirituelle et du rayonnement que nous avons pu observer chez les membres de ce mouvement, on mesure à quel point ces accusations relèvent de la volonté de nuire chez une personne dont on ne peut pas dire que la vie privée ait été un modèle de vertu. Cette femme réinvente son passé comme le font de nombreux apostats... Comme elle le raconte elle-même dans son livre, elle a été une enfant perturbée, battue par son père. Elle a des relations très conflictuelles avec son entourage familial. Jeune, elle aura de nombreux amants. De son enfance malheureuse elle héritera de ses problèmes avec l'autorité en général et les hommes en particulier.

À l'âge de 18 ans, en 1978, elle rencontre la mouvance associative issue d'Iso-Zen et l'idéalise complètement. Mais, n'étant manifestement pas au niveau pour poursuivre de telles recherches, Isabelle SEBAGH part au bout de deux ans, puis revient un an plus tard, en amenant avec elle sa cousine. Elle tombe très amoureuse du fondateur du groupe, le harcèle en lui écrivant de nombreuses lettres enflammées, assez délirantes, que nous avons pu lire. Malheureusement, celui-ci, qui n'est pas en manque d'affection, ne répond pas à ses avances. Elle entre alors dans un processus de retournement complet, bien connu de toutes les communautés spirituelles. Souvent confrontée à ce type de problème, Marie-Pierre BOVY, membre de *l'Arche,* la communauté fondée par Lanza del VASTO, analyse de la manière suivante ce phénomène de rejet : *« C'est le retournement affectif : après qu'il y a eu attirance ou fusion, il y a rejet. En psychologie, on dirait "rejet du Père et de la Mère"*[80]*.. »*

Isabelle SEBAGH va haïr d'une manière aussi intense qu'elle a adoré. Avant de partir, avec son compagnon de l'époque, elle emprunte de l'argent à des membres du groupe pour un projet d'achat de bateau qui n'aboutit pas. Elle profite de cette somme avec son compagnon. Ceux qui leur ont confié cet argent vont les poursuivre en justice. En septembre 1987, le jugement en première

---

[80] *Terre du Ciel.*

instance condamne son ami à payer 67 000 F. Après quelques années d'une vie toujours aussi instable, elle décide pour se venger d'attaquer ses anciens amis, qu'elle avait déjà menacés. Ne disposant manifestement pas des capacités intellectuelles suffisantes, elle prend contact avec l'Adfi, où elle réalise sa vocation de victime, en rencontrant celle qui va devenir son nouveau gourou : la sainte patronne des apostats de France. En fait « l'adepte » s'est offert une vengeance que peu de femmes dépitées ont les moyens de s'offrir. Cette vengeance, froidement mûrie pendant 12 ans, est en marche, et c'est un combat sans risque puisque ses anciens amis n'ont pas les moyens médiatiques de se défendre dans un contexte d'hystérie contre les sectes.

En faisant référence à des événements vieux de 12 à 18 ans, et en les présentant comme une histoire actuelle, elle emmène le lecteur dans son imaginaire délirant en recréant des dialogues et des situations censés resurgir du fond de sa mémoire. Elle fait passer pour un témoignage vécu un délire de persécution qui utilise tous les stéréotypes du genre. Le passé est complètement décomposé et reconstruit afin de correspondre à l'image qu'elle veut aujourd'hui lui donner. Elle concocte pour cela un mélange savant d'inventions et de faits réels, caricatures, déformations, omissions, réinterprétations, amalgames... En fait, cette fausse victime est une vraie mythomane. Connue pour la liberté de ses mœurs, celle qui se fait le porte-parole des valeurs familiales abandonne, en 1989, son foyer et ses deux enfants, dont la plus jeune n'a que onze mois.

Victime de son père, des hommes, du gourou, de la secte, de la Justice, de la drogue et de la société qui ne lui a pas donné sa chance..., cette femme est surtout victime d'elle-même, d'un mal-être profond et d'une instabilité chronique due à une enfance difficile dont elle rend compte dans son ouvrage avec une sorte de délectation morbide. Elle y décrit la peur devant les coups de son père et la haine profonde qu'il lui inspirait. Pas besoin d'être un grand psychologue pour comprendre comment elle projette ce conflit sur tous ceux qu'elle investit de l'image paternelle. Tous les anciens membres du groupe ont d'ailleurs été stupéfaits par ce qui ressemble à un mauvais scénario de téléfilm.

Dans son livre comme dans ses interviews, Isabelle SEBAGH se plaint amèrement de n'être soutenue par aucun des anciens membres, de ne pas avoir trouvé chez eux l'écho qu'elle escomptait et les témoignages négatifs qui auraient pu nourrir sa rancœur. Tout au contraire, grâce aux activités menées au sein des associations qu'elle dénonce, des centaines de personnes ont pu découvrir des clés importantes pour leur évolution et certaines d'entre elles en ont d'ailleurs témoigné dans différents ouvrages, dont *Être Ange Témoins*[81], qui rend compte avec précision de leur recherche. Quel journaliste a lu ces ouvrages avant de recopier bêtement les propos de « l'inepte » ? On est là en plein lynchage médiatique. Beaucoup de ces anciens membres estiment que la réaction d'Isabelle a pour origine un déséquilibre qu'ils avaient déjà pu observer. En fait, les victimes professionnelles sont rares sur le marché : en avoir une sous la main, connaissant bien son rôle, représente pour les médias une valeur ajoutée d'émotion indispensable. Tant il est vrai que le grand public ne s'intéresse qu'à un scénario ciblé et spectaculaire qui réduit la quête de sens à une caricature sensationnelle. Notre « adepte » entend toucher des subventions pour l'association anti-secte qu'elle a fondée pour profiter des retombées de sa campagne de promotion. Comme la concurrence fait rage, il faut que ça tourne. On retrouvera ainsi Isabelle dans toutes sortes d'émissions et de conférences où son discours évoluera en fonction des modes du moment : les enfants, l'argent, le sexe, le gourou, l'antisémitisme, etc. ; elle ne craindra pas de se contredire dans les différentes interviews de presse, radio et télévision.

Des contradictions, on en trouve jusque dans son livre. D'un côté, elle dit : *« Notre vocabulaire se réduit chaque jour un peu plus (p.161). La culture constitue un conditionnement dangereux et destructeur (p.76). Nous ne lisons pas la presse..., nous n'avons pas la télévision..., nous n'écoutons pas la radio, elle pollue les ondes psychiques...(page 174) »* et de l'autre : *« Dans ce nouveau cercle d'amis, il n'est plus question de solitude intellectuelle ; nous bavardons pendant des heures sur les sujets les plus divers (p. 36)... »* Elle délire souvent sur l'antisémitisme supposé du leader, alors que le père d'une des membres de ce mouvement, un résistant juif historique, a été torturé à mort par la Gestapo. Comment

[81] éd. de Mortagne.

sa fille pourrait-elle adhérer depuis plus de vingt ans à un mouvement antisémite ?

Le récit est rythmé par des analyses théoriques recopiées dans les brochures « anti-sectes ». En voici un exemple consternant sur le végétarisme : *« Sous ses apparences saines, le végétarisme n'est pas anodin... Contrairement aux Hindous, les Occidentaux n'ont pas une constitution organique qui leur permette de s'adapter au végétarisme du jour au lendemain... Les végétariens ont souvent une allure un peu éthérée, leurs pieds semblant à peine fouler le sol, ils parlent à voix basse avec lenteur. »* On dirait du IKOR... À qui fera-t-on croire qu'un million de Français et deux millions d'Anglais végétariens sont des zombies sectaires ? Outre leur caractère discriminatoire inadmissible, ces propos véhiculent des préjugés d'une bêtise sidérante mais qui illustrent l'idéologie d'intolérance qui les sous-tend. Alors que l'Adfi lui sert d'attachée de presse, Mlle SEBAGH profite d'une large couverture médiatique en surfant sur l'hystérie déclenchée par le drame de l'OTS. Les droits de réponse des individus et des associations qu'elle met en cause ne seront pas publiés et pratiquement aucun journaliste ne prendra la peine de vérifier ses affirmations en rencontrant les membres du groupe montré du doigt. Deux seulement le feront, ce qui aura pour conséquence, à chaque fois, d'annuler les reportages prévus sur Mlle SEBAGH...

Alors qu'elle ne cesse de parcourir les plateaux de télévision, la même I. SEBAGH, pour se faire mousser, porte plainte contre X au sujet de prétendues fuites concernant son témoignage fait à huis clos devant la commission parlementaire. Sans doute avait-elle peur que ses affabulations ne soient dénoncées par quelqu'un qui connaissait réellement les faits. Cette plainte déposée par un avocat qui est aussi celui de l'Adfi aboutit évidemment à un non-lieu. Agacé par cette affaire, M. SEGUIN, alors président de l'Assemblée nationale, s'étonne publiquement qu'une personne publiant un livre veuille, dans le même temps, donner à sa déposition un caractère confidentiel. Suite à cette affaire, il remet en cause, dans un communiqué de presse, la confidentialité des auditions dans les commissions parlementaires : *« L'assemblée est une assemblée politique. Sa fonction de contrôle, elle doit l'exercer au grand jour. En toute transparence. Publiquement. C'est d'ailleurs le gage de son efficacité...*

Huis clos ou secret ne peuvent avoir qu'un caractère exceptionnel. » Ce commentaire est une façon de critiquer implicitement les méthodes d'une commission parlementaire complètement discréditée par l'ensemble des spécialistes qui étudient les minorités spirituelles.

De par nos propres investigations sur les enseignements et les pratiques du mouvement mis en cause par Isabelle SEBAGH, nous pouvons affirmer que ses propos relèvent plus de l'imposture que du témoignage. Ils ne correspondent en rien aux échanges que nous y avons eus et à ce que nous avons pu y observer lors de nos visites. Après avoir interrogé ceux qui ont connu cette femme, on a pu dresser le portrait peu flatteur d'une personnalité immature qui profitait des nombreux avantages procurés par la vie de groupe sans aucune contrepartie.

Le dessinateur Jean GIRAUD-MŒBIUS a participé durant plusieurs années aux activités de ce mouvement, durant la même période qu'Isabelle SEBAGH. Voici ce qu'il dit de sa rencontre avec Iso-Zen : *« Cette rencontre a été tout à fait extraordinaire pour moi. J'ai découvert toute une vie intérieure intense parce que collective... La construction intérieure dont j'ai bénéficié au cours des cinq années que j'y ai passées est à la fois très visible et très utile*[82]. »

Dans un livre autobiographique qui vient de paraître, le dessinateur parle de son expérience au sein de ce mouvement : *« Cette expérience a duré cinq années d'une grande intensité... Pour certains, j'étais devenu une sorte de monstre. Ils affirment que les groupes comme celui-ci sont une maladie de la société, qu'il faut éradiquer au nom de la rationalité. Les détracteurs eux-mêmes, coincés dans une vision étroite de la réalité, ne sont pas toujours parfaitement rationnels. Il y a des concordances très troublantes entre les recherches menées à travers le monde par des groupes complètement spontanés qui, lorsqu'ils se rencontrent, font apparaître des constantes, presque une culture. C'est un véritable réseau planétaire. Je refuse d'admettre que l'humanité puisse fonctionner de telle façon qu'elle rejette toute divergence comme un corps*

[82] *Être Ange Témoins*, éd. de Mortagne.

rejette une greffe[83].. » Plusieurs auteurs ont ainsi rendu compte de l'intensité de l'expérience intérieure vécue au sein de cette équipe. La simple lecture des nombreux ouvrages écrits par celui qui l'anime prouve assez la profondeur et l'originalité de sa vision spirituelle. Cet instructeur original aurait une ou même plusieurs longueurs d'avance, ce qui ne le rend pas facile à suivre pour les esprits étriqués. L'atmosphère de liberté et d'harmonie qui règne dans son environnement est à l'opposé de la caricature tracée par SEBAGH.

Après quelque temps passé avec les membres de ce mouvement, on ressent une certaine irritation envers « l'adepte » et ses pleurnicheries programmées. Pourquoi donner plus de crédit à la parole d'une instable qui a toujours berné son monde plutôt qu'aux centaines de personnes fiables qui demeurent fidèles à un instructeur qui ne les a pas déçus depuis près de trente ans ? L'expérience vécue au sein de ce groupe nous a convaincus de l'imposture de *L'Adepte*. Nous avons pris cet exemple parmi de nombreux autres, qui fonctionnent sur le même mécanisme de réinterprétation du passé. Le sujet des sectes est porteur sur le marché de la peur. Ce succès donne naissance à toute une littérature d'apostat qui fait autant pleurer dans les chaumières qu'elle fait sourire les spécialistes qui voient, derrière ces récits, les grosses ficelles du marketing éditorial. Chaque éditeur cherche son apostat pour le confier à un nègre qui tirera un récit poignant d'une histoire très banale. Dans ce domaine de « l'inquisishow-business », tous les coups sont permis. Pour attirer le chaland, tel éditeur spécialisé dans les biographies de vedettes utilisera les procédés qui ont fait son succès : il fera signer par un enfant un ouvrage qu'il n'a manifestement pas écrit. Bien sûr, tous les pigistes besogneux en mal d'articles se ruent sur des ouvrages de ce type pour conforter l'opinion dans ses préjugés. Mais ce qui est pire, c'est qu'il peut arriver à des scientifiques de cautionner de tels délires de persécution.

Quand des scientifiques tombent dans le panneau...

Dans leur ouvrage comme dans la série de reportages télévisés intitulés tous deux « *Sectes, Mensonges et Idéaux* », Frédéric

[83] *Histoire de mon double,* Giraud-Mœbius, éd. Europe 1.

LENOIR et Nathalie LUCA se font l'écho d'une manière unilatérale des accusations portées par Isabelle SEBAGH. En diffusant ce délire de persécution sans aucune approche contradictoire, ces auteurs lui apportent une caution scientifique dans la mesure où ils mettent en avant, à plusieurs reprises, leur statut de sociologue et d'ethnologue liés au CNRS… M. LENOIR a confirmé aux membres d'Iso-Zen une absence totale d'enquête les concernant. Son équipe n'aurait pu les joindre et il n'aurait pas eu le temps d'enquêter plus avant. Ce cas nous paraît exemplaire de la façon dont l'esprit d'analyse et le souci d'objectivité de chercheurs respectables peuvent être complètement altérés et instrumentalisés pour servir de caution à une entreprise de désinformation. Le principe de la source unique, non recoupée, est déjà une grave erreur de méthode dans le domaine de l'information journalistique. C'est une faute lourde si on se place dans le domaine de l'analyse sociologique, d'autant plus quand on sait que cette source exclusive cherche délibérément à nuire. Reconnaissant cette erreur, LENOIR et LUCA ajouteront un rectificatif à la deuxième édition de leur livre… tout en laissant cependant les propos d'Isabelle Sebagh s'étaler sur une dizaine de pages. Si des chercheurs peuvent ainsi se laisser berner en oubliant tout esprit critique et méthodologique, on imagine aisément que c'est un jeu d'enfant de manipuler des journalistes sous-informés en matière de spiritualité.

Après le rejet unanime par la communauté scientifique des thèses sur le lavage de cerveau, la manipulation mentale et le *deprogramming*, la ligue anti-secte a un besoin urgent de renouveler son prêt-à-penser. C'est ainsi qu'a émergé une nouvelle théorie, défendue notamment par Nathalie LUCA, la seule universitaire qui siège au sein de la mission interministérielle de lutte contre les sectes. Cette théorie distingue deux niveaux dans l'étude des minorités spirituelles qualifiées de sectes : *« Une perspective séduisante, où évoluent des adeptes épanouis dont les sociologues recueillent les témoignages ; et un centre, secret, où évoluent les adeptes les plus engagés, dont les associations recueillent les informations par le témoignage terrible d'anciens membres*[84]*. »* Ce point de vue

[84] *Sectes, Mensonges et Idéaux.*

théorique tend à privilégier le témoignage des apostats et à relativiser le travail d'enquête, d'analyse, d'objectivation, de mise en perspective des sociologues et des chercheurs. Un tel point de vue établit une discrimination et un rapport hiérarchique entre spécialistes et militants, au profit de ces derniers qui sont actifs au sein des mouvements « anti-sectes ». L'expérience de terrain de cette jeune chercheuse a, jusqu'à présent, été très limitée, ce qui explique sans doute pourquoi la grande majorité des spécialistes plus expérimentés ne partage pas son analyse. Parmi ceux-ci, Massimo INTROVIGNE, qui répond à cet argument : *« Certains opposent l'approche des sociologues et «la vérité d'expérience» des anciens membres, cette dernière n'étant pas supposée ouverte à l'analyse sociale. C'est à l'évidence une mauvaise appréciation, car les positions et les expériences des anciens membres sont accessibles tant à l'analyse qualitative que quantitative. Quand des récits d'apostats sont présentés comme s'ils étaient LA voix authentique des anciens membres, ou de leur majorité, le résultat inévitable est une dangereuse déformation dans la présentation des groupes concernés. »* On pourrait ajouter que cette déformation est d'autant plus dangereuse que l'apostat en question milite dans le combat anti-secte et qu'il tire statut social et profit financier de son rôle de victime professionnelle. Une certaine récupération idéologique de la science vise à déformer les faits pour les faire entrer dans un cadre théorique qui n'est parfois que l'expression de préjugés. Les scientifiques doivent donc être d'autant plus irréprochables dans leur approche qu'ils risquent à tout moment d'être récupérés au profit d'une idéologie de discrimination. Cela s'est vu à d'autres époques…

Questions de méthode

Les faits que nous venons de relater nous amènent à nous poser des questions sur l'autorité et l'expertise dans le débat sur les « sectes ». Ceux qui ont le monopole de la parole médiatique sur ces groupes sont leurs adversaires les plus déterminés. Imaginez, il y a cinquante ans, un militant communiste commenter l'actualité religieuse et vous mesurerez à peu près le degré d'objectivité des inquisiteurs dans leur analyse. On ne peut être à la fois juge et partie, adversaire militant et observateur critique.

Quant aux spécialistes qui étudient officiellement les groupes spirituels, ils ont trop souvent une approche intellectuelle et réductrice du phénomène spirituel. Qui sont ces spécialistes ? Des ethnologues, des sociologues, des historiens des religions, des politologues, des gens spécialisés en science sociale, en psychologie, en médecine, en psychiatrie, voire en criminologie... Vouloir rendre compte de la spécificité de l'expérience spirituelle avec des outils intellectuels, c'est demander par exemple, à un footballeur d'être aussi un danseur classique, ou à un physicien d'être un spécialiste de biologie. Même si elles peuvent communiquer, les connaissances spirituelle et intellectuelle sont distinctes. La connaissance spirituelle explore l'indicible avec les facultés de perceptions psychospirituelles. La connaissance intellectuelle classe et analyse toutes les informations qui lui sont fournies. Chacune a ses méthodes et utilise des facultés différentes pour explorer des champs spécifiques. Le regard intérieur n'est pas seulement un don. C'est aussi une fonction qui nécessite une éducation et un entraînement au même titre que la fonction intellectuelle. Il existe une spécificité de l'expérience intérieure qui ne peut être appréhendée qu'avec les facultés spirituelles de l'individu, comme le monde cellulaire ne peut être appréhendé qu'avec un microscope. Réduire l'expérience intérieure à un discours explicatif, c'est dénier à la sphère spirituelle sa réalité propre et transcendante. Dans chaque civilisation, les chercheurs en spiritualité ont mis en place des pratiques, des concepts et des langages permettant de rendre compte d'une dimension intérieure et subtile tout aussi réelle que celle perçue par nos cinq sens. Pour étudier cet objet bien particulier qu'est une communauté inspirée, de nouvelles méthodes de recherche pourraient être élaborées grâce à un échange respectueux entre chercheurs en spiritualité et en sciences humaines.

Il y a actuellement dans les missions, les commissions, les instituts supposés s'intéresser aux minorités spirituelles, trop peu d'individus susceptibles d'avoir une compréhension véritable de l'expérience intérieure vécue au sein de ces groupes. Compréhension qui va, bien sûr, au-delà des analyses, des abstractions intellectuelles et des interprétations médicales ou psychanalytiques... Car comme dirait M. de La Palice, ce qui caractérise les mouvements spirituels c'est justement la spécificité de l'expérience spirituelle qu'on y vit. Expérience qui ne peut être comprise que de l'intérieur par quelqu'un qui a développé les facultés de perception et de compréhension liées à la dimension spirituelle. Selon le sociologue Jean-François MAYER, l'érudition, la froideur de l'analyse sociologique ou l'accumulation de documents ne suffisent pas : il faut investir dans de telles recherches beaucoup de sensibilité. Hélas, nombre de « spécialistes » n'ont pas toujours pu exercer cette sensibilité durant leurs études. L'intellectuel qui analyse les mouvements religieux ou spirituels ressemble parfois à un musicologue sourd jugeant un orchestre à partir de la gestuelle des musiciens ou du chef d'orchestre. Il lui manque souvent une dimension essentielle : l'écoute intérieure qui se développe par un très long apprentissage.

Les sociologues des religions peuvent apporter une intéressante perspective historique et sociale mais la dynamique qui anime de tels groupes, réclame une compréhension psychologique et spirituelle qui dépasse, de très loin, le cadre de la méthode d'objectivation sociologique. Ce qui fait l'identité de ces groupes, c'est la dynamique psychospirituelle qui les anime. Il faut donc faire jouer des facultés subjectives autres que celles de l'esprit analytique : l'empathie, l'imagination, l'intuition, l'inspiration... À ces facultés, il faut ajouter la connaissance d'une pensée traditionnelle que l'on retrouve dans tous les grands courants initiatiques.

Développer une nouvelle méthodologie réclamerait une profonde révolution culturelle de la part de chercheurs et d'institutions limités à des approches académiques souvent issues du positivisme du siècle dernier. Et pourtant, une telle évolution est absolument indispensable pour rendre compte de la transformation des mentalités qui est à l'origine de la prolifération actuelle des groupes spirituels. En attendant mieux, on pourrait développer les études sociologiques fondées sur l'enquête de terrain, l'analyse de documents ainsi que l'interview des adhérents et des détracteurs. À partir du moment où un chercheur fait une telle étude, les conclusions auxquelles il arrive divergent toujours du délire anti-secte. Les chercheurs sont d'autant plus gênants pour les inquisiteurs que la rigueur de leur méthode met à jour toute la désinformation fondée sur les rumeurs et les préjugés.

Chapitre 12

Voyage à la rencontre des minorités spirituelles

Il n'est de vraiment humain
que le métaphysique en nous.
Merab MAMARDACHVILI

Joël LABRUYERE, le fondateur de l'Omnium, poursuit depuis trente ans une démarche spirituelle qui l'a amené à voyager et à rencontrer les dépositaires de différentes traditions tant orientales qu'occidentales. L'Inde aux mille sectes lui a enseigné la relativité en matière de spiritualité... De toutes ses expériences, il a retiré quelques enseignements simples. Sur la convergence ultime des voies spirituelles et sur les obstacles rencontrés par tous ceux qui voyagent hors des sentiers battus. Sur la nécessité d'une discipline intérieure. Sur le besoin de guides expérimentés et d'amis sûrs qui cheminent avec vous. Sur le danger d'être enfermé dans un dogme cristallisé ou une technique limitative. Cette quête le conduit à suivre le fil d'une tradition éternelle, dont on retrouve la trace à travers toutes les cultures, y compris dans les groupes spirituels qualifiés aujourd'hui de « sectes » et qui, pour certains, sont les héritiers d'une lointaine tradition.

Quand paraît, en janvier 1996, la liste noire du rapport parlementaire, Joël LABRUYERE observe avec étonnement qu'elle contient les noms de nombreux groupes auxquels il s'est déjà intéressé. Connaissant des personnes dans certains de ces mouvements, paisibles et sérieux, il est scandalisé qu'on les assimile à des forcenées. N'appartenant lui-même à aucun groupe mais ayant des amis dans plusieurs organisations spirituelles, il est choqué qu'on puisse traiter des associations au-dessus de tout soupçon comme des bandes de malfaiteurs. S'étant intéressé aux persécutions religieuses et à la naissance de l'esprit d'inquisition depuis la fin du monde antique, il comprend que l'histoire est en train de se répéter. Sa première réaction fut donc de créer, en avril 1996, une association, l'*Omnium des Libertés*, dont le but essentiel est de défendre la liberté de conscience. Cette association se donna pour objectif de garantir les droits associatifs des groupes à but spirituel, religieux ou thérapeutique. Louis PAUWELS encouragea cette initiative en lui écrivant : *« Il me semble que nous tentons de défendre l'un et l'autre la liberté de l'esprit et que celle-ci est de plus en plus attaquée. »*

Puisque la très grande majorité des associations mises en cause était respectueuse de l'intégrité de la personne et de la loi, il était urgent de le faire savoir. Ces divers mouvements ne pourraient être reconnus par les autorités qu'en s'engageant autour d'un code de déontologie exprimant les principes éthiques qui les animent. Des organisations à vocation spirituelle, diffusant des idées qui peuvent être mal interprétées et des techniques de transformation puissante, doivent s'engager sur le respect d'une déontologie, comme le font les médecins du corps ou les thérapeutes de l'âme. Nous avons donc proposé ce projet aux pouvoirs publics ainsi qu'aux groupes concernés.

Ceux qui qualifient de sectes les nouveaux mouvements religieux affirment que ceux-ci sont animés par une volonté de pouvoir et de manipulation, voire par des visées criminelles. Selon certains chefs de la ligue anti-secte : *« Le phénomène sectaire est un fait criminel type*[85]. » Si de tels groupes existent vraiment, il faudrait pouvoir les identifier en les différenciant de ceux qui sont inoffensifs. Comment faire la part des choses en évitant l'amalgame ?

Nous avons écrit aux autorités françaises, aux députés et aux sénateurs, pour leur proposer la solution suivante : *« Nous assistons à une évolution sociologique inéluctable : une atomisation de la vie spirituelle que vous ne pourrez pas contrôler. Des centaines de groupes nouveaux se créent chaque année. Si vous appliquez la méthode répressive, vous allez les marginaliser, les contraindre à se replier sur eux-mêmes avec tous les risques que cela implique. Il serait plus intelligent de réglementer ce foisonnement de groupes en tout genre dans le cadre de la liberté de conscience et d'association. »* Une concertation de ce type existe en Italie entre les pouvoirs publics et la CONACREIS (Coordination nationale des associations et communautés de recherche éthique-intérieure-

[85] *La Mécanique des sectes,* J.-M. Abgrall.

spirituelle) pour mettre en place un label concernant les communautés qui expérimentent des recherches spirituelles ainsi que des formes de vie et de production alternatives.

La question est de savoir s'il existe en France un organisme officiel suffisamment objectif et éclairé pour traiter de ce problème. La réponse est négative. On pourrait envisager la création d'un organisme indépendant qui serait un comité d'éthique formé de toutes les parties intéressées : représentants des minorités spirituelles, experts reconnus dans le domaine de la spiritualité, représentants du monde de la culture et des sciences humaines, fonctionnaires représentant l'administration, police, membres du corps médical. Cet organisme pourrait servir à la fois de régulateur et de médiateur entre les minorités spirituelles et la société. À l'opposé, l'actuelle mission interministérielle sur les sectes est un organisme répressif ne pouvant apporter aucune solution constructive pour l'avenir.

Si nul ne réfute l'utilité d'un code déontologique à usage associatif, peu de personnes semblent être intéressées par un règlement intelligent de cette affaire, à cause de la peur entretenue par la propagande anti-secte. Régulariser la situation des minorités spirituelles est inadmissible pour ceux dont l'activité vise, au contraire, à marginaliser ces groupes en les écartant de toute légitimité sociale. Actuellement, ceux qui font la loi – au sens propre comme au sens mafieux – sont les adversaires les plus acharnés de la pluralité spirituelle.

Nous avons rédigé un code de déontologie des associations et professions en relation avec les spiritualités, les thérapies et les projets sociaux alternatifs. Une fois cette charte rédigée, il s'agissait de contacter tous les groupes concernés, pour comprendre ce qu'ils préconisent, comment ils s'organisent, leur but, leurs pratiques, comment vivent les membres et leurs enfants. Personne n'a réalisé cette enquête d'une manière systématique, ni les officines « anti-sectes » qui ont pour principe de ne pas établir de dialogue avec ce qu'elles qualifient de « sectes », ni les renseignements généraux qui ont avant tout une vision policière du problème, ni même les sociologues qui étudient seulement quelques mouvements particuliers. Nous avons donc essayé de communiquer avec l'ensemble des groupes répertoriés dans le rapport parlementaire, plus 200 autres qui n'étaient pas officiellement identifiés comme « sectes ». La sélection préliminaire s'imposa d'elle-même : certains vous ouvrent leur porte et d'autres ne veulent pas vous recevoir. Le premier critère d'authenticité est l'ouverture d'esprit des responsables d'organisations qui acceptent de communiquer. À chaque fois que nous nous sommes rendus dans des groupes, nous avons pu vérifier qu'aucune accusation portée contre eux n'était véritablement fondée. Il s'agissait souvent de malentendus.

Nous avons rencontré près de soixante responsables d'associations. La rencontre fut cordiale avec nombre d'entre eux mais dans certains cas, elle fut plutôt tiède. Dans ces cas-là, il fallait traiter avec la « ligne du parti » représentée par les membres du bureau qui ne veulent s'associer avec personne, ni reconnaître un code de déontologie en dehors de leurs règles internes. Quelques-uns de ces mouvements vont même jusqu'à prétendre que toutes les autres organisations religieuses et spirituelles sont dirigées par de « faux prophètes ». Un consternant dialogue de sourds. La secte, c'est toujours l'autre !

En créant cette association, nous n'imaginions pas les difficultés auxquelles nous allions être confrontés, et qui ont pour origine les préjugés qui enferment les individus dans leurs propres certitudes et dans la méfiance de l'autre. Notre démarche fut diversement accueillie : silence poli des autorités politiques, indifférence des religions institutionnelles, méfiance de certaines minorités spirituelles répertoriées comme « sectes », mais aussi intérêt et enthousiasme de la part de quelques dizaines d'associations. La démarche de l'Omnium est le signe qu'une pluralité spirituelle est à construire entre tous ceux qui refusent les préjugés. La graine est désormais plantée.

Il arrive qu'on nous demande aussi pour qui nous roulons. À quelle secte machiavélique l'Omnium pourrait-elle servir de paravent ? À la secte des hommes libres. Notre seul et unique combat est celui de la liberté de conscience. Et de plus en plus d'esprits libres se reconnaissent dans cette action. Contrairement aux associations anti-sectes, l'Omnium ne reçoit pas des centaines de milliers de francs de subventions payés par le contribuable pour attenter à sa liberté de conscience. Notre unique source de financement provient de particuliers qui nous soutiennent par une modeste cotisation en échange d'un bulletin d'information régulier.

La méthode

Notre méthode d'investigation à l'intérieur des minorités spirituelles est différente de celle des sociologues, avec lesquels nous entretenons, d'ailleurs, de bonnes relations. Nos travaux se croisent et nous parvenons à des conclusions souvent identiques. Notre démarche est simple. Il s'agit, en rencontrant les associations, de partager leur expérience intérieure autant que nous en sommes capables. C'est souvent sur les seules apparences qu'on juge des groupes radicalement tournés vers la vie intérieure. Un être humain recèle une âme et un esprit auxquels on peut accéder non pas par un raisonnement logique mais par une résonance intérieure. Ce qui nous intéresse principalement n'est pas le nombre d'adhérents, l'organigramme ou l'historique mais la vie d'âme, l'intensité de la foi, la spécificité des méthodes de réalisation spirituelle : tout ce qui constitue l'aspect original, parfois génial et parfois fantaisiste de leur démarche. Dénuée de tout préjugé, la démarche de l'Omnium des Libertés s'oppose à l'arrogance de ceux qui vous jugent sur votre mine et vous condamnent d'après des commérages. Les préjugés, voilà l'obstacle à l'ouverture du cœur !

Les sociologues aiment établir des typologies qui finissent par devenir des étiquettes quand elles sont réutilisées par des journalistes complaisants. C'est ainsi qu'on classera ces mouvements en groupes apocalyptiques, guérisseurs, ésotériques, occultistes, Nouvel-Âge… Sans doute un tel classement est-il nécessaire pour mieux se repérer dans le paysage complexe des nouvelles spiritualités. Mais une analyse de ce type est réductrice si elle n'est pas accompagnée d'une démarche de synthèse qui cherche à extraire les dénominateurs communs à toutes ces démarches en considérant les points de convergence entre ces mouvements.

Le rôle des groupes spirituels

Pourquoi tant de personnes ressentent-elles le besoin de rejoindre ou même parfois de créer un mouvement spirituel ? Ce n'est pas, comme on voudrait nous le faire croire, par l'effet maléfique d'une manipulation mentale qui se refermerait comme un piège. Toutes les études prouvent que, dans la majorité des cas, les individus vont vers les groupes, animés par un besoin de sens, de connaissance et de communication qu'ils ne trouvent pas dans une société fondée sur les valeurs hyper-individualistes de la compétition. D'autre part, tous les spécialistes savent que le « *turn over* » dans les groupes spirituels est important, ce qui prouve que, si manipulation mentale il y avait, elle ne serait pas très efficace.

Après avoir rencontré plusieurs dizaines de groupes, nous avons constaté que leurs membres ont une aspiration vers un absolu qui ne peut se satisfaire des limitations du conformisme social et des églises institutionnelles. À cet élan correspond souvent la recherche d'un engagement authentique sur une voie d'éveil et d'élévation. Nombre de personnes ressentent le besoin de recréer des microsociétés fraternelles permettant l'échange et le partage de valeurs trop souvent ignorées par la société marchande. Il existe une intense dynamique de groupe dans la plupart de ces mouvements. Il se passe entre les gens quelque chose de particulier, de difficile à décrire. Une ambiance. Une complicité. Ce qui peut donner l'impression à ceux qui n'en font pas partie d'avoir affaire à un clan fermé. En fait, il n'y a pas d'enfermement pour ceux qui vivent cette dynamique de l'intérieur. Un groupe spirituel constitue une famille d'esprit, une matrice au sein de laquelle s'éveille une sensibilité qui a besoin de ce microclimat pour se développer. De même que la « famille physique » est constituée d'êtres liés par le même sang, la « famille d'esprit » rassemble ceux qui partagent la même sensibilité. Les gens se regroupent en suivant le principe de résonance selon lequel *« qui se ressemble, s'assemble »*.

Liés aux contraintes d'organisation et de discipline, les inconvénients supportés par les membres sont généralement bien moins importants que les avantages psychologiques qu'ils en retirent. Ce qui a d'ailleurs fait dire à un psychiatre qui témoignait devant la commission parlementaire que pour rien au monde il n'inciterait des patients qui avaient rejoint une « secte » à en sortir. Ne vivant pas dans la réclusion d'un monastère, la grande majorité des membres de ces groupes est immergée dans le monde et les affaires humaines. Peu appartiennent à des communautés fermées. Ils mènent généralement une vie familiale, relationnelle et professionnelle au sein de la société. Les mouvements spirituels modernes sont la plupart du temps des lieux où l'on peut conjuguer démarche intérieure et vie sociale.

Où réside la différence entre le fidèle qui pratique occasionnellement sa religion et la personne engagée dans un groupe spirituel ? Le membre d'une communauté spirituelle est généralement immergé dans un processus d'évolution intérieure. Observé par les autres, il ne peut faire semblant. Dès qu'on travaille dans un groupe spirituel authentique, il est impossible de s'installer dans un confort douillet et hypocrite où l'on se ment à soi-même. La vie de groupe est la garantie d'un engagement réel. Ce qui justifie l'existence des minorités spirituelles et leur efficacité, c'est qu'elles génèrent un « champ d'énergie » particulier issu du rassemblement de leurs membres. Quand des consciences différentes s'accordent sur une idée, une alchimie subtile se met en place. Chaque groupe possède une essence spécifique correspondant à sa fonction et à son identité. On peut s'opposer au niveau des doctrines, des méthodes, mais chaque groupe a une légitimité dans la mesure où il génère une dynamique dont tous ses membres peuvent profiter individuellement. Le problème se pose quand une personne va dans un groupe qui ne lui correspond pas ou qui ne lui correspond plus. Les liens tissés au sein de telles communautés humaines sont tellement forts que, comme dans une relation amoureuse, la séparation se vit parfois dans la douleur et le rejet. Réactions que ne manqueront pas d'exploiter les inquisiteurs aux aguets.

Dans la mouvance du Nouvel-Âge, on vante souvent l'individualisme en matière de spiritualité mais les individus, livrés à eux-mêmes, se retrouvent encombrés par leur propre névrose. Ils se retrouvent sans protection face à l'irruption des problèmes qui émergent toujours quand on suit une voie de transformation. Le groupe spirituel protège ses membres de ces aléas. Professeur dans plusieurs universités américaines, Jean HOUSTON explique l'intérêt de la dynamique de groupe : *« Ayant travaillé de nombreuses années à la fois avec des chercheurs isolés et des groupes, je peux affirmer que les progrès sont souvent plus rapides dans le cas d'un travail en groupe... Le groupe permet de mettre à la disposition de chacun de ses membres un plus grand capital de ressources physiques, émotives, mentales et spirituelles... Si vous considérez toute l'expérience humaine que peut offrir un groupe de cinquante personnes, vous vous apercevez qu'elle représente au total 2 400 années de vie environ*[86]. »

Tout chercheur peut aller à la rencontre de ces groupes, participer à des activités et des réunions, à des rituels et des cérémonies, à des séances de méditation ou de prières. Il éprouvera par lui-même ce qui se passe à l'intérieur de mouvements à couleur religieuse, évangélique, thérapeutique, ufologique ou initiatique. L'engagement dans un travail de ce type réclame une sorte de préparation et de purification physique, émotionnelle, intellectuelle et spirituelle. La grande faiblesse des inquisiteurs est de ne pas reconnaître de valeur évolutive à l'expérience vécue au sein d'une communauté spirituelle. Parce qu'ils n'ont pas accès à la qualité de cette expérience intérieure, ils la nient. D'une démarche de ce type, ils ne retiennent que les aspects qu'ils pourront déformer et dénoncer. En ne considérant que les témoignages des détracteurs, ils se cantonnent aux aspects les plus triviaux en ignorant ce qui réunit des chercheurs de vérité sur une voie parsemée d'obstacles. Il arrive que certains groupes, de façon inconsidérée, ouvrent leur porte à des personnes qui ne sont pas capables de s'adapter à l'énergie en présence ou qui ne sont pas en phase avec les buts proposés. On ne peut pas s'engager sur une voie spirituelle sans savoir ce qu'on cherche. C'est pourquoi, on peut s'égarer dans une impasse. Il en va dans les groupes spirituels comme partout : il en faut pour tous les goûts et tous les dégoûts et chacun est responsable de ses choix. Il faut un minimum de discrimination : celui qui veut s'engager dans une démarche spirituelle doit savoir choisir sa famille d'esprit.

Certains s'égarent dans des groupes qui proposent un développement de conscience trop intense pour eux. Les mouvements spirituels ne font pas toujours de sélection : ils sont ouverts et intègrent les gens de manière très simple en transmettant des idées

---

[86] *Psychologie sacrée.*

et des techniques d'éveil. Celles-ci exigent un certain équilibre et une maturité dont ne bénéficient pas toujours ceux qui abordent ces enseignements. On pourrait tenter la comparaison suivante : certains vivent dans un plan d'évolution psychospirituel proche de la maternelle tout en suivant des enseignements initiatiques qui serait de niveau universitaire... Quand on s'approche d'une voie spirituelle, c'est à chacun d'évaluer ses capacités pour décider ensuite de poursuivre. Si ces mouvements étaient plus sélectifs, on parlerait alors de sociétés secrètes et de groupes fermés désireux de développer leur emprise sur les individus. Peu de minorités spirituelles sont organisées comme la franc-maçonnerie où l'on entre par cooptation. Alors que la propagande anti-secte parle de milieux clos, on constate que dans les minorités spirituelles chacun est libre d'entrer et de sortir à sa guise.

Sectes et religions

En France, les orthodoxies religieuses qui bénéficient d'une reconnaissance officielle ont plusieurs siècles d'existence. Une organisation religieuse atteindrait-elle l'âge de raison à 100 ans ? Considère-t-on qu'en dessous d'un siècle d'existence, une minorité spirituelle n'a pas atteint le seuil de crédibilité et de pérennité lui permettant d'être reconnue comme religion ? Ainsi la République française qui ne favorise aucun culte, reconnaît pourtant comme religions officielles les principales orthodoxies : bouddhisme, judaïsme, islam, catholicisme romain et églises réformées. Mais les Témoins de Jéhovah, dont les activités ont débuté il y a environ une centaine d'années, ne sont pas encore reconnus comme une religion et ne bénéficient pas du statut correspondant. À l'heure actuelle, en France, les mouvements qui existent depuis 20 ou 30 ans n'ont droit à aucune reconnaissance officielle. Ils sont plutôt même bizutés s'ils veulent accéder à la cour des grands. Mais qu'est-ce qu'un siècle au regard de l'histoire ? C'est le temps d'observer l'évolution d'un mouvement et éventuellement ses crises. Une religion devient institutionnelle quand elle rentre dans le rang et qu'elle ne conteste plus l'ordre établi. Quand le feu intérieur qui animait le fondateur et ses disciples tend à retomber, le mouvement religieux devient une institution qui sert à maintenir les masses entre les bornes d'une certaine morale sociale.

Le nombre de croyants n'est que la conséquence logique de cette pérennité et confirme le statut de religion. Mais il faut tout de même préciser que ce qui est valable aujourd'hui ne le sera pas forcément demain : le paysage religieux français est amené à se modifier sérieusement. Il n'est qu'à consulter les chiffres d'évolution du nombre de prêtres en France. Ils ne sont plus que 20 000 en activité avec une moyenne d'âge qui ne cesse de vieillir. Plusieurs grands diocèses sont vacants depuis des mois faute d'évêques. Alors que le taux d'appartenance au catholicisme était de 80 % il y a quelques décennies, il n'est plus que de 40 % dans les années 90. Yves LAMBERT, un des meilleurs spécialistes de la question, souligne cette *« inversion sans précédent qui autorise à parler de jeunesse post-chrétienne »*. Dans le même temps, le nombre des Témoins de Jéhovah passait de 75 000 en 1982 à 130 000 en 1995. Le bouddhisme, encore très confidentiel il y a 30 ans rencontre également un grand succès en France où il fédère 600 000 personnes. D'après de récentes enquêtes, environ deux millions de personnes se reconnaissent « sentimentalement » dans ce courant.

Appartenir à une religion institutionnelle, c'est admettre des vérités révélées qu'une institution est en charge de conserver, de diffuser et d'entretenir à travers l'histoire. Le « croyant ordinaire » tend à suivre des règles morales et sociales alors que le membre d'une minorité spirituelle cherche plutôt à vivre une expérience intérieure située au-delà du dogme. Entre les athées, la majorité des croyants non pratiquants, les pratiquants hebdomadaires d'une religion officielle et les membres engagés d'une minorité spirituelle, il y aurait la même différence qu'entre celui qui n'aime pas le sport, celui qui le regarde à la télé, le sportif du dimanche et l'athlète qui s'entraîne tous les jours…

Il existe bien sûr des athlètes de la foi dans les religions institutionnelles, notamment dans le domaine de la vie monastique, mais en s'accrochant au poids des dogmes et d'une institution, l'élan spirituel est souvent freiné et enfermé dans des formes archaïques qui ne correspondent plus aux conditions de vie moderne. Si des catholiques cherchent à vivre sincèrement leur foi, ils rencontreront d'autres individus qui partagent la même soif de pureté évangélique pour former des groupes de prière et de petites sociétés religieuses, non pas en marge de l'Église, mais en périphérie, comme les charismatiques et d'autres, pour partager ensemble une intensité qu'ils ne trouvaient pas dans un cadre plus large. Ils risquent alors de se trouver confrontés à la suspicion de l'environnement et de se voir qualifier de « secte » s'ils s'éloignent trop de l'orthodoxie.

Pourtant, à y regarder de près, au-delà des définitions sociologiques classiques, qu'est-ce qui différencie une secte d'une religion ? Après tout, on dit souvent qu'une religion est une secte qui a réussi. Certaines pratiques condamnées quand elles sont le fait de groupes spirituels sont valorisées dans les religions institutionnelles. Ces pratiques soi-disant condamnables ne font bien souvent qu'adapter ce qui se passe depuis des siècles dans les « grandes » religions historiques. Elles seront jugées subitement perverses dès qu'elles franchiront la frontière de la religion officielle. Ainsi, le jeûne, reconnu pour ses vertus et recommandé par nombre de diététiciens quand il est pratiqué d'une manière raisonnable, est qualifié de privation alimentaire dans les sectes. Il apparaît cependant comme une pratique régulière nécessaire dans nombre de traditions religieuses, notamment chrétiennes. Le célibat des moines, bien accepté par le grand public, est considéré comme une ingérence inadmissible quand un groupe minoritaire le propose à ses membres. Les nuits écourtées par la récitation de prières deviennent une privation de sommeil associée à des litanies abrutissantes si elle est pratiquée dans une « secte ». La séparation de la famille et du monde pour les cloîtrés religieux devient de l'embrigadement dans le cadre des minorités spirituelles. Le dévouement des religieux et des bénévoles dans les églises officielles devient de l'exploitation et du travail clandestin dans les « sectes ». Le radicalisme de la foi, qui a poussé les chrétiens jusqu'au martyre, devient du lavage de cerveau pour qualifier l'attitude d'un adepte trop enthousiaste. On pourrait continuer ainsi la liste à l'infini. Il y a deux « fois » et deux mesures…

On le voit, le jugement sur les mêmes faits diffère selon que ceux-ci ont lieu dans une religion ou dans une minorité spirituelle. Il en est de même pour le vocabulaire. Anne MORELLI analyse la différence existant entre le vocabulaire d'une religion établie et celui d'un groupe minoritaire : on va parler de « contamination » par les « sectes » et de « prolifération » comme s'il s'agissait d'insectes ou d'une maladie. On ne dira jamais que le christianisme « prolifère » en Corée du Sud. Un membre d'une église sera « croyant » ou « fidèle », mais il sera un « adepte » s'il est membre d'une « secte » qui suit un « gourou » ou un « leader charismatique ». L'effort que fera un membre de « secte » pour diffuser sa croyance sera de la « propagande » ou du « prosélytisme », s'il veut éduquer ses enfants dans le respect de sa foi, ce sera de « l'embrigadement » alors que le baptême ou la catéchèse est légitime et honorable dans le cadre de l'Église. La « foi » des religieux n'est que « croyance irrationnelle » pour les membres de groupes minoritaires. Le culte d'une religion est de la « liturgie » mais pour les « sectes » on parlera « d'étranges incantations » ou de « curieux rituels nocturnes » voire de « mascarade ». Enfin, les « vêtements liturgiques » deviennent des « déguisements » pour les concurrents. Pour illustrer son propos, Anne MORELLI imagine comment un journaliste rendrait compte d'une bénédiction papale *urbi et orbi* si le pape était le leader charismatique d'une minorité spirituelle qualifiée de secte : *« Le "Gourou" des catholiques s'est adressé à ses "adeptes" pour leur rappeler quelques-unes de leurs "croyances irrationnelles". Il leur a rappelé la nécessité "d'embrigader" leurs enfants pour faire "proliférer" le christianisme. Le "gourou" des catholiques avait son "déguisement" et ses "colifichets" habituels pour ce type de "mascarade" ».* Scandaleux ? C'est pourtant ce qu'ont à subir tous les jours les membres des minorités spirituelles quand les médias officiels rendent compte de leur foi…

L'institutionnalisation

C'est à travers un long processus d'institutionnalisation qu'une minorité spirituelle devient, si elle survit, religion officielle. Thierry GAUDIN analyse les différentes phases :

« - Les débuts sont animés de générosité sans limites et d'amour universel. Tout paraît possible, on est comme saisi par un flux créateur, habité par une force vitale qui nous dépasse. C'est l'"état naissant".

- Cette manifestation de pure vie attire les fidèles. Il faut répondre à leur demande, ce qui laisse moins de temps pour la création, mais apporte les signes multiples de la réussite : l'argent, la notoriété, les disciples.

- L'activité créatrice a cédé la place à la répétition. On répond aux demandes par des commémorations ritualisées. L'inspiration initiale ne figure plus qu'à l'état de souvenir. À la place de la qualité, on livre de la quantité.

- C'est alors que se présentent de nouveaux venus, qui constatent le dessèchement et proposent de revenir aux sources de vie. L'institution résiste. Ses moyens lui permettent d'éliminer les innovateurs. Elle le fait, en contradiction avec ses principes fondateurs.

- Après ce crime, elle entre dans une phase d'oblitération de la conscience, de duplicité, où ses actes contredisent son discours, et de lent déclin. Elle distille autour d'elle une intolérance morbide et des rituels fossilisés.

Le lecteur aura reconnu dans cette trajectoire les moments de l'histoire de l'église catholique, avec sa jeunesse, son institutionnalisation comme religion officielle à la fin de l'Empire romain, sa montée en puissance pendant le Haut Moyen Âge, son crime abominable (l'Inquisition qui fait des dizaines de milliers de morts), suivi d'un lent déclin, retardé par les colonisations missionnaires, et aussi ethnocidaires (Amérique latine, Afrique)[87]. »

Dynamiques de groupe

Ce qui permet l'émergence et la pérennité des minorités spirituelles, c'est la dynamique de groupe qu'elles génèrent. Il existe la même différence entre un cheminement individuel et une dynamique de groupe qu'entre une bicyclette et une voiture de course. Cette voiture de course peut être la meilleure ou la pire des choses selon la maîtrise qu'en a le conducteur. S'il est inexpérimenté, elle peut-être son tombeau. S'il maîtrise la conduite, il profite au maximum de la puissance du moteur. Tout dépend donc de celui qui anime, gère et dirige la dynamique de groupe. Des leaders ont commencé avec de très bonnes intentions mais ils se sont montrés incapables de gérer la dynamique de groupe qu'ils ont déclenchée. Débordés, ces apprentis sorciers peuvent devenir de véritables petits

[87] *Préliminaires à une prospective des religions.*

tyrans qui dérivent vers des conduites déviantes. D'autres, par contre, canalisent cette dynamique en permettant à tous de profiter de la synergie ainsi réalisée. L'énergie qui ressort d'une telle synthèse est supérieure à la somme des énergies en présence.

Comme son nom l'indique, une dynamique de groupe n'est jamais figée. Elle transforme les énergies en présence et les synthétise. Du fait de cette dynamique, chaque groupe, depuis sa naissance, est en évolution et passe par différentes phases. Figer un groupe sous telle ou telle image est une aberration puisque ce groupe évolue. Tous les observateurs impartiaux savent que, contrairement aux idées reçues, il y a une évolution constante dans ces groupes. Selon Jean-François MAYER, plus l'un d'entre eux est d'apparition récente, plus il sera amené à changer s'il survit.

Spiritualité et inspiration sont toutes deux filles jumelles du souffle créateur. Certains groupes sont ainsi des lieux d'expression pour un imaginaire souvent bridé et étouffé dans la société. On y cultive la fantaisie, la créativité, la poésie, l'art sous toutes ses formes et l'émerveillement sous toutes ses émotions. Certains groupes sont atteints d'une « folie douce » qui est un remède – un peu à la manière des médecines douces – contre l'inhumanité, l'apathie et la misère psychologique qui règnent sur des pans entiers de la population. Le danger advient quand cette folie douce n'est pas canalisée par une intellectualité suffisante. Alors on peut voir surgir des formes de délires susceptibles de conduire à des situations dangereuses pour l'équilibre psychologique de l'ensemble.

Comment faire la différence entre inspiration, fantaisie, folie douce, délire et psychose collective ? Comme un individu est constitué de pulsions et d'élans divers – parfois contradictoires –, un groupe humain est un individu suprapersonnel animé par diverses dynamiques. En fait, il existe non pas une mais des dynamiques de groupe. Pour mieux saisir les controverses concernant les minorités spirituelles, il faut essayer de comprendre les diverses dynamiques qui les animent et les traversent. Pour simplifier, nous distinguerons trois grandes dynamiques : une dynamique transpersonnelle de type supérieur et spirituel; une dynamique interpersonnelle de type affectif, relationnel et social; une dynamique dépersonnalisante de type grégaire et régressif.

La dynamique transpersonnelle se met en place quand les membres d'un groupe se réunissent pour atteindre un niveau supérieur de conscience-énergie. Elle permet d'accéder à une paix et à une harmonisation intérieure, à de nouvelles informations de conscience, au renforcement d'une identité interne, au développement de la sensibilité, à de nouvelles perceptions et à une intensification de la créativité personnelle.

La dynamique interpersonnelle est de l'ordre du réseau relationnel, de l'échange social et de la coopération. Si beaucoup d'individus se retrouvent au sein de réseaux associatifs, c'est pour bénéficier de cette synergie, ce fameux « effet de groupe » dont la résultante est supérieure à la somme des personnalités en présence.

La dynamique de dépersonnalisation est liée aux zones archaïques de notre animalité de base. C'est le grégarisme animal du troupeau dont dépend la survie de l'espèce. Aspiré par cette dynamique archaïque, l'individu tend à se dissoudre dans un champ groupal en perdant ses repères individuels. Il ne fonctionne plus que par identification à la tribu et au leader qui la symbolise.

À chacune de ces dynamiques correspond un groupe-type : les groupes opératifs animés par une dynamique transpersonnelle, les groupes coopératifs animés par une dynamique interpersonnelle et les groupes coercitifs animés par une dynamique de dépersonnalisation. Munis de leurs œillères idéologiques, les militants anti-sectes ne voient des dynamiques de groupe que celle qui les concerne : la plus régressive. Ils ont tort pour deux raisons. D'une part parce qu'ils ne prennent pas en compte les deux autres grandes dynamiques de groupe, interpersonnelle et transpersonnelle ; d'autre part parce que le phénomène de dépersonnalisation au sein d'une collectivité n'est pas spécifique aux mouvements spirituels qualifiés de « sectaires ». Nous dirions même que la dynamique de dépersonnalisation, qui est à l'origine de dérives sectaires, se trouve en général ailleurs que dans les nouveaux mouvements religieux. On retrouve ce processus de régression groupale dans toutes formes de collectivités humaines : entreprises, partis politiques, syndicats, églises, associations, équipes sportives, armée, troupes artistiques, mafias... Un exemple de cette régression est l'hystérie collective qui anime les groupes de supporters et les conduit souvent à commettre des actes de violence et de vandalisme. Mais il est vrai que l'hystérie des supporters est reconnue d'utilité publique en ce sens qu'elle permet à la pression sociale de s'évacuer à travers les jeux du cirque. Les effets de la régression groupale et de la dépersonnalisation ont été bien analysés dans la psychologie des foules et du fanatisme : dépendance, suggestion, identification au leader, paranoïa, délire collectif...

Les minorités spirituelles n'ont pas, loin s'en faut, l'exclusivité du fanatisme. Dans tout groupe qui mobilise les passions humaines, on retrouve cette dynamique de dépersonnalisation à des degrés plus ou moins forts. Dans leur stratégie de conquête, l'armée et les entreprises ne sont pas les dernières à utiliser les ressorts cachés de la régression groupale. Dans toutes les collectivités, les leaders peuvent utiliser ce phénomène de régression groupale à des fins de pouvoir ou de satisfaction perverse qui ne correspondent pas aux objectifs affichés. La dynamique sectaire est donc loin d'être l'apanage des groupes spirituels. L'engagement dans une minorité spirituelle pouvant être intense, il est possible que des individus s'enferment, pour des raisons névrotiques, dans des processus d'identification au groupe et qu'ils en viennent à en perdre leur personnalité. Mais vouloir réduire les dynamiques de groupe à une dépersonnalisation et faire de celle-ci une spécificité des minorités spirituelles est une escroquerie intellectuelle. À moins que ce ne soit plus simplement de la bêtise.

Selon le niveau de conscience d'un groupe humain, celui-ci peut représenter un vecteur d'évolution supérieure ou un facteur de régression. Pour qu'un groupe profite des dynamiques de groupe supérieures sans tomber dans les pièges de la dépersonnalisation, il doit réunir un certain nombre de critères : une démarche non dogmatique en évolution continue ; la possibilité de débat et de remise en question ; le respect de l'initiative et de la créativité individuelles ; l'adhésion à un idéal spirituel élevé ; l'inspiration du leader et le respect d'un niveau qualitatif ; des biens matériels et financiers qui ne dépassent pas les capacités de gestion du groupe en question.

Typologie

Pour éviter amalgames et stéréotypes, on peut essayer de classer les mouvements selon les dynamiques qui les animent. Certains, qualifiés d'initiatiques, d'ésotériques ou de religieux, sont des communautés monastiques et des groupes spirituels authentiques, animés par une dynamique transpersonnelle. D'autres sont plutôt animés par une dynamique interpersonnelle : religions institutionnelles de masse, associations caritatives, communautés rurales, groupes à vocation thérapeutique, artistique, sociale et conviviale.

D'autres encore sont plus particulièrement le siège d'une dynamique de dépersonnalisation. On trouve des dérives sectaires aussi bien dans certains « nouveaux mouvements religieux » que dans les entreprises qui érigent la manipulation des salariés en système de management, dans des unités de l'armée, dans des partis politiques, des congrégations religieuses, des mouvements associatifs…

Certaines minorités spirituelles sont socialement controversées, souvent à cause de rumeurs, parfois parce qu'elles ont connu de réelles dérives sectaires, qu'elles ont souvent corrigées au fil du temps. La régression groupale peut mener certains mouvements à des dérives criminelles, comme cela a été le cas pour AUM au Japon. Pour mesurer le danger effectif de certains groupes, il ne faut pas se laisser bercer par les rumeurs mais s'informer des faits réels qui leur sont reprochés, savoir s'ils sont récents, s'ils ont été prouvés et jugés. L'état paroxystique de la régression groupale est la psychose collective, à l'origine d'un suicide collectif, celui de *Heavens Gate* en Californie par exemple, à ne pas confondre avec certains massacres parfois déguisés en suicides collectifs, comme c'est le cas pour le Guyana, Waco ou l'OTS.

Pour éviter l'amalgame, qui est le poison du jugement, il faut analyser chaque organisation au cas par cas après en avoir fait une étude de terrain, une recherche documentaire, et en prenant en compte le témoignage des adhérents et, s'il y en a, des détracteurs. Cette étude au cas par cas et le refus de l'amalgame représentent un consensus dans la communauté des chercheurs en sciences humaines et en spiritualité.

Les groupes spirituels représentent-ils un danger ?

Les inquisiteurs exploitent l'émotion suscitée par quelques événements dramatiques, qui ont eu pour cadre des minorités spirituelles, mais ne parlent jamais des milliers de groupes sans problème. Les détracteurs des sectes suscitent la peur et l'exploitent à partir l'équation suivante : groupe spirituel = secte = danger. Depuis le premier instant où un être humain vient sur terre, sa vie est en danger puisqu'il va mourir. À chaque pas, il risque d'être blessé psychologiquement ou physiquement. La plongée sous-marine et le parachutisme sont-ils des pratiques sectaires dangereuses ? Non, puisqu'un individu décide librement de monter dans un avion et de se lancer dans le vide. Il est dangereux de monter une entreprise, car on risque la faillite, comme il est dangereux de conduire une automobile. Il en va de même pour des démarches spirituelles et religieuses qui peuvent être très intenses et perturber momentanément l'équilibre psychologique ou l'harmonie avec l'environnement. Mais, dans nos contrées démocratiques, chacun est libre, jusqu'à présent, de faire ses propres expériences si elles ne vont pas à l'encontre de la liberté d'autrui. Le danger est inhérent aux conditions de la vie terrestre. Vouloir éradiquer tout risque, c'est mourir à petit feu. BERNANOS disait : *« L'État est une assurance contre les risques. Si vous prétendez vous faire garantir par lui contre les risques légitimes – indispensables, de ceux qu'un homme ne peut refuser sans déshonneur –, consentez à échanger le titre de Citoyen contre celui d'Assisté. »* Ce qui fait la différence entre religion institutionnelle et cheminement spirituel, c'est que ce dernier ne repose pas sur une démarche dogmatique où la vérité est définie une fois pour toutes. C'est une démarche expérimentale fondée sur une méthode essais/erreurs, qui permet petit à petit de trouver en soi les éléments d'un discernement intérieur.

Se donner les moyens d'avancer, c'est commettre des erreurs permettant des ajustements successifs. Sans prise de risque, pas de prise de conscience. Dans tout cheminement spirituel, on rencontre de nombreux obstacles placés sur notre route par notre inconscient. Il peut se réveiller en nous des monstres qu'il nous faut affronter. La quête intérieure n'est pas une méditation béate mais une conquête de soi. Ce qui différencie un groupe irresponsable d'une organisation spirituelle authentique, c'est que cette dernière mettra des balises et disposera d'une méthode progressive pour faire entrer les gens dans des espaces intérieurs de plus en plus profonds, différents de ceux que fréquentent les touristes de la spiritualité. Il faut donc une préparation. Un groupe spirituel authentique prépare ses membres à entrevoir de nouvelles perspectives. C'est ce qu'on appelle de façon traditionnelle l'« initiation ». Une initiation est toujours progressive et peut entraîner des modifications dans le mode de vie. Le cheminement spirituel va à contre-courant des facilités modernes de la consommation passive. Il développe l'initiative, l'intuition et le discernement vis-à-vis de toutes les illusions qui empêchent d'avancer sur la voie. En réponse aux diverses tentatives de censure dont il a été la cible, Alain CHEVILLAT met les points sur les i de la nouvelle inquisition : *« De même que tout organisme est doté d'un système immunitaire par lequel il se défend des agressions extérieures, de même l'esprit humain est doté d'une force de caractère et de discernement par laquelle il se protège des "manipulations mentales". Et de même que tout le monde reconnaît qu'il vaut mieux renforcer son immunité naturelle que la remplacer artificiellement, de même une surprotection extérieure affaiblit les capacités de l'esprit en accentuant toujours plus sa vulnérabilité.*

Là est le vrai fond de l'affaire. Dans une société où l'assistanat se généralise, et l'irresponsabilité personnelle se banalise, nous revendiquons pour l'individu :

- le droit à choisir par lui-même,

- le droit à l'éducation au discernement par la confrontation des points de vue,

- le droit au rejet de la dictature de la "bonne conscience" et de la "bonne pensée",

- le droit à l'audace de penser par lui-même et éventuellement de penser différemment, ce qui inclut aussi le droit de se tromper.

Qui ose se permettre de nous imposer quelle pensée est bonne et quelle pensée est mauvaise ? » On sait que les bien-pensants sont toujours des malfaisants parce qu'ils projettent sur autrui le monstre qui les habite pour ne pas avoir à faire l'effort de le maîtriser.

Le maître mot de toutes les propositions faites aussi bien par l'Omnium que par d'autres acteurs du débat, et notamment la communauté des chercheurs, est MÉDIATION. Médiation entre les minorités spirituelles, les spécialistes, les pouvoirs publics et les responsables de l'information. On doit trouver des passerelles entre les mouvements spirituels, une administration soucieuse de l'ordre et de la sécurité, ceux qui dénoncent les déviances, l'entourage qui peut s'inquiéter de l'évolution d'un proche et la communauté des chercheurs. Réclamée à corps et à cris par nombre d'acteurs de ce débat, la création d'une telle instance de médiation tombe sous le sens et existe dans plusieurs autres pays. Et pourtant, le lobby anti-secte s'oppose de toutes ses forces à la mise en place d'un tel organisme en France. Dans la logique inquisitoriale, une initiative de ce type serait comprise comme une reconnaissance de mouvements criminogènes.

Seules, donc, pour l'instant, des initiatives privées pourront mettre en place un tel organisme de médiation, qui réclame un minimum d'investissement humain et financier. Dans certains pays, des églises institutionnelles sont à l'origine de telles structures. Elles en ont les moyens financiers et sont animées par un esprit de dialogue et de pacification. Certaines minorités spirituelles sont prêtes à intervenir dans une structure de ce type si elles sont assurées de son utilité. L'Omnium des Libertés est prêt à s'investir dans une telle initiative avec toutes les bonnes volontés qui se manifesteront. Tout à fait favorables à ce projet qu'ils réclament depuis longtemps, les spécialistes, chercheurs et universitaires, pourraient apporter leur compétence. C'est en dialoguant, en refusant les anathèmes et les excommunications, qu'on doit entrer dans cette ère de l'information qui est celle d'une spiritualité ouverte et vivante, qui commence à émerger à travers de multiples initiatives.

Que se constituent donc des groupes de dialogue et de réflexion qui laisseront dogmatismes et paranoïas au vestiaire. Qu'on s'informe sur ce qui se fait dans d'autres pays en matière de tolérance et d'information. Que puissent exister des lieux de documentation et d'échange ouverts aux médias et au public comme il en existe ailleurs. Qu'on écoute le message des minorités spirituelles qui ont quelque chose à dire à la société et que celle-ci refuse d'entendre. Qu'on en finisse avec les spécialistes « auto-proclamés » qui n'ont aucune expérience de terrain, aucune formation pratique et théorique dans le domaine des spiritualités. Que les chercheurs en spiritualité et en sciences sociales travaillent ensemble pour réfléchir à des méthodes d'étude adaptées à l'originalité de leur sujet. Que les fonds publics ne servent plus à financer les milices de la pensée. Qu'on dissolve les institutions chargées de la répression pour constituer un véritable Comité des sages qui serait un interlocuteur fiable des pouvoirs publics. Qu'on subventionne les équipes de pionniers qui mènent des recherches sur la dimension supérieure de la conscience et qui expérimentent les valeurs novatrices de l'écologie spirituelle. Qu'on se souvienne enfin que, de toute façon, selon le mot de PLANCK, si la vérité ne triomphe jamais, ses adversaires finissent par mourir…

BIBLIOGRAPHIE

Voici une liste de quelques ouvrages qui nous ont accompagnés dans notre réflexion :

- *Pour en finir avec les sectes*, sous la direction de Massimo Introvigne et J. Gordon Melton, éd. Dervy.
- *Lettre ouverte à la secte des adversaires des sectes* de Anne Morelli, éd. Labor.
- *Sectes et Démocratie* sous la direction de Françoise Champion et Martine Cohen, éd. Du Seuil.
- *La Notion de « Manipulations Mentales »*, Points de vue sociologique, historique, psychiatrique et juridique. Cesnur France.
- *Un regard sur les mouvements anti-sectes*, Cesnur France.
- *Le Rapport Guyard à la lumière de la doctrine catholique et du droit français* de Benoît Bemelmans. Société Française pour la défense de la Tradition, Famille et Propriété.
- *Les rapports Français, Belges et Suisses concernant les sectes* de Olivier-Louis Séguy, The Rutherford Institute.
- *Les Groupes Religieux Minoritaires* de Régis Dericquebourg, Bulletin de l'Association d'Étude et d'Information sur les Mouvements Religieux.
- *La situation des sectes en France après le rapport d'enquête parlementaire (96-99*) de Régis Dericquebourg, Site Internet du Cesnur.
- *Des sectes : de la rumeur aux valeurs* de Liliane Voye, Site Internet du Cesnur.
- *L'intrusion de l'État dans les choix religieux des citoyens* du Comité Français des Scientologues contre la Discrimination.
- *La nouvelle Inquisition athée et psychiatrique* de G et L Solimeo - TFP
- *Une honteuse exploitation des esprits et des porte-monnaie ?* de Jean François Mayer - éd. Les Trois Nornes
- *C'est la faute à Arsène* de Jean Pierre Waguet, Éditions Libres.
- *La Psychiatrie et les "Chasseurs de Sectes"*, Association Éthique et Liberté.

- *Sectes, religions et liberté publiques,* Maître Paturel, éd. Force L.
- *Sectes, Mensonges et Idéaux* de Nathalie Luca et Frédéric Lenoir, éd. Bayard.
- *Les radis de la colère* de Jean-Pierre Joseph, éd. Louise Courteau.
- *Quand les sectes affolent, (Ordre du Temple Solaire, médias et fin de millénaire)* de Roland Campiche, éd Labor et Fidès.
- *Guide du Développement Personnel* (*Retrouver le Divin en Soi)* de G. Bordessoule, éd du Rocher.
- *Enquête sur les manipulations mentales* de Gordon Thomas, éd. Albin Michel
- *Préliminaire à une prospective des religions* de Thierry Gaudin, éd. L'Aube
- *Christianisme et Paganisme du IVe au VIIIe siècle* de Ramsay Mac Mullen, éd. Les Belles Lettres
- *Chronique des derniers païens* de Pierre Chuvin - éd Fayard
- *Le Livre de la Réincarnation* de Head et Cranston, éd. Livre de Poche
- *La Résistance au Christianisme* (*Les Hérésies des origines au VIIIe siècle*) de Raoul Vaneigem, éd. Fayard
- *Vichy et les Juifs de Marrus et Paxton*, éd. Livre de Poche
- *Le passé d'une illusion.(Essai sur l'idée communiste au XXe siècle)* de François Furet, éd. Livre de Poche
- *Le Bouc Émissaire. La Violence et le Sacré* et toute l'œuvre de René Girard, éd. Livre de Poche.
- *Les nouveaux chiens de garde* de Serge Halimi, Liber Raisons d'agir.
- *Le Lynchage médiatique* dirigé par Guy Coq et Charles Conte in Panoramiques, éd Corlet.
- *Médias et contrôle des esprits*, Manière de voir n°27, Le Monde diplomatique
- *La Tyrannie de la communication* de Ignacio Ramonet, éd. Galilée.
- *Le Temps des Tribus* et toute l'œuvre de Michel Maffesoli, éd. Le Livre de Poche.

- *Éloge de la raison sensible* de Michel Maffesoli, éd. Grasset.
- *Psychologie Transpersonnelle*, *Les Nouvelles dimensions de la conscience* et toute l'œuvre de Stanislav Grof, éd du Rocher.
- *Les Trois Yeux de la Connaissance* et toute l'œuvre de Ken Wilber - Editions du Rocher
- *Le Harcèlement Moral (la violence perverse au quotidien)* de Marie France Hirigoyen, éd. Syros
- *Lettre ouverte aux gardiens du mensonge* de Thierry Pfitser, éd. Albin Michel
- *Vivre au risque des nouvelles religions* de R. Bergeron, éd. Médiaspaul
- *Croyances et sociétés*, éd Fides
- *Paroles d'urgence*, de Jean Biès, éd Terre du Ciel
- *La révélation des Templiers*, de Picknett et Prince, éd. du Rocher
- *Le christianisme va-t-il mourir*, de Jean Delumeau, éd. Hachette

ANNEXES

Lettre au Président CLINTON – juin 1999

ICFC –International Commission on Freedom of Conscience
(Commission Internationale sur la liberté de conscience)
42nd Street N.W, suite 201, Washington, DC 20016

Boothby
President

Le Président
La Maison Blanche
1600 Pennsylvania Avenue
Washington, D.C. 20500

Réf. : Intolérance religieuse
de la part du Gouvernement en France

Cher Monsieur Clinton,

Dans l'optique de votre rencontre prévue cette semaine avec le Président Jacques Chirac et d'autres officiels du gouvernement français, nous souhaitons vous avertir du climat d'intolérance religieuse présent dans ce pays, alimenté et autorisé de plus par les instances officielles.
Des mesures répressives ont et continuent d'être prises par le gouvernement français contre les mincrités religieuses particulièrement celles dont les organisations sont basées en Amérique.

Le rapport du Département d'État américain sur les Droits de l'Homme en France publié en février 1999, a répertorié beaucoup de cas de discrimination religieuse contre les cultes minoritaires. Les mêmes préoccupations sont exprimées par la Commission pour la Sécurité et la Coopération en Europe lors de ses audiences la semaine dernière et par la Fédération Internationale Helsinki dans son rapport de 99 pour l'OSCE (Organisation pour la Sécurité et la Coopération en Europe) lors de sa conférence sur la Liberté Religieuse en mars 1999.

Utilisant un système restrictif de classification destiné à viser et marginaliser les croyances minoritaires, une commission parlementaire française il y a trois ans désignait en vrac plus de 170 minorités religieuses, incluant des groupes de dénominations chrétiennes évangéliques et beaucoup d'autres groupes religieux légitimes et respectés, comme des « sectes ».
Par la suite, le gouvernement français a démarré une campagne contre certaines croyances allant ainsi à l'encontre des Droits de l'Homme.

En octobre 1998, Le premier ministre Jospin a publié un décret créant un comité interministériel au sein de son cabinet afin de « lutter contre les sectes ». Le nom officiel de ce comité est « Mission interministérielle de lutte contre les sectes ».
La nomination d'Alain Vivien, un militant anti-minorités religieuses comme président du Comité, met en évidence l'approche intolérante de ce nouveau corps vis-à-vis des croyances et des droits des minorités religieuses. La mission est opérationnelle et a mis en place une série de mesures punitives et discriminatoires à l'encontre des organisations religieuses visées.

Cette semaine, les médias français ont publié des articles sur le rapport final sur la Liberté de Religion à l'étranger du Comité Consultatif du Département d'État américain qui exprime la préoccupation du gouvernement des États-Unis sur le sujet de la discrimination religieuse en France. La réponse de Mr Vivien, citée hier dans une dépêche, est d'attaquer les États-Unis.
Vivien proclame que « l'Europe se mobilise pour défendre la liberté contre les entreprises sectaires », critique « la lenteur des États-Unis à devenir actifs dans cette lutte » et affirme que « au nom du Premier amendement de la Constitution américaine, qui interdit la promulgation de lois afférentes aux questions religieuses, on peut dire n'importe quoi et faire ce que l'on veut, incluant par exemple la polygamie comme pratiquent certains Mormons ».
Bien sûr, le Premier amendement n'a jamais été interprété ainsi et l'affirmation à l'égard des Mormons est une attaque irresponsable contre une religion respectée. Il est vrai néanmoins que le Premier amendement interdit à notre gouvernement toute discrimination à l'égard de n'importe quel groupe religieux contrairement au gouvernement français quand il dresse des listes noires de nombreux groupes religieux minoritaires.
Cette question qui illustre la façon dont le gouvernement français œuvre contre les religions minoritaires, violant ainsi ses engagements internationaux dans le domaine des Droits de l'Homme, sera soumise au Rapporteur Spécial des Nations Unies sur l'Intolérance Religieuse, au Bureau des Institutions Démocratiques de l'OSCE, au Département d'État américain et à la Fédération Helsinki.

Nous apprécions la haute priorité que votre administration accorde à la protection de la Liberté religieuse à l'étranger. La loi de 1998 pour la Liberté religieuse internationale reflète cet engagement de protéger la Liberté religieuse à l'étranger.

Nous souhaitons, par conséquent, que lors de votre visite en France, vous engagiez un dialogue avec le Gouvernement français au sujet de sa campagne actuelle de répression à l'égard des minorités religieuses.

Respectueusement,

Lee Boothby, President
International Commission on Freedom of Conscience
(Commission Internationale sur la Liberté de Conscience)

Liste des co-signataires

Olivier Thomas, conseiller spécial
For Religious and Civil Liberties for the National Council of Churches in the USA
(Pour les libertés religieuses et civiles pour le Conseil national des églises des États-Unis)

Père Stan DeBoe, Directeur
International Justice and Peace Office of the Trinitarians

Brent Walker, conseiller légal
Baptist Joint Committee on Public Affairs
(Comité Uni Baptiste sur les Affaires Publiques)

Professeur Cole Durham,
Member of the Executive Board of the International Academy for Freedom of Religion and Belief
(Membre du Conseil exécutif de l'académie internationale pour la liberté de religion et de croyance)

Reverent. Heber Jentzsch, président
Church of Scientology International

Nicholas Miller, directeur Executif
Council on Relgious Freedom

Dr.J.Gordon Melton, directeur
de l'Institut pour l'étude des religions américaines

Dr Derek H Davis, directeur
du J.M Dawson Institut des Etudes Eglises/Etats de l'Université de Baylor

Pr Edwards McGlynn Gaffney
Valparaiso Université de Droit

Dan Fefferman, directeur général
du Comité international pour la liberté religieuse

Dr George Robertson, président
des Amis de la Liberté

Alan J.Reinach, président
du Conseil de l'Église Adventiste du 7e Jour

Edd Doerr, directeur
de l'association « American for Religious Liberty »

Dr Bert.B.Beach, vice-président
de l'Association internationale pour la liberté religieuse

Lauren B.Homer, président
de « Law and Liberty Trust »

Greg W.Hamilton, président
de « Northwest Religious Liberty Association »

PRÉLIMINAIRE À LA DÉCLARATION DES DROITS DE L'ÂME

Nous, associations à but religieux, spirituel et philosophique,
Chercheurs, écrivains, professionnels du livre,
Praticiens et usagers des médecines et psychothérapies alternatives
Créateurs de projets sociaux, culturels, pédagogiques, écologiques,
Adhérents à une vision spirituelle de la vie,
Nous pensons que l'enjeu de la vie est la libération
du principe spirituel dans l'être humain.
Nous pensons que l'Univers a une origine transcendante,
chacun étant libre de l'imaginer comme il l'entend
et de lui donner le nom qu'il veut.
Tout être humain, libre de son choix, peut se référer
à une religion institutionnelle ou à une voie minoritaire
– mystique, métaphysique, ésotérique, initiatique,
chamanique, panthéiste, magique, thérapeutique.
Chacun est libre d'œuvrer à son salut et à sa guérison
à travers la méthode, la philosophie,
le rite et le groupe de son choix.
Chacun a le droit de penser, de croire, de vivre
et de se soigner comme il l'entend.
Nulle religion n'a le monopole de la Vérité et
ne doit s'imposer en s'appuyant sur le pouvoir de l'État.
– C'est le principe de la laïcité.
Nous nous engageons à assumer nos devoirs
dans le respect des droits de l'homme,
la constitution démocratique de notre pays
et la foi en un principe universel de Justice,
de Vérité et d'Amour.

La liberté de conscience est
donc le bien le plus précieux.
Toute atteinte à cette liberté est une régression.
La règle d'or de notre conduite est donc la tolérance.
Face à une science sans conscience et
à la mondialisation technocratique,
refusons la normalisation mentale
que des groupes d'influence
voudraient nous imposer.
Unissons toutes nos forces
pour faire respecter
la liberté de pensée et de culte,
la liberté d'association et d'expression,
la liberté de choix en matière de santé et de mode de vie.
Nous nous engageons à prohiber toute pratique
contraire à l'intégrité de la personne.
À faire preuve de transparence financière.
À refuser toute discrimination sociale, raciale et religieuse.
À promouvoir la tolérance et la concorde entre les humains.
À laisser chacun totalement libre de son mode de vie, sa santé, son travail, et ses loisirs, d'adhérer ou de démissionner.
À respecter l'environnement et à participer avec civisme
à la vie de la cité.
À promouvoir l'humanisme et la culture.
À protéger l'enfance et les personnes fragilisées.

Demain se prépare dès aujourd'hui
et la société ne pourra relever les défis de son futur
qu'en étant à l'écoute des pionniers
qui tracent les voies nouvelles
d'une écologie spirituelle.

☛ Pour tous contacts et informations supplémentaires :

OMNIUM DES LIBERTÉS

Tél. 02 35 67 55 62 - Fax 02 35 69 11 04
Site internet : http://www.multimania.com/omnium

Le *Bulletin de l'Omnium* fait état de l'évolution de la controverse au sujet des minorités spirituelles et de la désinformation qui en découle. À partir de notre centre de documentation, nous répondons aux questions sur les spiritualités nouvelles et les thérapies alternatives. Dans un esprit de dialogue et de tolérance, l'Omnium travaille en collaboration avec les meilleurs spécialistes des spiritualités traditionnelles et nouvelles.

Adresses utiles

C. I. N. R. (Centre d'Information sur les Nouvelles Religions)
8088, Saint-Denis - MONTRÉAL, QUÉBEC - CANADA H2R 2G1
Tél. : (514) 382 - 9641 - Fax : (514) 382 - 7554 - Courriel : cinr@total.net

C. L. I. M. S. (Centre de Liaison et d'Information des Minorités Spirituelles) Case postale 276 - CH–1219 LE LIGNON - SUISSE
Tél. Fax : 022/796 - 6544

C. E. S. N. U. R. (Centre d'Étude sur les Nouvelles Religions)
Via Bertola 86 - 10122 TURIN - ITALIE - Fax. 39-11-539563

Si cet ouvrage a rencontré votre intérêt,
FAITES-LE CONNAÎTRE !
Vous pouvez aussi aider à sa diffusion
en versant des fonds (peu importe le montant)
qui permettront l'envoi d'exemplaires
à des personnalités. Envoyez votre chèque
à l'ordre de « Les Éditions des 3 Monts »
en portant au dos la mention « Omnium »

Achevé d'imprimer sur les presses de
LA NOUVELLE IMPRIMERIE LABALLERY
58500 Clamecy
Dépôt légal : septembre 1999
Numéro d'imprimeur : 909090
Imprimé en France